Seyran Ateş

Der Multikulti-Irrtum

Wie wir in Deutschland
besser zusammenleben können

Ullstein

Besuchen Sie uns im Internet:
www.ullstein-taschenbuch.de

Für Zoe

Ich wünsche ihr und allen Kindern, denen wir diese Welt
irgendwann überlassen werden, dass sich die Menschen mit viel
mehr Liebe für das Leben und füreinander begegnen.

Ungekürzte Ausgabe im Ullstein Taschenbuch
1. Auflage Dezember 2008
7. Auflage 2017
© Ullstein Buchverlage GmbH, Berlin 2007 / Ullstein Verlag
Alle Rechte vorbehalten
Lektorat: Uta Rüvenauver
Umschlaggestaltung: HildenDesign, München
Titelabbildung: © Müjgan Arpat
Satz: LVD GmbH, Berlin
Gesetzt aus der Minion
Druck und Bindearbeiten: CPI books GmbH, Leck
ISBN 978-3-548-37235-8

Inhalt

Vorwort

Jeden Sommer werde ich von vielen Deutschen gefragt, ob ich dieses Jahr wieder in meine Heimat fahre. Seit 1969, seit meinem sechsten Lebensjahr, lebe ich in Berlin. Diese Stadt ist mir eine lieb gewonnene Heimat geworden. Daher ist es jedes Mal ein tiefer Stich in mein Herz, wenn man mir direkt oder indirekt vermittelt, dass ich eigentlich in die Türkei gehöre. Heimat ist ein Ort, mit dem sich Menschen verbunden fühlen, wo sie verwurzelt sind. All das kann ich über Deutschland, über Berlin sagen. Aber nicht über die wunderschöne, traumhafte Stadt Istanbul, die ich auch sehr liebe. Berlin kenne ich zu allen Jahreszeiten. Istanbul kenne ich nur im Sommer.

Als ich noch bei meinen Eltern lebte, fuhren wir fast jedes Jahr im Sommer mit dem Auto in die Türkei. In Deutschland wurde für das Leben in der Türkei gespart, in Deutschland wurde für das Leben in der Türkei eingekauft. In unserer Berliner Wohnung stapelten sich Kartons und Kisten, die unsere Eltern irgendwann bei ihrer endgültigen Rückkehr in die Türkei mitnehmen würden. Diese Überzeugung, irgendwann zurückzukehren, ist auch an viele Deutschtürken in der dritten Generation weitergereicht worden.

Unsere Eltern auf der einen und die meisten Deutschen auf der anderen Seite haben es uns nicht leicht gemacht, in Deutschland Wurzeln zu schlagen, einen festen Boden unter den Füßen zu spüren. Wir mussten und müssen uns von beiden Seiten emanzipieren. Für meine Eltern ist Deutschland die Fremde geblieben, für die meisten Deutschen gelten wir immer noch als die Fremden. Es ist kein Wunder, dass Kinder, die unter solchen Bedingungen aufwachsen, keinen wirklich stabilen Halt finden. In den meisten deutschtürkischen Familien werden diese Themen inzwischen offen angesprochen. Man macht sich Gedanken darüber, wo und wie die Kinder leben sollen. Aber die meisten können Deutschland noch nicht als ihre Heimat ansehen. Die bisherigen gesellschaftlichen, politischen und gesetzlichen Verhältnisse waren und sind auch noch nicht so, dass einem das leicht gemacht würde. Für viele Deutschtürken bleibt die Türkei ihre Heimat. Ich kann die Gründe dafür verstehen. Sie sagen, die Deutschen wollten uns nie, Deutschland hat uns nie wirklich angenommen. Keine wirkliche Heimat zu haben, das ist meines Erachtens sehr ungesund.

Die meisten Deutschtürken und deutschen Muslime aus anderen Herkunftsländern haben damit zu kämpfen, sie haben existenzielle Sorgen und wissen, dass ihre Kinder keine guten Berufsaussichten haben. Sie haben das Gefühl, dass sie sich an die Kultur ihres Herkunftslandes, ihre Religion klammern müssen, denn das ist alles, was sie haben. Die meisten von ihnen haben aber nur noch sehr vage, idealisierte Vorstellungen von ihrer ursprünglichen Heimat.

Wenn nun in den Medien – auch durch mein Mitwirken – über Ehrenmord und Zwangsheirat diskutiert wird, ruft das bei vielen Deutschtürken und in Deutschland lebenden Muslimen einen Abwehrreflex hervor. Diese offene Diskussion ist dennoch dringend erforderlich. Wenn den Deutschtürken und muslimischen Deutschen aber kein Angebot gemacht wird, um sie darin zu unterstützen, sich von den veralteten Traditionen zu verabschieden, um in der modernen Welt einen Platz zu finden und innerhalb der türkisch-kurdisch muslimischen Welt einen Veränderungsprozess in Gang zu setzen, wird die berechtigte Kritik ins Leere laufen.

Die Deutschen streiten noch darüber, ob überhaupt öffentlich über Probleme wie Zwangsheirat, Ehrenmorde, Islamisierung, Frauenunterdrückung bei Türken und Kurden etc. geredet werden darf. Die meisten Deutschtürken wiederum sehen türkisches Fernsehen und verfolgen die diesbezüglichen positiven Entwicklungen in der Türkei. Es gibt dort eine starke Bürger- und Frauenbewegung gegen veraltete Traditionen. Eine Gruppe sehr aktiver Feministinnen gibt z. B. zu all diesen Themen ein feministisches Magazin mit dem Namen *amargi* heraus. In dieser Sphäre zwischen realer deutscher Gesellschaft und medialer türkischer Welt leben die meisten Deutschtürken. Nirgends richtig fest auf dem Boden. Ich meine aber, dass sie festen Boden unter den Füßen brauchen, um Deutschland als ihre Heimat ansehen zu können.

Dieses Buch ist ein Plädoyer für ein friedliches und respektvolles Zusammenleben, das auf Verbindlichkeit und Gegenseitigkeit basiert – und auf echter Toleranz. Wirkliche Toleranz bedeutet, dass man den anderen, sein Umfeld und seine Kultur kennt und akzeptiert. Sie ist das Gegenteil von Gleichgültigkeit und Ignoranz. Viele Deutsche, vor allem viele Linke, glauben noch immer, der Traum von der multikulturellen Gesellschaft werde irgendwann Wirklichkeit, wenn man den Dingen nur ihren Lauf lässt. Doch das ist ein Irrtum. Multikulti, so wie es bisher gelebt wurde, ist organisierte Verantwortungslosigkeit.

Die Fronten sind teilweise verhärtet. Ich hoffe, dazu beitragen zu können, beide Seiten wachzurütteln, damit sie offen und ehrlich aufeinander zugehen. Das Verständnis für die andere Kultur, Sprache und Religion ist dafür die Grundvoraussetzung.

Ich will meine türkischen, kurdischen und muslimischen Wurzeln nicht verlieren an Fanatiker und Extremisten. Warum schweigt die Mehrheit der Muslime in Deutschland, wenn sich islamische Verbände zu Botschaftern Gottes aufspielen? Und ist es wirklich Allah der Barmherzige, der Verbote ausspricht, die vor allem Frauen und Mädchen treffen? Ich will nicht zur schweigenden Mehrheit gehören. Verschweigen und Verharmlosung von Gewalt sind Gewalt.

Ayaan Hirsi Ali sagt in ihrer Autobiografie *Mein Leben, meine Freiheit:* »Ich werde manchmal gefragt, ob ich Todessehnsucht hätte, weil ich die Dinge sage, die ich sage. Die Antwort lautet: Nein, ich möchte gern weiterleben. Doch manches muss gesagt werden, und es gibt Zeiten, in denen Schweigen einen zum Komplizen des Unrechts macht.«[1] Wir haben vieles gemeinsam, nicht nur die Morddrohungen, denen wir ausgesetzt sind. Wir verfolgen ein gemeinsames Ziel. Wir wollen, dass auch muslimische Frauen mit oder ohne den Islam selbstbestimmt, würdevoll und in Freiheit leben. Wir kämpfen gegen Menschen, die nicht diskutieren, sondern töten, wenn ihnen etwas nicht gefällt.

Ich liebe das Leben. Ganz sicher bin ich nicht lebensmüde, ich habe bereits ein Attentat überlebt. Daran werde ich täglich erinnert, weil ich nach wie vor Schmerzen habe. Ich weiß, wie schnell man sterben kann. Wenn ich mich mit diesen Themen beschäftige, weiß ich auch, dass es lebensgefährlich sein kann.

Aber kein Mensch hat das Recht, über das Leben eines anderen Menschen zu entscheiden. Das ist mein Verständnis vom Islam. Mit diesem Buch will ich auch versuchen, den Kulturrelativisten zu sagen, dass sie einen ganz elementaren Fehler begehen, einen folgenreichen Irrtum, wenn sie die aktuellen Grausamkeiten, die im Namen des Islam geschehen, verharmlosen oder gar dem Westen zuschreiben.

Ich äußere mich zur Lebenssituation von muslimischen Frauen und habe mich als Anwältin viele Jahre meines Leben für sie eingesetzt. Im Sommer 2006 habe ich meine Zulassung als Anwältin zurückgegeben und meine Kanzlei geschlossen, nachdem mich ein Verfahrensgegner tätlich angegriffen hat. Es gibt Menschen, die mich bedrohen, weil ich selbst frei leben und anderen Menschen zu einem freien, selbstbestimmten Leben verhelfen will. Ich will nicht aufgeben. Gleichzeitig weiß ich, dass meine Gegner zu allem fähig sind. Ich stecke in einem Dilemma. Mich selbst kann ich schon irgendwie schützen oder eine Entscheidung für mich treffen, aber was ist mit meinem Kind?

Mein Name steht weder am Klingelschild noch am Postkasten noch an der Wohnungstür. Ich habe keine offizielle Adresse. Wir leben in einem demokratischen Land; hier herrscht Meinungsfreiheit. Ich aber werde regelmäßig, wenn ich meine Meinung äußere, angefeindet oder bedroht. Anderen Frauen, die sich ähnlich engagieren wie ich, ergeht es genauso. Unsere Gegner arbeiten mit der Angst. Für Freiheit zu kämpfen, aber nicht frei zu sein, das ist schon paradox. Doch nur, wenn wir aktiv werden, kann sich etwas ändern.

Sie ist nicht schön, die Angst im Nacken. Aber eines weiß ich: Mir kann niemand vorwerfen, dass ich nicht über das gesprochen habe, was ich gesehen und gehört habe. Ich hoffe, dieses Buch motiviert auch andere, über das, was sie mit den eigenen Augen sehen, mit den eigenen Ohren hören, zu sprechen und zu schreiben. Und ich hoffe auf Verbündete, die mit uns gemeinsam für eine Reform des Islam kämpfen.

Ich bin zutiefst davon überzeugt, dass viele Kulturen, Sprachen und Religionen friedlich miteinander leben können und dass etwas wunderbar Neues entsteht, wenn Menschen verschiedene Kulturen verinnerlichen. Um das zu erreichen, müssen sie wirklich zusammenleben, muss ein echter Austausch stattfinden. Integration ist nur dann möglich, wenn sie zum Ziel hat, stabile Identitäten hervorzubringen, wenn die Mehrheitsgesellschaft nicht fordert, die Kultur des Herkunftslandes abzulegen, und wenn es keine Parallelgesellschaften gibt, die die Kultur der Mehrheit bekämpfen. Ich hoffe, dass meine Tochter irgendwann in einer solchen Gesellschaft eine Heimat findet, in einer Gesellschaft, in der sie frei leben kann und nicht um ihr Leben bangen muss, wenn sie ihre Meinung offen sagt.

Seyran Ateş
im August 2007

Deutschland, eine
multikulturelle Gesellschaft?

Wir leben heute in einer multikulturellen Welt. Diese Tatsache kann niemand leugnen. Wie aber kommen die Menschen in einer solchen Gesellschaft miteinander aus? Das ist eine der zentralen Fragen unserer Zeit. Sie verweist auf eine politische und soziale Herausforderung, und der Umgang mit dieser wird weltweit für die Zukunft entscheidend sein.

Der Begriff »multikulturelle Gesellschaft« kommt aus der Anthropologie und hat sich seit den 60er Jahren in Einwanderungsländern wie Australien und den USA durchgesetzt; er bezeichnet eine Gesellschaft von Menschen unterschiedlicher Ethnie, Sprache, Herkunft, Nationalität und Religion. Am anderen Ende des Spektrums stehen monokulturelle Gesellschaften, die heute auf unserem Globus kaum mehr zu finden sind. Dafür müssten wir schon in den Dschungel gehen, wo noch kleine überschaubare Dorf- oder Stammesgemeinschaften existieren, die ausschließlich aus der Urbevölkerung bestehen. Diese spielen aber im großen Weltgeschehen kaum eine Rolle und werden so gut wie nicht wahrgenommen.

In Deutschland gelangte der Begriff erst Ende der 80er Jahre in die politische und soziologische Diskussion. Es war Heiner Geißler – ein Mann, den ich sehr schätze –, der als einer der Ersten konstatierte, Deutschland sei eine multikulturelle Gesellschaft. Damit löste er heftige Kontroversen aus, obwohl er doch nur etwas ausgesprochen hatte, was bereits damals der Realität entsprach.

Ein weiser Mann sagt einen weisen Satz. Der Satz ist inhaltlich absolut korrekt, hat weitreichende Implikationen und hätte schon vor vielen Jahren den Anlass bieten können, sich mit dem Thema in Deutschland ernsthaft auseinanderzusetzen. Doch was tatsächlich geschah, ist typisch für die Integrationsdebatte. Die Konservativen bekamen Angst vor Überfremdung. Sie sahen in Geißlers Befund ein Plädoyer für offene Grenzen und auch ein Plädoyer für die Legalisierung der illegal in Deutschland lebenden Ausländer – wie sie inzwischen durch die Bleiberechtsregelung, die auf der Innenministerkonferenz im Herbst 2006 vereinbart wurde, Wirklichkeit geworden ist. Übrigens werden wohl höchstens 20 000 Menschen von dieser Regelung profitieren. Es handelt sich also keineswegs um eine Menge, die tatsächlich Anlass gibt, sich zu ängstigen oder überwältigt zu fühlen. In den 80er Jahren hätte die Regelung überdies noch deutlich weniger Menschen erfasst. Aber wie viele auch immer: Die Zahl der heute in Deutschland illegal lebenden Menschen wäre um einiges geringer, wenn es seinerzeit eine vernünftige Integrationspolitik gegeben hätte.

Für die Konservativen war damals die Wahrnehmung Deutschlands als multikulturelle Gesellschaft gleichbedeutend mit der Einwilligung in eine Islamisierung und der Aufgabe christlicher Werte. Mit denselben Ängsten haben wir es auch heute noch zu tun.

Am wenigsten Gehör fand Heiner Geißler aber bei denjenigen, die eigentlich eine multikulturelle Gesellschaft forderten: bei den Liberalen und Linken. Für sie besaß er einfach das falsche Parteibuch. Obwohl seine Partei sich vehement von seiner Auffassung distanzierte, trauten ihm die Linken und Liberalen nicht. Sie mochten nicht glauben, dass sich Geißler ernsthaft Gedanken über das friedliche Zusammenleben mit Menschen aus anderen Kulturen machte. Einem Konservativen konnte es in ihren Augen nur um Ausweisung und Abschiebung von Ausländern gehen.

Dabei stellte sich für Heiner Geißler weniger die Frage, ob Urdeutsche mit Ausländern zusammenleben wollen, sondern nur noch die Frage nach dem Wie.[2] Ihm war klar, dass sich die Urdeutschen in naher Zukunft auf ein Miteinander mit Millionen von Menschen würden einstellen müssen, die eine andere Muttersprache, eine andere Herkunft, ein anderes Lebensgefühl, andere Sitten und Gebräuche besitzen. Damit war für ihn aber keineswegs der Verlust der jeweiligen nationalen Identitäten verbunden. Das scheint ja bis heute die größte Angst zu sein, und zwar auf beiden Seiten. Assimilation hielt Heiner Geißler weder für notwendig noch für erstrebenswert. Er sagte: »Multikulturelle Gesellschaft bedeutet die Bereitschaft, mit Menschen aus anderen Ländern und

Kulturen zusammenzuleben, ihre Eigenart zu respektieren, ohne sie germanisieren und assimilieren zu wollen.«

Ausgehend von dieser Diagnose, wäre es bereits in den 80er Jahren möglich und sinnvoll gewesen, politische Einigkeit darüber zu erzielen, was eigentlich unter multikultureller Gesellschaft zu verstehen bzw. welche Form des multikulturellen Zusammenlebens in unserer Gesellschaft wünschenswert und förderlich sei und welche Voraussetzungen dafür geschaffen werden müssten. Aber nicht nur von konservativer Seite wurde diese Diskussion verhindert, sondern es waren Linke und Liberale, die durch eine verantwortungslose Ideologisierung des Gedankens einer multikulturellen Gesellschaft ganz entscheidend dazu beigetragen haben, dass Menschen unterschiedlicher Herkunft, Kultur und/oder Religion heute nebeneinander her- und somit aneinander vorbeileben. Sie sind am Entstehen der Parallelgesellschaften mitschuldig, über die wir uns heute wundern, als seien sie vom Himmel gefallen.

Ich meine die Sorte von Linken und Liberalen, die der Meinung zu sein scheinen, dass sie das Gutsein für sich gepachtet haben. Es sind die so genannten Multikultis. Ich gehe sogar so weit, einige von ihnen als Multikulti-Fanatiker zu bezeichnen, weil sie von ihrer Idee einer Multikulti-Gesellschaft regelrecht besessen sind. Sie vertreten sie mit missionarischem Eifer, sind blind gegenüber der Realität und reagieren auf Zweifel und abweichende Meinungen mit rüder Intoleranz.

Menschen aus anderen Kulturen nicht arrogant zu begegnen und ihnen mit ihren kulturellen Eigenheiten so viel Raum wie möglich zu lassen ist sicher ein selbstverständlicher Anspruch für einen demokratischen Rechtsstaat. Es gibt jedoch auch für Kulturen Grenzen dieser Toleranz, die sich sogar aus der deutschen Verfassung ergeben. Das übersehen einige Multikultis natürlich, da sie es mit der Verfassung genauso nehmen wie Goethes Faust mit der Religion. Es existiert weder ein Grund- noch ein Menschenrecht auf Kultur. Und Kultur hört dort auf, wo Rassismus beginnt. Dies gilt für beide Seiten, sowohl für die Mehrheitsgesellschaft als auch für die verschiedenen Minderheitengesellschaften in Deutschland und auf der ganzen Welt.

Es ist nicht der Idealismus vieler Multikultis, der mich fast wahnsinnig macht, nein, diesen Idealismus schätze ich sehr, sondern deren Realitätsverlust. Während sie sich an anderen Kulturen laben, übersehen sie, welche Projektion tatsächlich stattfindet. Die eigene Herkunftskultur, sprich die deutsche Kultur, wird abgewertet, die Kultur der anderen wird verherrlicht. Eine Deutsche sagte mir einmal, sie sei nun endlich auch in Besitz einer Kultur, weil sie seit Kurzem einen kurdischen Freund habe. Bisher habe sie sich als ein Wesen ohne kulturelle Zugehörigkeit gefühlt, da sie sich mit der Lebensweise ihrer Eltern, der deutschen Kultur, absolut nicht habe identifizieren können.

Ich nenne die Mehrheit der Multikultis deshalb verantwortungslos, weil sie sich lediglich in einer unverbindlichen Toleranz gegenüber anderen Kulturen üben. Solange sie von anderen Lebenswelten nicht beeinflusst werden, können »die anderen« machen, was sie wollen. Da der echte Multikulti im Grunde ein Staatsgegner, manchmal gar Staatsfeind ist, kann er auch nur schwer oder gar nicht davon überzeugt werden, dass der Sozialstaat die bisherige Form einer vermeintlichen Integrationspolitik nicht mehr tragen kann. Zu beobachten ist diese Einstellung meiner Ansicht nach ganz besonders bei den so genannten Autonomen. Als guter »Autonomer« ist man ein Feind des Staates. Und wenn der Staat die Tore für alle »Ausländer« nicht aufmacht, dann ist er zu bekämpfen. Damit will ich auf keinen Fall sagen: »Das Boot ist voll.« Ich lebe hier sehr gerne, mir geht es ziemlich gut in Deutschland. Ich wünsche mir, dass es allen so gut geht. Der Vorwurf, ich sei gegen weitere Zuwanderer nach Deutschland, weil ich nicht mit ihnen teilen wolle, wäre absurd. Ich will teilen, aber wirklich auch alles, das Gute und das Schlechte, die Vorzüge dieser Gesellschaft und die Verantwortung für diese Gesellschaft.

Die Toleranz des klassischen Multikulti-Menschen gegenüber »Ausländern« hat allerdings deutliche Grenzen. Wenn er Nachwuchs erwartet, sucht er sich sehr bald einen anderen Bezirk mit weniger »Ausländern«. Denn seine Sprösslinge sollen ja eine Chance haben. Der Multikulti-Fanatiker hingegen, das muss man ihm lassen, schafft es sogar, seinem Multikulti-Stadtteil treu zu bleiben. Wenn der Nachwuchs den schulischen Anschluss verpasst, weil sinnvoller Unterricht nicht möglich ist, wenn die Mehrheit der

Schüler kaum Deutsch spricht, kommen Sprüche wie: »Ich habe mein Kind der Multikulti-Idee geopfert.«

In den über 40 Jahren Migrationsgeschichte in Deutschland hat sich das Nebeneinander von Urdeutschen und Zugewanderten zunehmend verfestigt. Im Rückblick scheint die Politik geschlafen zu haben. Und es muss ein ziemlich tiefer Dornröschenschlaf gewesen sein. Wer seine Augen offen hatte, dem konnte kaum entgehen, dass sich einige Stadtbezirke seit den 80er Jahren und beschleunigt nach der Wiedervereinigung immer mehr veränderten. Es ist weltweit zu beobachten, dass sich Migranten in wirtschaftlich schwierigen Zeiten, wenn sie von Arbeitslosigkeit und Armut bedroht sind, verstärkt auf ihre Herkunftskultur und Religion besinnen und Halt in alten Traditionen suchen. Auf den Straßen waren mehr und mehr Kopftuchträgerinnen zu sehen. In einigen Mietshäusern lebte bald kein einziger Urdeutscher mehr. Manche Straßenzüge sind inzwischen fest in den Händen von Familienclans aus den verschiedensten Ländern, und manche Schulklasse besteht heute zu 80 bis 100 Prozent aus Kindern mit Migrationshintergrund. Wer aber bei all dem nicht hinschauen wollte, sah natürlich auch nichts.

So haben sich in Deutschland aus den Minderheitengesellschaften Parallelgesellschaften entwickelt. Manch einem mag dieser Begriff übertrieben oder gar falsch vorkommen. Doch es ist tatsächlich so: In Deutschland existieren Parallelgesellschaften. Ich meine damit nicht die vielen Subkulturen, die sich im Zuge der wachsenden Ausdifferenzierung der Gesellschaft herausgebildet haben, die Homosexuellenszene zum Beispiel oder die Szene der Fußballfans oder die der Karnevalliebhaber, der Standardtänzer, der Singles, der allein erziehenden Mütter etc. Ich meine damit tatsächlich eine Gesellschaft, die sich als Konkurrenz und in Abgrenzung zu unserer Mehrheitsgesellschaft gebildet hat und das erklärte Ziel verfolgt, Strukturen der Mehrheitsgesellschaft, die nicht mit der eigenen Kultur vereinbar sind, zu verändern. Die Mehrheitsgesellschaft soll sich den Traditionen und Gewohnheiten der Minderheitengesellschaft anpassen oder gar unterordnen. Wir haben es mit einer sehr starken, selbstbewussten und teilweise ausgesprochen arroganten muslimischen (egal ob praktizierend oder nicht) Gemeinschaft zu tun, die sich eine von der Mehrheitsgesellschaft unabhängige Welt mit eigener Legislative, Judikative und Exekutive geschaffen hat. Kontakt zu Urdeutschen ist in dieser Welt gar nicht mehr nötig und oft auch nicht erwünscht.

Als meine Mutter nach Deutschland kam, hatte sie größte Mühe, Zutaten für türkische Gerichte zu finden. Zum einen sprach sie kein Deutsch und konnte in den deutschen Läden nicht erklären, was sie wollte. Zum anderen fand sie dort auch kaum, was sie suchte: frisches Gemüse und Fleisch ohne Zusätze vom Schwein. Ich erinnere mich, dass sie oft Rindfleisch aus der Dose kaufte. Eine deutsche Nachbarin hatte es ihr gezeigt; die Büchse zierte ein Rind. Heute befindet sich an jeder Ecke ein türkischer Gemüseladen, und es ist überhaupt kein Problem, Fleisch zu bekommen, das dem islamischen Reinheitsgebot entspricht. Jede noch so außergewöhnliche türkische Spezialität kann man mittlerweile in deutschen Städten kaufen. Und nicht nur das: Jede Dienstleistung gibt es auf Türkisch, jedes Problem kann auf Türkisch geklärt und nach türkischen Traditionen gelöst werden. So landen zum Beispiel viele Ehestreitigkeiten, und seien sie noch so dramatisch, niemals vor Gericht, weil der Familienverband dafür zuständig ist. Es kann passieren, dass eine Großfamilie über Jahre mit den Problemen eines Ehepaares beschäftigt ist, um eine Scheidung zu vermeiden.

Ich konzentriere mich in diesem Buch vor allem auf die Türken und Kurden, weil es sich um die Volksgruppen handelt, mit denen ich persönlich die meisten Erfahrungen habe, und weil sie prozentual betrachtet in Deutschland die größte Anzahl der »Fremden« ausmachen. Und ich konzentriere mich auf den mehrheitlich muslimischen Glauben dieser Menschen, weil die Religion eine zusätzliche Problematik darstellt.

Sehr viele Türken und Kurden leben heute in Deutschland ohne jeden Kontakt zu Urdeutschen, selbst wenn sie im selben Haus oder in derselben Straße wohnen. Die Mehrheitsgesellschaft hat die Existenz solcher Parallelgesellschaften lange ignoriert. Der Multikulti kaufte sein Gemüse beim »Türken«, seinen Kebap an der Dönerbude und war mächtig stolz auf seine gelebte Multikulturalität und sein Anti-Deutschtum. Dabei interessierte er sich nicht im Geringsten für die Kultur des Gemüsehändlers oder des Dönerbudenbesitzers. Der konnte ein fundamentalistischer Patriarch voller Verachtung für den Urdeutschen und seine Lebensweise sein, und der verblendete Multikulti merkte es nicht einmal. Er dachte, der »Türke« müsse ihn lieben, weil er ja ein »Ausländerfreund« war.

So hat sich letztendlich der Multikulti mit dem türkischen oder kurdischen Patriarchen solidarisiert, obwohl er es niemals mit dem bildungsfernen, einfach strukturierten deutschen Mitbürger getan hätte, der seine Frau schlägt und gerne in der nächsten Eckkneipe das Haushaltsgeld versäuft oder am Spielautomaten verschleudert.

In der Hausbesetzerszene der 80er Jahre war dieses verantwortungslose Verhalten, meine ich, ganz besonders ausgeprägt. Es war ganz einfach: »Der Staat ist schlecht zu den ›Ausländern‹, deshalb sind wir gut zu ihnen.« Dass die meisten vorbildlichen Linken aus der Hausbesetzerszene uns bei aller Solidarität auch »Ausländer« nannten, wurde jahrzehntelang dezent übergangen, ebenso wie die Tatsache, dass der anatolische Bauer, mit dem sich die Multikulti-Traumtänzer verbündeten, mit diesen genauso wenig am Hut hatte wie mit den Schwulen und Lesben in Berlin-Kreuzberg.

Bis zur Ermordung des holländischen Filmemachers Theo van Gogh wurden in nahezu jeder Diskussion über veraltete Traditionen und fundamentalistische religiöse Praktiken in der Parallelgesellschaft die Niederlande als gelungenes Beispiel für eine multikulturelle Gesellschaft genannt. Dort funktioniert es doch, warum also nicht auch in Deutschland? Dabei hat es in Holland überhaupt nicht funktioniert. Für jeden aufmerksamen Beobachter war erkennbar, dass es unter der Oberfläche des scheinbaren multikulturellen Miteinanders mächtig brodelte, und zwar ziemlich knapp unter der Oberfläche.

Für mich ist dieser Siedepunkt in Deutschland längst erreicht. Es fehlt nicht mehr viel, bis die Situation auch hier überkocht. Dann wird viel geseufzt werden, und man wird den Schuldigen suchen, der uns alle blind gemacht hat. Jeder Verantwortliche, den wir heute nicht für den Kampf gegen die Parallelgesellschaften gewinnen können, wird dann versuchen, seine Hände in Unschuld zu waschen. Es gibt keinen logischen Grund, warum eine muslimische Parallelgesellschaft in Deutschland oder sonst wo auf dieser Welt anders funktionieren sollte als in Holland oder auch in Frankreich oder Großbritannien. Deshalb bin ich der Ansicht, dass uns in

Deutschland die gleichen Zustände drohen wie in diesen Ländern. Es kann auch in Deutschland passieren, dass ein Islamkritiker auf offener Straße erstochen wird wie in den Niederlanden, dass Jugendliche aus sozialen Randbezirken Autos anzünden und sich mit der Polizei Straßenschlachten liefern wie in Frankreich oder dass hier geborene und aufgewachsene junge Männer zu Selbstmordattentätern werden wie in Großbritannien. Schon jetzt sind die Zustände mehr als alarmierend.

Ich will mit diesen Feststellungen weder Pessimismus verbreiten, noch habe ich einen Hang zur Dramatisierung. Ich bin nur realistisch und möchte wachrütteln, damit es später nicht heißt: »Das haben wir alles nicht gewusst. Es gab keine Anzeichen dafür, dass es so kommen würde.«

Für mich gibt es einen klaren Unterschied zwischen Anhängern der Idee der multikulturellen Gesellschaft, Multikultis und Multikulti-Fanatikern. Während sich die Ersteren aus mangelnder Durchsetzungskraft und wegen fehlender Mehrheiten mit der eigentlich guten Idee politisch nicht etablieren konnten und inzwischen das Konzept der multikulturellen Gesellschaft in Richtung eines Konzeptes der Transkulturalität überdenken und modifizieren, haben sich die Multikultis und Multikulti-Fanatiker eine schwere Schuld aufgeladen, für die sie jetzt endlich die Verantwortung übernehmen sollten, um an einer Korrektur mitzuarbeiten. Sie sind zu einem sehr großen Anteil verantwortlich für das fürchterliche Nebeneinander der Kulturen, das sich in Deutschland zementiert hat. Nun gilt es gemeinsam mithilfe von Presslufthämmern diesen Beton aufzuschlagen. Ohne Staub aufzuwirbeln, wird es daher nicht gehen.

Auch ich war lange Zeit Anhängerin der Idee einer multikulturellen Gesellschaft, wie Heiner Geißler sie beschrieben hat. Heute denke ich, dass die Wirklichkeit dieses Konzept überholt hat und wir uns, ohne je die Möglichkeiten einer multikulturellen Gesellschaft genutzt zu haben, auf dem Weg zu einer Gesellschaft befinden, die mit »transkulturell« treffender bezeichnet ist. Die Vertreter der Multi- oder Interkulturalität gingen davon aus, dass in einem Land im Schatten des Staates verschiedene Kulturen als Einzelkulturen friedlich nebeneinander existieren könnten. Jede Kultur bliebe dabei in sich relativ geschlossen und unberührt. Abgrenzung und Ausschluss wären typisch für Multi- und Interkulturalität. Denn Kulturen, die auf ihrer Eigenheit beharren, schließen gewollt und ungewollt Andersartiges aus. Heute leben wir aber in einer globalisierten Welt, in der Menschen beständig zwischen den unterschiedlichsten kulturellen Räumen wechseln und daher den unterschiedlichsten kulturellen Einflüssen ausgesetzt sind. Dabei vermischen sich die Kulturen, und es entstehen neue Identitäten, die weitaus komplexer sind, als es in den einzelnen, voneinander abgegrenzten Kulturen möglich ist; es entstehen »transkulturelle« Identitäten.[3]

Vom »Gastarbeiter« zum »Muslim«

Ein Staat wird dann als Einwanderungsland bezeichnet, wenn seine Bevölkerung durch Zuwanderung stark anwächst. Als klassische Einwanderungsländer gelten vor allem die USA, Kanada und Australien. In diesen Ländern ist die Zuwanderung von jeher eine kulturelle Eigenheit, eine Selbstverständlichkeit, die nicht infrage gestellt wird. Das kann von Deutschland nicht behauptet werden, obwohl seine Bevölkerung ebenfalls durch Zuwanderung stark anwächst und angewachsen ist. Faktisch ist Deutschland ein Einwanderungsland, doch fehlen ihm noch viele Voraussetzungen, diesen Titel wirklich zu verdienen. Hier ist zum Beispiel die Zuwanderung fast nur durch Familiennachzug oder als Asylbewerber möglich. Der Zuzug zwecks Arbeitsaufnahme ist stark reglementiert. Die USA, Kanada und Australien suchen sich die Menschen aus, die sie aufnehmen möchten, und es gibt Kontingentregelungen. Es ist dort selbstverständlich, die Zuwanderer sofort mit ihren Bürgerpflichten im neuen Land zu konfrontieren. Wir haben ja schon die größten Probleme damit, Migranten nach ihrer Einstellung zu unserer Verfassung zu befragen.

Sicherlich gibt es auf verschiedenen Ebenen Ähnlichkeiten zwischen Deutschland und den klassischen Einwanderungsländern. So haben auch diese Länder ihre Probleme mit Parallelgesellschaften. Dort sind oft noch sehr viel ausgeprägter als in Deutschland ganze Stadtviertel in der Hand bestimmter Nationalitäten. In Fragen der Integration sehen diese Länder also nicht unbedingt besser aus als Deutschland. Dennoch ist die Gesellschaft dort sehr viel facettenreicher. Zum Teil ergibt sich das natürlich aus der Tatsache, dass in diesen Ländern kaum noch Ureinwohner vorhanden sind, jedenfalls nicht mehr in großer Zahl und vor allem nicht in bedeutenden Machtpositionen. Zum anderen finden Zuwanderer immer mehr Akzeptanz in allen Berufen. In den Medien und der Politik sind Schwarze und Menschen anderer Ethnien in diesen Ländern längst keine Ausnahmen mehr. In Deutschland dagegen verdienen Zuwanderer nach wie vor mehrheitlich als Hilfsarbeiter ihren Lebensunterhalt.

Wir könnten aus den Errungenschaften, aber auch aus den Fehlern, die in den klassischen Einwanderungsländern begangen wurden, lernen. Dazu müssen wir uns aber zunächst ein klares Bild über den gegenwärtigen Zustand bei uns machen und uns auch die letzten 40 Jahre Einwanderungsgeschichte in Deutschland vergegenwärtigen. Besonders aufschlussreich sind die unterschiedlichen, zumeist fantasielosen Bezeichnungen für Menschen aus anderen Ländern, die in Deutschland ihren Lebensmittelpunkt haben, insbesondere Türken und Kurden. Mir scheint, dass schon allein anhand dieser Bezeichnungen sehr gut deutlich wird, was alles falsch gelaufen ist.

Der wirtschaftliche Aufschwung in Deutschland in den 50er Jahren führte zu einem hohen Bedarf an zusätzlichen Arbeitskräften. So kamen in den 60er Jahren etwa 700 000 Ausländer aus Portugal, Italien, Griechenland, Jugoslawien und der Türkei nach Deutschland. Man nannte sie »Gastarbeiter«. Sie wurden mit offenen Armen empfangen, denn man war froh, Menschen gefunden zu haben, die bereit waren, die niederen Arbeiten, zumeist in Fabriken oder im Reinigungsgewerbe, zu verrichten, die die Deutschen nicht machen wollten.

Ein Gast kommt und geht nach einer Weile wieder. Insbesondere bei den Türken und Kurden dachte man so. Denn diese Menschen waren mehrheitlich Muslime. Und Muslime würden in einem christlichen Land sicherlich nicht sehr lange bleiben. Doch nicht nur die Deutschen gingen davon aus, dass die Arbeitskräfte aus der Türkei sehr bald in ihre Heimat zurückkehren würden. Jeder türkische Gastarbeiter aus der ersten Generation wird, wenn er danach gefragt wird, sagen, dass er eigentlich nur ein Jahr in Deutschland arbeiten, viel Geld verdienen und dann in die Türkei zurückkehren wollte. Mit dieser Einstellung auf beiden Seiten vergingen die ersten 20 Jahre der Migrationsgeschichte der türkischen Gastarbeiter, ohne dass eine Integrationspolitik, die diesen Namen verdient hätte, betrieben worden wäre.

Im Grunde kann ich das nachvollziehen. Die Deutschen wollten nicht, dass diese Menschen sich in Deutschland auf Dauer niederlassen. Und meine Eltern, genauso wie die meisten Gastarbeiter, wollten sich nicht in Deutschland integrieren. Wozu auch? Sie wollten ja zurück in ihre Heimat.

In den 70er Jahren führte die Ölkrise, die auch Deutschlands Wirtschaft stark beeinträchtigte, zu einem »Anwerbestopp« für Gastarbeiter. Das hieß aber nicht, dass keine Ausländer mehr ins Land kamen. Jeder Gastarbeiter hatte nämlich das Recht, seine Familie nachzuholen, und sehr viele machten von diesem Recht Gebrauch, nachdem ihnen klar geworden war, dass sie doch länger in Deutschland bleiben würden.

Die deutsche Politik hat nicht erkannt, was das bedeutete, oder sie wollte es nicht wahrhaben. In den 80er Jahren betrug die Zahl der Gastarbeiter bereits ca. 4,7 Millionen. Mit großer Sorge wurde festgestellt, dass die Gäste immer noch da waren, obwohl sie doch nur für kurze Zeit hatten bleiben sollen. Auf dem Arbeitsmarkt wurden mittlerweile längst nicht mehr so viele von ihnen gebraucht. Wieso kehrten sie nicht einfach wieder zurück? »Geht doch zurück in eure Heimat. Wir wollen euch hier nicht« – was viele türkische und kurdische Menschen von ihren deutschen Nachbarn zu hören bekamen, konnten die Politiker natürlich nicht einfach so aussprechen, auch wenn sie es vielleicht dachten.

Gäste und Fisch stinken nach drei Tagen. Das sagt man doch in Deutschland, oder? Als Juristin frage ich mich heute, warum seinerzeit nicht vernünftige befristete Arbeitsverträge abgeschlossen wurden, ohne Nachzugsoption für Familien. Wer nur Arbeitskräfte wollte, hätte doch nur Arbeitskräfte ins Land lassen können.

Inzwischen waren die türkischen Gastarbeiter klammheimlich aus den Arbeiterwohnheimen in eigene Wohnungen gezogen – sofern sie einen Vermieter gefunden hatten, der an »Ausländer« vermietete. Sie ließen sich in unmittelbarer Nähe von Urdeutschen in den so genannten Arbeiterbezirken nieder und bildeten kleine Communitys, die fast ein Spiegelbild ihrer Heimatdörfer oder -städte darstellten. Die Zahl der ausländischen Familien erhöhte sich in einigen Straßen rasant.

Den Deutschen dämmerte allmählich, dass es sich bei diesen Gästen nicht nur um Arbeitskräfte, sondern auch um Menschen mit Ehepartnern und Kindern handelte, die sie allesamt nachgeholt hatten. Der Anwerbestopp Anfang der 70er Jahre hatte nichts daran ändern können, dass sich für den konservativen deutschen Geschmack zu viele Ausländer in Deutschland niedergelassen hatten.

Inzwischen waren aus den »Gastarbeitern« der ersten Generation die »Ausländer« geworden. Viele Rechnungen waren nicht aufgegangen. Ganz besonders die Rechnung, dass Muslime nicht lange in einem christlichen Land bleiben würden. Deshalb wurde nun darüber nachgedacht, wie man die vielen »Ausländer« wieder loswerden konnte. Einfach abschieben ging nicht, da die meisten mittlerweile aufgrund ausländerrechtlicher Bestimmungen über eine unbefristete Aufenthaltserlaubnis oder gar eine Aufenthaltsberechtigung verfügten, die dem Inhaber gestattete, einer selbstständigen Tätigkeit nachzugehen. Ganz zu schweigen von denen, die schon einen deutschen Pass besaßen. Das waren noch nicht sehr viele, aber sie zeigten einen Trend an. Dann fiel irgendeinem klugen Politiker ein, dass die Gastarbeiter ja ursprünglich gekommen waren, um Geld zu verdienen und sich dann in der Türkei eine Existenz aufzubauen. Also wurde die »Rückkehrhilfe« ins Leben gerufen, die den Ausländern, vor allem den Türken, einen Anreiz bieten sollte, Deutschland wieder zu verlassen. Am 1. Dezember 1983 trat das »Gesetz zur Förderung der Rückkehrbereitschaft von Ausländern« in Kraft. Die Hilfe betrug umgerechnet etwa 5 300,– Euro. Außerdem bestand die Möglichkeit, sich seine Rentenbeiträge auszahlen zu lassen. Viele Türken und Kurden machten von diesen Angeboten Gebrauch. So auch meine Eltern im Jahre 1988, weil sie sich hier in Deutschland nicht mehr willkommen fühlten. Es kehrten jedoch nicht so viele Türken und Kurden in ihre Heimat zurück wie erhofft. Die Deutschen begriffen langsam, dass sie sich auf ein Zusammenleben mit Muslimen würden einstellen müssen.

Es gab also eine Vielzahl an Menschen, die dem materiellen Anreiz der Rückkehrhilfe nicht widerstehen konnten. Nicht immer mit dem gewünschten Ergebnis. Denn es erging vielen Rückkehrern nicht besonders gut in der Türkei. Nur wenigen gelang die Reintegration. Es ergaben sich ungeahnte materielle und immaterielle Probleme, auf die keiner der Rückkehrer vorbereitet war. Deutschland hat auch in diesem Punkt verantwortungslos gehandelt. Genauso wenig, wie man sich Gedanken über die Menschen gemacht hatte, die ins Land geholt wurden, interessierte man sich dafür, wie sich die Rückkehrer in ihrer alten Heimat zurechtfinden würden. Aus den Augen, aus dem Sinn – das ist keine besonders humane Haltung eines Anwerbelandes.

Meiner Meinung nach erstreckt sich die Verantwortung gegenüber diesen Menschen, die viele Jahre ihres Lebens der deutschen Wirtschaft gedient hatten, aber auch auf die Rückkehr, zumal sie durch staatliche Leistungen forciert wurde. Meine Eltern hatten noch Glück, dass wir fünf Kinder in Deutschland blieben. So konnten wir sie von hier aus finanziell unterstützen. Denn es ist nicht leicht, mit einer türkischen Rente einigermaßen über die Runden zu kommen. Viele Familien sind mit Kind und Kegel in die Türkei zurückgekehrt – und in ein tiefes schwarzes Loch gefallen. Die Kinder waren oft gegen ihren Willen von den Eltern nach Deutschland geholt worden, und sofern sie noch nicht volljährig waren, mussten sie ihnen nun, Jahre später, wieder zurück in die Türkei folgen – doppelt entwurzelt. In Deutschland waren die Türken als »Ausländer« ausgegrenzt worden, jetzt erwartete sie in der Türkei die Ausgrenzung als »Deutschländer« (Almancılar). Selten wurden die Rückkehrer problemlos wieder in die Gemeinschaft aufgenommen, sogar in den eigenen Großfamilien hatten sie einen schweren Stand.

Gegen Ende der 80er Jahre galt es in Deutschland nicht mehr als politisch korrekt, den Begriff »Ausländer« zu benutzen. An seine Stelle trat nun der »ausländische Mitbürger«. Fast zeitgleich kam es zu einer Debatte über die multikulturelle Gesellschaft und ihre Vorzüge. Man entdeckte die ethnische Vielfalt, die durch die ausländischen Mitbürger ins Land kam – vor allem auf kulinarischem Gebiet. Der Döner wurde zum echten Konkurrenten der Currywurst. Inzwischen begann sich auch die zweite und dritte Einwanderergeneration langsam zu emanzipieren und Forderungen zu stellen.

Die Bezeichnung »ausländischer Mitbürger« passte bald auch nicht mehr, weil darin immer noch das Fremde, von außen Kommende zum Ausdruck kam. Begriffe wie »Migrant« oder »Immigrant« wurden diskutiert, während Bundeskanzler Kohl oft deutlich machte, dass Deutschland kein Einwanderungsland sei. Es gebe zwar Einwohner mit einem anderen kulturellen Hintergrund, aber Einwanderer seien sie nicht. Wie so viele war Kohl nicht in der Lage, der Realität ins Auge zu sehen und die Konsequenz daraus zu ziehen, dass in naher Zukunft in Deutschland sehr viele Menschen aus anderen Kulturen leben und die Gesellschaft zwangsläufig verändern würden.

Ungefähr ab der Mitte der 90er Jahre wurden die Begriffe »türkeistämmig«, »türkischstämmig« und »Deutsche türkischer Herkunft« geboren. Auch diese begrifflichen Neuheiten änderten nichts an der Tatsache, dass beide Seiten nach wie vor keine Klarheit über ihr eigentliches Verhältnis zueinander besaßen. Ich würde ihren Umgang miteinander salopp mit einer offenen Liebesbeziehung vergleichen, bei der die Partner sich nicht ganz binden, aber auch nicht voneinander lassen wollen.

Nach dem Fall der Mauer und der Wiedervereinigung Deutschlands im Jahre 1990 wurde das Klima sehr angespannt und aggressiv. Häuser von Einwanderern wurden angezündet, Menschen kamen ums Leben, wurden regelrecht gejagt und hingerichtet. Zwar war der Begriff »Ausländer« in politisch korrekten Kreisen verpönt, die Medien aber bedienten sich seiner nach wie vor – und tun es bis heute –, besonders im Zusammenhang mit rechtsextremistischen Ausschreitungen.

Für die Nazis war und ist jeder, der kein »Arier« ist, ein Ausländer und kann niemals Deutscher werden. Sie haben keine Schwierigkeiten mit den Begriffen. Die anderen aber, Gott sei Dank die

Mehrheit der Urdeutschen, suchen immer noch nach einer befriedigenden Bezeichnung für die in Deutschland lebenden Menschen, die oder deren Vorfahren aus anderen Ländern stammen.

Nach den Anschlägen vom 11. September 2001, die nicht nur die Twin Towers zum Einsturz brachten, sondern auch eine erneute tiefe Kluft zwischen Orient und Okzident schlugen, zwischen Muslime einerseits und Christen und Juden andererseits, bot sich bei der Begriffssuche eine vermeintlich perfekte Lösung an. Ob Araber, Türken oder Kurden, Menschen aus dem Orient wurden nun allesamt zu »Muslimen« – und unter Generalverdacht gestellt. Unmittelbar nach dem 11. September wurde nahezu jeder Muslim wenn nicht für einen Terroristen, so doch wenigstens für einen Terrorsympathisanten gehalten.

Die vierzigjährige Migrationsgeschichte von Menschen aus der Türkei in Deutschland ist die Geschichte einer fehlenden gesellschaftlichen Akzeptanz. Und diese fehlende gesellschaftliche Akzeptanz, die soziale Abwertung und Ausgrenzung von Menschen aus der Türkei – anderen Nationalitäten geht es meist nicht besser, wenn sie nicht gerade der europäischen Gemeinschaft angehören – spiegeln sich in der Schwierigkeit wider, eine Bezeichnung für sie zu finden. Solange diese Menschen nicht als integraler Bestandteil dieser Gesellschaft akzeptiert werden, so lange werden sie als Fremde wahrgenommen, bezeichnet und ausgegrenzt werden.

Meiner Ansicht nach ist es von großer Bedeutung, eine Bezeichnung für uns nicht Urdeutsche zu finden, mit der wir uns identifizieren und als Teil der deutschen Gesellschaft fühlen können. Ich wünsche mir einen Begriff, der mich nicht schon aus sich heraus diskriminiert, wie »Ausländer«, »ausländischer Mitbürger« etc. Mit allen bisherigen Bezeichnungen wird suggeriert, dass diese Menschen anders, fremd sind und nicht in Deutschland beheimatet.

»Deutschländer«, so werden wie gesagt die in Deutschland lebenden Türken in der Türkei genannt. Der Begriff war in erster Linie negativ gemeint, ich finde ihn allerdings sehr zutreffend für Menschen, die in Deutschland ihren Lebensmittelpunkt haben, ohne auf eine lange Familiengeschichte in Deutschland zurückzublicken. Man könnte ja anfangen, ihn positiv zu besetzen. »Deutschländer«

gefällt mir jedenfalls um einiges besser als alle anderen Varianten. Ich persönlich kann mich mit ihm recht gut identifizieren – auch wenn es eine Würstchensorte gibt, die so heißt. In dem Begriff »Deutschländer« ist Deutschland enthalten, das Land, in dem wir leben, und er betont die Zugehörigkeit zu diesem Land, zu seiner Gesellschaft.

Generationen ohne Integration

Die meisten Menschen aus der Türkei sind in den 60er Jahren nach Deutschland gekommen, weil sie der Armut in ihrer Heimat entfliehen wollten. Sie sind systematisch angeworben worden. Die materielle Not im Heimatland hat die gesamte Familienstruktur dieser ersten und auch der nachfolgenden Generationen geprägt. Warum diese Erkenntnisse bei Betrachtung der Situation von Menschen aus der Türkei oftmals ausgeblendet werden, ist für mich nicht ganz verständlich. Es reicht nicht, immer wieder zu sagen: »Wir dachten, die gehen wieder zurück.« Die Situation der Gastarbeiter wurde von den Urdeutschen überhaupt nicht wahrgenommen, denn warum sollten sie sich mit Menschen auseinandersetzen, die als »Gäste« in Deutschland waren, die Landessprache nicht beherrschten und nach getaner Arbeit wieder in ihre Heimat verschwinden würden?

Zu dieser ersten Migrantengeneration gehören auch meine Eltern. Sie sind tatsächlich nur als Gäste gekommen. Sie benahmen und fühlten sich auch so. Unsere Eltern kamen nach Deutschland, weil sie Geld verdienen wollten. Dieses Geld wollten sie zum größten Teil sparen, um nach einem Jahr in die Türkei zurückzukehren und sich dort eine Existenz aufzubauen. Sich in Deutschland fest niederzulassen, daran waren sie überhaupt nicht interessiert. Das war auch der Grund, warum die meisten Gastarbeiter ihre Familien nicht mitbrachten. Warum sollten sie, wenn sie doch nach einem Jahr zurückkehren würden? Welcher Montagearbeiter, der nicht selten auch mal ein Jahr im Ausland verbringt, nimmt schon seine ganze Familie mit? So ließen die Gastarbeiter ihre Kinder ohne Bedenken bei den Verwandten in der Türkei. Die Erziehung erfolgte ohnehin nicht in der bürgerlichen Kleinfamilie, sondern in der Großfamilie.

Als unsere Eltern angeworben wurden, erzählte ihnen niemand, dass ihre Vorstellung, nach einem Jahr mit viel Geld in die Heimat zurückzukehren, unrealistisch sei. Niemand bereitete sie darauf vor, dass sie eventuell mehrere Jahre oder sogar den Rest ihres Lebens in Deutschland verbringen würden. Das ist der größte Unterschied zu klassischen Einwanderungsländern. Menschen, die zum Beispiel nach Kanada oder in die USA einwandern, richten sich auf einen sehr langen Aufenthalt ein. Die meisten rechnen damit, den Rest ihres Lebens dort zu verbringen. Sie sagen, »I am proud to be an American«, wenn sie in die USA eingebürgert werden. Welcher Nicht-Urdeutsche kann das von sich sagen (von den Urdeutschen selbst will ich in diesem Zusammenhang hier noch nicht sprechen), nachdem ihm die deutsche Staatsangehörigkeit verliehen wurde – übrigens in keinem besonders feierlichen Akt? Wer hat in der Generation unserer Eltern schon davon geträumt, in das so genannte gelobte Land zu kommen? Kaum ein Türke hatte einen solchen Traum. Unsere Eltern waren nicht vernarrt in die Idee, in Deutschland eine neue Heimat zu finden. Sie hatten weder den Willen noch den Wunsch, sich in Deutschland in irgendeiner Form zu integrieren.

Der ersten Generation im Zusammenhang mit der Integrationsdebatte Vorwürfe zu machen, dass sie sich nicht integriert, noch nicht einmal die Sprache erlernt habe, ist folglich mehr als ungerecht. Ganz unabhängig davon, dass Deutschland damals an einer Integration überhaupt nicht gelegen war, gab es von deutscher Seite auch keinerlei Bemühungen, den Gastarbeitern etwas anderes beizubringen als die richtige Ausführung der Arbeit. »Du machen deine Arbeit, dann du bekommen dein Geld.« Diesen Satz haben meine Eltern genau so formuliert ständig gehört. Mit unseren Eltern wurde »Tarzandeutsch« gesprochen.

Bei den allermeisten Gastarbeitern handelte es sich um ungelernte Kräfte, die für Arbeiten eingesetzt wurden, die die Deutschen nicht übernehmen wollten. Wichtig war lediglich die körperliche Konstitution dieser Menschen, nicht ihr Bildungsniveau. Sie kamen nicht hierher, um sich an der deutschen Kunst und Kultur zu laben, Museen zu besuchen und ins Theater zu gehen. Das hatten die meisten von ihnen auch in der Türkei nicht getan; sie waren höchstens mal ins Kino gegangen. Der Großteil der Gastarbeiter hatte in der Heimat noch nicht einmal die nächstgrößere Stadt besucht, geschweige denn ein anderes Land. Daher wussten viele auch nicht, dass man einen Sprachführer mitnimmt, wenn man ins Ausland geht, wie es jeder urdeutsche Tourist tut, wenn er fremde Länder bereist. Es kamen also Menschen, die sich nicht sehr von einem so genannten bildungsfernen Urdeutschen unterschieden, der sich auch nicht besonders für Kunst und Kultur interessiert und die deutsche Sprache mehr schlecht als recht spricht und noch schlechter schreibt.

Die erste Generation muss zu großen Teilen aus der Integrationsdebatte ausgeklammert werden. Meiner Ansicht nach müssen wir uns auf die zweite Generation und die folgenden konzentrieren. Im Vergleich zur ersten ist die zweite Migrantengeneration sehr viel heterogener. Inwieweit die Kinder der Gastarbeiter in die deutsche Gesellschaft integriert wurden, hing entscheidend davon ab, wann sie nach Deutschland kamen. Je älter sie waren, als sie einreisten, desto geringere Chancen hatten sie, die deutsche Schule erfolgreich zu durchlaufen. Dies lag mit Sicherheit nicht an ihrem fehlenden Integrationswillen, sondern wohl eher daran, dass das damalige Bildungssystem für diese Kinder keine spezielle Unterstützung vorsah. Heutzutage, in der dritten Generation, hat sich das geändert. Inzwischen gibt es für »Migrantenkinder« mit gescheiterter Schulkarriere etwa die Möglichkeit, den erweiterten Hauptschulabschluss nachzuholen. Doch auch solche Angebote scheinen mitunter eher Aufbewahrungs- und Alibifunktion zu haben, den wenigsten eröffnen sie reale Chancen auf dem Arbeitsmarkt.

Für die »Migrantenkinder«, die in den 70er Jahren in Deutschland zur Schule gingen, war es für ihre weitere Zukunft von immenser Bedeutung, ob man sie in eine so genannte Ausländerklasse steckte oder ob sie das Glück hatten, in eine mehrheitlich aus deutschen Schülern bestehende Lerngruppe zu geraten. Bildung war für sie reine Glückssache. Die Schulpolitik setzte damals darauf, türkische Kinder in Ausländerklassen zusammenzufassen, obwohl zahlenmäßig durchaus gemischte Klassen möglich gewesen wären. Die türkischen Kinder, die allein oder maximal zu dritt in eine Schulklasse von urdeutschen Kindern kamen, fanden rasch Anschluss an die Klassengemeinschaft und erbrachten weitaus bessere Schulleistungen als die Kinder in den Ausländerklassen. Im Nachhinein ist es nicht nachvollziehbar, warum sich die Ausländerklassen hartnäckig hielten. Es gab wahrscheinlich viele Schulleiter und Schulräte, die unbeirrt an den Erfolg dieser Klassen glaubten. Oder, und das ist eher meine Vermutung, sie hatten kein Interesse an einer Förderung der Ausländerkinder, denn die würden ja eh bald wieder in ihre Heimat zurückgehen.

Die Mehrheit der Türken und Kurden aus der zweiten Generation hatte nicht die Möglichkeit, am deutschen Bildungssystem zu partizipieren. Sie waren regelrecht von Bildung ausgeschlossen. Hinzu kam, dass einige muslimische Familien, so wie es auch heutzutage noch geschieht, alles daransetzten, ihre Töchter von der Schule fernzuhalten, damit sie dort nicht »auf Abwege« gerieten. Viele Migrantenkinder der zweiten Generation sind sogar wegen ihrer mangelnden Deutschkenntnisse und der daraus folgenden Lernschwierigkeiten auf die Sonderschule abgeschoben worden, obwohl sie dort keineswegs hingehörten. Nur wenige konnten ihre wahren Talente in der Schule entwickeln. Absolut frustriert und vom deutschen Bildungssystem gewissermaßen ausgespuckt, verließ ein großer Teil der zweiten Generation die Schule ohne Abschluss – und mit den entsprechend geringen Aussichten auf einen Ausbildungs- und Arbeitsplatz.

Die wenigen aber, die Glück hatten und Klassen mit mehrheitlich deutschen Schülern besuchen durften, zeigten meist überdurchschnittliche Leistungen, weil ein Ausländerkind besser sein musste als seine urdeutschen Mitschüler, wenn es einigermaßen vorankommen wollte. Und die Mädchen hatten noch mal bessere Leistungen zu erbringen, weil sie doppelt und dreifach beweisen mussten, dass sie aufgrund ihrer ethnischen Herkunft nicht weniger intelligent waren.

Ich hatte Glück. In meiner Klasse war außer mir nur ein anderes türkisches Mädchen, und ab der Oberstufe war ich sogar die einzige Türkin in meinen Kursen. Viele andere Kinder, die im selben Haus oder in derselben Straße wohnten wie ich, kamen in Ausländerklassen, und damit war von Beginn an ihre Chancenlosigkeit besiegelt. Ich habe mit diesen Kindern gespielt, ich bin mit ihnen groß geworden. Sie waren nicht dümmer als ich. Sie mögen nicht alle wissbegierig genug gewesen sein, um das Abitur zu machen, aber sie hätten alle das Zeug gehabt, einen richtigen Beruf zu erlernen. Stattdessen sind sie fast ausnahmslos in der Fabrik oder in irgendeinem Hilfsarbeiterjob gelandet. Von Zeit zu Zeit treffe ich die eine oder den anderen und verfolge ihren Lebensweg. Auch sie sind der Ansicht, dass ihnen bessere Schulabschlüsse und berufliche Qualifikationen möglich gewesen wären, wenn man sie damals in gemischten Klassen unterrichtet hätte. Bei ihren Kindern sind sie nun aber wachsam und setzen sich für deren Bildung ein. Leider haben sie selten Erfolg damit, weil sie relativ allein gelassen werden. Sie haben selbst nicht gelernt, Bildung zu erwerben, und haben deshalb große Probleme, ihre Kinder dabei zu unterstützen.

Die zweite Generation besaß nicht mehr die Einstellung ihrer Eltern: »Ich arbeite und spare viel Geld, damit ich in meine Heimat zurückkehren und mir dort eine Existenz aufbauen kann.« Die Mehrheit der Gastarbeiter-Generation verfolgte dieses Ziel. Die zweite Generation dagegen hatte kein einheitliches Lebensmodell mehr. Sie wollte auf jeden Fall ein anderes Leben führen als die Eltern und nicht nur in Deutschland schuften, um dann in der Türkei zu sterben, ohne den erreichten materiellen Wohlstand genossen zu haben.

Zum Teil gelang der zweiten Generation der soziale Aufstieg. Sie versuchte gewissermaßen eine nicht immer glückende Balance zwischen Aldi und Ikea, zwischen dem Sparsamkeitsprinzip der Eltern und der Vorstellung von mehr Lebensqualität und Wohlstand. Viele Menschen aus der zweiten Generation schwanken zwischen ihrem eigenen Lebensentwurf und dem ihrer Eltern hin und her. Sie konnten und können ihren Kindern keine eindeutige Orientierung weitergeben, fühlen sie sich doch häufig selbst wurzellos und zerrissen zwischen dem Versuch, sich von der Elterngeneration abzugrenzen, und der Erfahrung, in Deutschland ausgegrenzt zu werden. So war und ist die zweite Generation weder in der Lage, ihren Kindern glaubwürdig Traditionen zu vermitteln, noch, ihnen den Weg dafür zu ebnen, sich in Deutschland beheimatet zu fühlen.

Nur wenige Deutschländer der zweiten Generation haben erfolgreich die Schule durchlaufen und beruflich Karriere gemacht. Diese wenigen sind es, die in Deutschland als Musterbeispiele einer gelungenen Integration gelten und dabei – im Unterschied zur dritten Generation – nicht den Bezug zu ihrer Herkunftskultur verloren haben. Sie beherrschen mehrheitlich sowohl Deutsch als auch ihre Muttersprache fließend in Wort und Schrift, leben selbstverständlich in beiden Kulturen und kennen deren Besonderheiten. Sie feiern zum Beispiel sowohl Weihnachten als auch das Opferfest, ohne sich ständig zu hinterfragen: Ist das jetzt deutsch oder türkisch, und wo gehöre ich eigentlich hin? Sie besitzen das, was als transkulturelle Identität bezeichnet wird.

Eine kleine Minderheit in der zweiten Generation hatte also die Chance, sich die deutsche Sprache und Kultur anzueignen, eine gute Schulausbildung zu erhalten und beruflich erfolgreich zu sein. Die Mehrheit kann zwar meist die deutsche Sprache einigermaßen sprechen, hat aber oft nur einen schlechten Schulabschluss und arbeitet in einem Hilfsjob. Diese Menschen waren die Ersten, die infolge der schlechten Wirtschaftslage Deutschlands nach der Wiedervereinigung arbeitslos wurden und schließlich beim Sozialamt landeten.

Die oft ausweglose Sozialhilfekarriere der Eltern hat sicherlich einen großen Teil dazu beigetragen, dass die Deutschländer der dritten Generation heute als die absoluten Verlierer dastehen. Die Kinder wachsen mit der Einstellung auf, dass sie in Deutschland weder erwünscht sind noch gebraucht werden und, egal wie sie sich anstrengen, auf dem Arbeitsmarkt sowieso keine Chancen haben. Außerdem lernen sie, wie viele urdeutsche Kinder auch, dass man einigermaßen gut von Sozialhilfe leben kann. Wenn Kinder, auf ihren Berufswunsch angesprochen, sagen: »Ich will Hartz IV werden«, dann haben wir ein riesengroßes gesellschaftliches und wirtschaftliches Problem – ein ethnisches ist es erst in zweiter Linie. Wir müssen diesen Kindern andere Perspektiven bieten.

Nicht umsonst und völlig zu Recht spricht man bei der dritten Generation von der »lost generation«. An ihr zeigen sich die katastrophalen Konsequenzen einer verfehlten bzw. fehlenden Integrationspolitik. Das hat schon eine besondere Tragik, denn eigentlich sollte man doch denken, dass die dritte Generation, da sie in

Deutschland geboren wurde, bestens in Deutschland integriert sei und sich hier zu Hause fühle. Doch das ist keineswegs so. Weil im Grunde immer wieder eine erste Generation produziert wurde.

Natürlich darf auch hier nicht verallgemeinert werden. Viele aus dieser Generation haben sich vorbildlich entwickelt. Sie sind Paradebeispiele für das Gelingen von Transkulturalität. Sie sind aber so stark in der Minderzahl, dass sie mit einer Lupe gesucht werden müssen. Es ist auch wenig hilfreich, sich die Dinge mit den wenigen positiven Beispielen schönzureden, sodass der Blick für die alarmierende Situation der großen Masse verloren geht.

Die meisten Deutschländer der dritten Generation sind zweisprachige Analphabeten. Sie sprechen weder vernünftig Deutsch noch Türkisch. Es ist kaum zu übersehen, dass sie sich in der deutschen Gesellschaft völlig allein gelassen, orientierungs- und wurzellos fühlen. Sie befinden sich in einer permanenten Identitätskrise. Aus dem Gefühl von Nichtzugehörigkeit, fehlender Anerkennung und Chancenlosigkeit heraus besinnen sie sich oft auf die Ursprungskultur ihrer Vorfahren und lehnen die deutsche Lebenswelt ab. Oft neigen sie zu sehr traditionellen und fundamentalistischen Haltungen. In der dritten Generation besteht ein großes Gewaltpotenzial, nicht wenige männliche Jugendliche oder junge Männer werden straffällig. Die Berliner Kriminalstatistik aus dem Jahr 2005 zeigt eine drastische Zunahme von kriminellen Akten bei Jugendlichen mit Migrationshintergrund, während die Kriminalität bei urdeutschen Jugendlichen um zehn Prozent gesunken ist. Jeder dritte Intensivtäter hat der Statistik zufolge einen Migrationshintergrund, wobei in dieser Gruppe Türken, Vietnamesen, Polen und Libanesen am stärksten vertreten sind. Als Intensivtäter gilt, wer mehr als zehn Straftaten pro Jahr begeht.

Die dritte Generation benötigt dringend die Hilfe der Politik und Gesellschaft. Sie ist aufgerieben zwischen den rudimentären Vorstellungen der Eltern über die »eigenen Traditionen« und dem Weltbild der modernen Mehrheitsgesellschaft. Die Eltern erwarten von ihren Kindern, dass sie ihre Traditionen nicht verraten, obgleich sie ja selbst kaum mehr nach ihnen leben. Häufig halten sich die Kinder ausschließlich an jene Aspekte der überlieferten Tradition, die etwas mit Macht und Gewalt zu tun haben, die positiven

Inhalte haben für sie kaum Bedeutung. Der Respekt gegenüber älteren Menschen beispielsweise und die Liebe zu Kindern sind wichtige Bestandteile türkischer und kurdischer Tradition. Von diesem Respekt und der Liebe aber ist bei den jugendlichen Machos wenig zu spüren. Sie besitzen höchstens eine unechte Autoritätshörigkeit gegenüber bestimmten älteren Verwandten.

Die dritte Generation sieht für sich keine realen Chancen, am Wohlstand dieser Gesellschaft zu partizipieren. Die Kinder und Jugendlichen denken, sie könnten sich abstrampeln, wie sie wollen, sie würden doch nichts erreichen, weil Deutschland sie nicht wolle. So lautet oft die Begründung, die ich zu hören bekomme, wenn ich Jugendliche frage, warum sie die Schule abgebrochen haben oder sich keinen Ausbildungsplatz suchen. Manchmal wird diese Einstellung auch durch die Lehrer unterstützt. So wurde zum Beispiel dem Sohn einer Bekannten abgeraten, eine weiterführende Schule zu besuchen. Es würde ja ohnehin nichts bringen. Dieser Rat leitete sich ganz sicher nicht nur von den durchschnittlichen Leistungen des Jungen ab. Einige Lehrer sind der Ansicht, dass sie die Schüler mit der Realität konfrontieren müssten, um sie vor Enttäuschungen zu bewahren. Ob das der richtige Weg ist, bezweifle ich. Denn die Realität wird auch von uns selbst geschaffen. Auch das sollten Kinder in der Schule lernen.

In der ersten Generation standen die Kinder meist nicht im Zentrum des Familienlebens. Es ging darum, Geld für die Rückkehr in die Heimat zu sparen. Die zweite Generation hat daher gelernt, mit Verzicht und Sparsamkeit zu leben. Ihre eigenen Kinder sollten es dafür einmal besser haben. In der zweiten Generation trifft man auf viele Eltern, die alles, was sie nur können, in ihre Kinder investieren und diesen nahezu jeden Wunsch erfüllen. Viele dieser Kinder haben keinen realistischen Umgang mit Geld gelernt. Markenartikel sind ein Muss, sie wollen die dicksten Autos fahren und träumen von einem Job, in dem sie schnell eine Menge Geld verdienen. Diese Generation besitzt häufig die Anspruchshaltung und Konsumorientierung der gleichaltrigen Urdeutschen, und sie erwartet, dass der Staat einspringt, wenn man kein eigenes Geld verdient.

Ein weiteres Problem, mit dem die dritte Generation zu kämpfen hat, ist der Verlust des Familienverbandes. Viele positive Funktionen einer Familie bzw. Großfamilie fallen damit weg. Familien von Deutschländern lösen sich ebenso auf wie die von Urdeutschen, die Scheidungsrate steigt bei beiden deutlich an.

Die dritte Generation hat aber nicht nur mit emotionaler Armut zu kämpfen. Sie ist gleichzeitig viel stärker als die beiden vorherigen Generationen von materieller Armut betroffen. In dieser Generation ist eine deutliche Zunahme von Hartz-IV-»Karrieren« zu erwarten. Dafür sprechen die Zahlen der Schulabgänger ohne Schulabschluss und die Arbeitslosenzahlen insgesamt. Während im Schuljahr 2003/04 nur 9,2 Prozent der urdeutschen Schüler ohne Abschluss die Schule verließen, waren es bei den Deutschländern 20,5 Prozent.

Wenn in Deutschland über Kinderarmut gesprochen wird, muss unbedingt auch über die Situation von Deutschländerkindern gesprochen werden. Denn ein Staat kann Strukturen schaffen, aus denen sich automatisch Armut ergibt. Die mangelhafte Bildungs- und Ausbildungspolitik ist sicher eine Ursache hierfür.

In Deutschland leben jetzt schon 2,5 Millionen Kinder in Armut, Tendenz steigend. Knapp 30 Prozent der Schulanfänger in Berlin sind Deutschländer. Wenn man die Zukunftschancen dieser Kinder realistisch betrachtet, könnte sich die Kinderarmut in den nächsten Jahren drastisch erhöhen. In manchen Berliner Stadtteilen ist nicht zu übersehen, dass viele Kinder von Deutschländern regelrecht verkommen.

Sie leben in materieller Not und sozialer Verwahrlosung. Ihr Kiez gleicht einem Ghetto, aus dem kaum mehr herauszukommen ist. Ein trüber Nebel hüllt sie ein, der durch nichts mehr aufgelöst oder relativiert wird. Verschuldet wurde diese dramatische Situation der dritten Generation sicherlich auch durch eine gewisse Naivität der urdeutschen Politiker, die glaubten, das Problem werde sich schon von allein lösen. Aber die Vorstellung, dass sich Integration im Laufe der Generationen automatisch vollziehen würde, hat sich als falsch erwiesen. Sonst hätten wir eine voll integrierte dritte Generation. Doch die meisten Angehörigen der dritten Generation können sich mit dieser Gesellschaft nicht identifizieren. Als Kinder wurden und werden sie regelrecht ihrem Schicksal überlassen. Nun gilt es, für die nächste Generation den Schaden wenigstens zu begrenzen.

Integration war bisher nicht gewollt

Die Mehrzahl aller Türken und Kurden hat sich meiner Meinung nach in Deutschland nicht integriert. Es gibt dazu bisher leider keine vernünftigen Untersuchungen, an denen man sich orientieren könnte. Wir wissen nur, dass sehr viele Kinder von Deutschländern bei der Einschulung kaum Deutsch sprechen, wir wissen, dass entsprechend viele Deutschländer schlechte Schulabschlüsse haben, und wir wissen, dass die Männer bevorzugt Ehen mit einer Partnerin aus der Türkei schließen. Das sind deutliche Belege für eine gescheiterte Integration.

Natürlich stellt sich die Frage, welchen Maßstab man anlegt. Ich persönlich habe einen sehr hohen Anspruch an Integration. Nach meinem Dafürhalten sind die meisten Deutschländer nicht integriert, mich persönlich eingeschlossen. Andere haben andere Maßstäbe, an denen sie Integration messen.

Der Grad der Integration hat meines Erachtens nichts mit der sozialen Schicht zu tun. Die türkischstämmige Putzfrau kann in Deutschland genauso integriert oder nicht integriert sein wie der türkischstämmige Arzt. In dieser Gesellschaft nicht angekommen sind meiner persönlichen Einschätzung nach nahezu 80 Prozent der Deutschländer. Sie fühlen sich nicht als Teil dieser Gesellschaft, weil sie nicht als Teil dieser Gesellschaft angenommen werden und sich auch nicht so wahrnehmen. Damit wird deutlich, dass Integration, wie es so schön heißt, keine Einbahnstraße ist. Integration muss von beiden Seiten aktiv vorangetrieben werden. Beide Seiten müssen aufeinander zugehen, sonst bleibt derjenige, der sich abmüht, um sich zu integrieren, auf halber Strecke stehen. Die andere Hälfte des Weges muss der andere gehen. Schließlich will derjenige, der integriert werden soll, dass Gefühl bekommen, dazuzugehören. Weder die deutsche Staatsangehörigkeit noch die deutsche Sprache noch das Leben unter Deutschen kann die Integration garantieren, wenn die Mehrheitsgesellschaft nicht integrieren will.

Es gibt sehr viele Deutschländer, die die deutsche Sprache überdurchschnittlich gut beherrschen. Sie verfügen oft auch über eine beeindruckende Allgemeinbildung, die sowohl Kenntnisse des deutschen Kulturraums als auch solche ihres Herkunftslandes beziehungsweise des Landes ihrer Vorfahren umfasst. Dennoch sind diese Menschen nicht in Deutschland integriert, weil sie sich in Deutschland nicht akzeptiert fühlen und tatsächlich auch nicht akzeptiert sind. Sie werden weiterhin nach ihrem äußeren Erscheinungsbild bewertet oder aufgrund ihres nicht deutsch klingenden Namens nicht als deutsch wahrgenommen. Diese Menschen werden ein wenig wie Außerirdische angesehen, die Besonderes geleistet haben, obwohl sie doch genau das getan haben, was die Mehrheit der Deutschen von ihnen verlangt – sie haben sich nach deren Verständnis integriert. Sie sprechen perfekt Deutsch, pflegen auch deutsche Umgangsformen, kennen sich mit der deutschen Geschichte aus, besitzen mitunter die deutsche Staatsangehörigkeit und arbeiten hart, weil sie Karriere machen wollen. Sie sind also ziemlich deutsch – leistungsorientiert, sehr diszipliniert, vielleicht in dieser Hinsicht sogar deutscher als die Deutschen. Was also sollen diese Menschen noch tun, um voll- und gleichwertige Mitglieder der deutschen Gesellschaft zu werden? Im Grunde bleibt nur die Assimilation: Aus Ayşe wird Anja, aus Mustafa wird Manfred. Und selbst dann bleibt meistens noch das Äußere als Ausgrenzungsmerkmal bestehen.

Wenn urdeutsche PolitikerInnen »Integration« sagen, meinen viele von ihnen damit »Assimilation«. Ayşe, in Deutschland lebend, will aber nicht Anja werden, denn zu ihrer Persönlichkeit und Identität gehören beide Kulturen. Das macht sie doch gerade so interessant und vielseitig. Sie verfügt über eine interkulturelle Kompetenz, die dieser Gesellschaft nur Vorteile bringen kann. Daher gibt es keinen vernünftigen Grund, die Herkunftskultur gänzlich aufzugeben. Wenn die Politiker irgendwann begreifen, was für ein Potenzial in der Parallelgesellschaft brachliegt, dass es dort junge Menschen gibt, die zwei, drei oder noch mehr Sprachen in die Wiege gelegt bekommen haben, dann ist ein wichtiger Schritt zu einer möglichen, vernünftigen Integrationspolitik gemacht.

Im Türkischen gibt es ein Sprichwort: »Eine Sprache, ein Leben.« Jede zusätzliche Sprache, jede zusätzliche Kultur, die man sich zueignen kann, stellt eine große Bereicherung dar. Integration bedeutet dann, sich in vielen Sprachen und vielen Kulturen beheimatet zu fühlen. Wenn Menschen mit Gelassenheit, ohne zwischen den Kulturen zerrieben zu werden, diese Vielseitigkeit leben können und darin akzeptiert und geschätzt werden, dann ist Integration gelungen. Fatal wäre eine Haltung, die allen »Migranten«, die nach Deutschland kommen, oder Deutschländern, die hier geboren wurden usw., signalisiert: »Bewahrt und erhaltet eure Herkunftskultur mit allem, was sie beinhaltet. Wir helfen euch nicht, deutsch zu werden, weil wir selber nicht gerne deutsch sind.« Damit schafft man eine Parallelwelt mit Menschen, die in Deutschland niemals ihre Heimat sehen werden.

Als Jugendliche habe ich mir oft die Frage gestellt, ob ich nach Deutschland oder in die Türkei gehöre. Die Zeit hat darauf eine Antwort gegeben. Man könnte es juristisch als Fristablauf, Fristversäumnis oder Wegfall der Geschäftsgrundlage bezeichnen. Denn irgendwann war für mich ziemlich klar, dass ich gar nichts anderes sagen konnte, als dass ich nach Deutschland gehöre. Eine emotionale Verbindung zu Deutschland ist in mir allerdings nur sehr schwer gewachsen. Ich musste für mich ganz allein Integrationsarbeit leisten. In meiner Generation gab es keine Mehrheitsgesellschaft, die mir signalisiert hätte: »Auch du gehörst zu uns.« Die Mehrheitsgesellschaft schien eher der Ansicht, dass ich in die Türkei gehöre. Nicht selten wird auch heute noch die Türkei als meine Heimat bezeichnet. Nur ein Beispiel unter vielen: Eine Ärztin, zu der ich meine wenige Monate alte Tochter brachte, fragte mich, ob ich den schönen Baby-Winteranzug aus meiner Heimat mitgebracht hätte. Kaum jemand macht sich Gedanken darüber, was mit einer solchen Äußerung eigentlich zum Ausdruck gebracht wird. Und die meisten sind dann auch noch zutiefst gekränkt, wenn sie von mir höflich darauf hingewiesen werden, dass sie gerade eine sehr dumme und diskriminierende Frage gestellt haben.

Ich denke, dass der größte Teil der Mehrheitsgesellschaft die Deutschländer nach wie vor den »Herkunftsländern« zuordnet. Und das liegt meiner Ansicht nach nicht daran, dass wir uns hier nicht integrieren wollen. Ich behaupte, dass selbst die Menschen, die in Deutschland als Beispiele einer so genannten gelungenen Integration gelten, vom Großteil der Mehrheitsgesellschaft nicht akzeptiert werden. Deutschland ist meine Heimat! Das begreifen nur wenige. Mir fehlt mein Gegenüber, das mich ebenso als ein Teil dieser Gesellschaft anerkennt, wie ich es anerkenne.

Die Lebensrealität von Deutschländern in Deutschland ist sehr vielen Urdeutschen nicht bekannt. Oft habe ich den Eindruck, dass das gerade und besonders auf Politiker und Politikerinnen zutrifft. Das mag daran liegen, dass die Politik grundsätzlich irgendwann die Verbindung zur Basis verliert. Diese Erklärung kann aber keine Entschuldigung oder Rechtfertigung darstellen.

Als Arbeiterkind wurde ich stets hellhörig, wenn intelligente, gebildete Menschen, Akademiker, mir die Welt, die Menschen und die Gesellschaft erklärten. Ich habe zum Beispiel gehört, es sei sehr wichtig, dass etwas von unten nach oben wachse, also nichts aufgesetzt werde. Ich habe auch gehört, dass gerade persönliche Biografien für politische Karrieren von Bedeutung seien. Und ich habe gehört, dass kulturelle und sprachliche Vielfalt eine Bereicherung sei. Aber wenn es um Integrationspolitik geht, habe ich den Eindruck, dass all diese Erkenntnisse keine Rolle spielten und spielen.

Nicht selten wird nur über Begriffe diskutiert, um ja nicht in die Verlegenheit zu geraten, inhaltlich arbeiten oder gar Taten folgen lassen zu müssen. So sieht es auch beim Thema Integration aus. Wie oft werden ganze Diskussionsabende mit Begriffsdebatten bestritten?

Offensichtlich besitzen wir keinen Konsens darüber, was Integration bedeutet, und es besteht noch großer Klärungsbedarf. Ich kann mich allerdings des Gefühls nicht erwehren, dass wir die Antwort längst kennen. Es gibt ja durchaus zahlreiche Beispiele von Menschen, die Integration bereits, zumindest im Ansatz, leben. Damit meine ich Deutschländer wie mich, die sich so weit integriert haben, dass sie zu diesem Land stehen, mit allen seinen positiven und negativen Seiten. Sie könnten die Richtung weisen, in die es gehen muss. Wir müssen nicht bei null anfangen, um eine Lösung zu finden.

Bei den Angehörigen der zweiten Generation liegt ein großer Teil der Verantwortung dafür, ob ein friedliches Zusammenleben in unserer Gesellschaft gelingt oder nicht. Sie erziehen die dritte Generation und sind die Großeltern der vierten Generation. Sie sind also die Vorbilder, die die Kinder der Zukunft benötigen. Mit der zweiten Generation muss Tacheles geredet werden. Denn aus ihren Reihen stammen die Kulturchauvinisten in den islamischen Verbänden und die Hassprediger in den Moscheen, aus ihren Reihen stammen die Eltern, die ihre Kinder nicht in den Kindergarten schicken, ihre Töchter vom Schulunterricht befreien und zwangsverheiraten und die ihren Söhnen ein Frauen- und Menschenbild vermitteln, das sie, gleichgültig gegenüber Recht und Gesetz, zu gewalttätigen Ehemännern, manchmal gar zu Mördern werden lässt.

Muslimische Mädchen und Frauen in Deutschland

Wenn wir uns ernsthaft Gedanken über die Integration von Deutschländern in Deutschland machen wollen, dann kommen wir nicht umhin, über die besondere Situation der Frauen nachzudenken und zu sprechen. Genauso wenig, wie eine Demokratie funktionieren kann, wenn Frauen unterdrückt werden, kann Integration funktionieren, wenn Frauen ein gleichberechtigtes Leben versagt wird. Ich bin der Überzeugung, dass sich die Integrationspolitik weltweit an der Frauenfrage orientieren muss, wenn sie gelingen soll.

Sehr viele türkische und kurdische Musliminnen sind zu einem Leben wie im Mittelalter gezwungen, und das sowohl aus kulturellen als auch religiösen Gründen. Ihre eklatante Unterdrückung und Benachteiligung beginnt schon vor der Geburt. Noch bevor ein Kind gezeugt wird, wünscht sich die Mehrzahl der türkischen und kurdischen Männer und Frauen einen Jungen. Die Geburt einer Tochter wird meist als Versagen empfunden, Mädchen gelten in der Familie als Belastung. Die Geburt eines Sohnes hingegen ist für Männer ein Männlichkeitsbeweis, für Frauen bedeutet sie eine Aufwertung und ein höheres Ansehen in Familie und Gesellschaft. Ich war als Tochter nur deshalb ein Wunschkind, weil meine Eltern bereits zwei Söhne hatten. Danach durfte ruhig ein Mädchen kommen.

Mithilfe der pränatalen Diagnostik lassen manche türkischen und kurdischen Eltern das Geschlecht ihres Kindes schon im Mutterleib ermitteln – und den weiblichen Fötus abtreiben. Das geschieht nicht nur in der Türkei. Auch in Deutschland soll es solche Fälle geben.

Überall auf der Welt werden Mädchen und Jungen unterschiedlich behandelt, nicht nur beim Spielzeug und der Kleidung. Sie

werden auch überall unterschiedlich gefördert. Sogar in gebildeten Familien der westlichen Industrieländer sind geschlechtsspe-
zifische Ungleichbehandlungen zu beobachten. Doch Kinder von
Muslimen leben in einem von Traditionen geprägten Umfeld, wie
es in der christlich geprägten urdeutschen Welt zwar auch einmal
vorhanden war, aber wohlgemerkt war, nämlich im Mittelalter. Ich
erzähle nichts Neues, wenn ich darauf hinweise, dass muslimische
Kinder meist sehr autoritär erzogen werden. Das gehört zum
Selbstverständnis der Eltern, und als selbstverständlich gilt auch,
Gewalt als Erziehungsmittel einzusetzen, insbesondere Töchtern
gegenüber. Viele türkische und kurdische Eltern, vor allem die Väter, folgen der Redensart: »Wer seine Tochter nicht schlägt, schlägt
später sein Knie.« Eltern, die sich von einer solchen Ideologie leiten lassen, fällt es ungemein schwer, sich von Gewalt zu lösen.

Geprägt von der Vorstellung, die Ehre der Familie zu verkörpern
– weil sich die Ehre der Männer zwischen den Beinen der Frauen befinde –, ist das Leben von muslimischen Mädchen schwierig und
konfliktreich, spätestens mit Beginn der Pubertät. Der Jungfrauen-
käfig, in den schon kleine Mädchen gesteckt werden, verwandelt sich
dann in einen Hochsicherheitstrakt. Jedes männliche Familienmitglied mischt sich in die Erziehung eines Mädchens ein und macht
seinen Herrschaftsanspruch geltend, notfalls mit Gewalt. Auch andere muslimische Mädchen aus dem Verwandtenkreis oder sozialen
Umfeld können extremen Druck ausüben. Es gilt mit aller Kraft zu
verhindern, dass ein Mädchen seinen »guten Ruf« verliert. Nicht selten binden sich in dieser Phase selbst Töchter von »modernen« Türken plötzlich ein Kopftuch um, weil andere Mädchen auch eins tragen. Zum einen steht dahinter sicher der Wunsch dazuzugehören,
zum anderen unterwerfen sich die Mädchen weitestgehend unbewusst dem sozialen Druck. Auch die Suche nach einer eigenen Identität kann eine Rolle spielen, indem sich die Kinder beispielsweise
von ihren fortschrittlichen Eltern abgrenzen wollen.

In den drei monotheistischen Weltreligionen wird die besondere
Bedeutung der Frau als Mutter hervorgehoben. So auch bei den
Muslimen. Zum Lebensinhalt der muslimischen Frau gehört es,
eine gute Ehefrau und Mutter zu sein. Mit dieser Vorstellung wird
ein Mädchen sehr früh konfrontiert. Bereits mit Beginn der Puber-

tät wird es ständig auf seine Heiratsfähigkeit angesprochen: »Du siehst ja schon so erwachsen aus. Hat schon jemand um deine Hand angehalten?«

Viele Heiratskandidaten zu haben wertet ein muslimisches Mädchen auf. Es kokettiert damit, prahlt gegenüber den Freundinnen, wie viele Männer sich schon mit einem Ehegesuch gemeldet haben. Häufig beteiligen sich die Mädchen fast spielerisch am Geschehen, ohne recht zu begreifen, dass es hier um ihr Leben und ihre Zukunft geht.

Die Verbindungen, die dann entstehen, sind oft keine freiwilligen, sondern arrangierte oder Zwangsehen. Die Mädchen sind meist zwischen 12 und 18 Jahren alt, wenn diese »Ehen« geschlossen werden. Meist findet diese Eheschließung in den Herkunftsländern statt, aber es werden auch in Deutschland »Ehen« durch muslimische Geistliche geschlossen. Die »Ehepartner« leben dann ohne Trauschein, bis sie volljährig sind und standesamtlich getraut werden können. Ich bin der Meinung, dass nahezu jede Ehe, die in diesem Alter eingegangen wird, fragwürdig ist.

Anders als bei urdeutschen Ehepaaren wird eine Ehe unter Deutschländern immer im familiären Kontext geführt. Die Großfamilie übt enormen Druck auf ein verheiratetes Paar aus, vor allem dann, wenn die Eheleute noch sehr jung sind. Da bei einer muslimischen Heirat meist Familien zusammengeführt werden, müssen ganze Clans miteinander auskommen. Das gestaltet sich oft sehr schwierig. Der Alltag kann von viel Gerede, Getratsche und Gezerre geprägt sein. Die ältere Generation meint oft, es besser zu wissen, und erklärt dem Bräutigam, wie er seine Frau zum Gehorsam anhalten soll. Auch Ehen, die eigentlich funktionieren könnten, haben daher oft keine Chance, weil die Eheleute nicht zur Ruhe kommen. Sie müssen ihren eigenen Familien gegenüber ständig Loyalität beweisen. Auch hier leiden die Frauen, vor allem die Schwiegertöchter, am meisten. Denn sie haben sich für gewöhnlich nicht nur dem Ehemann, sondern auch den anderen männlichen Familienmitgliedern zu unterwerfen. Es gibt Frauen, die sowohl den eigenen Haushalt als auch den der Schwiegereltern führen müssen, der sich unter Umständen in nicht geringer Entfernung befindet. Solange sie noch keine eigenen Kinder haben, werden sie darüber hinaus in vielen Fällen für die Betreuung von Nichten und Neffen eingespannt. Das alles können sich die muslimischen Frauen nicht aussuchen, es sind Selbstverständlichkeiten, die mit einem Leben in der Großfamilie einhergehen. Nach ihrem Willen werden diese Frauen nicht gefragt.

Wenn es die bisherige vermeintliche Integrationspolitik in Deutschland in verheerender Weise versäumt hat, die tatsächlichen Probleme von Deutschländern zur Kenntnis zu nehmen, so gilt das besonders in Bezug auf die Situation der muslimischen Mädchen und Frauen. Diese ist, meine ich, ein sehr guter Gradmesser für die Integrationspolitik. Hätte es eine solche wirklich gegeben, wären heute nicht derartige Missstände in den Lebensumständen vieler muslimischer Mädchen und Frauen zu beklagen. Die Integration aller Deutschländer wäre weiter vorangeschritten. Der Umgang einer Gesellschaft mit ihren Frauen und Kindern zeigt auch ihren zivilisatorischen und demokratischen Stand.

Staat und Gesellschaft ließen es zu, dass muslimische Frauen und Mädchen Opfer veralteter Traditionen und menschenverachtender patriarchalischer Strukturen blieben. Tausende von ihnen werden bis heute in Wohnungen eingesperrt und geprügelt. Sie sprechen kaum Deutsch und dürfen außer zu ihrer Familie zu niemandem Kontakt haben. Viele dieser Frauen leben im so genannten Kiez, wo sie mit Urdeutschen so gut wie gar nicht in Berührung kommen.

Die Situation muslimischer Mädchen und Frauen wird verharmlost, um die jahrzehntelangen Versäumnisse der Integrationspolitik zu rechtfertigen. Die Mehrheitsgesellschaft interessierte und interessiert sich nur mäßig für das Schicksal dieser Frauen und Mädchen. Wäre in Deutschland nicht so lange ignoriert worden, dass sie vielfach massiver Benachteiligung, Vernachlässigung und Gewalt ausgesetzt sind, und dies in weit größerem Ausmaß als ihre urdeutschen Geschlechtsgenossinnen, hätte viel Leid verhindert werden können.

Hier und da wurden zwar Projekte für Deutschländerinnen gefördert, doch tatsächlich ist kaum etwas getan worden, um diesen Frauen und Mädchen einen Platz in der Mitte der Gesellschaft zu verschaffen. Viele der Frauenprojekte müssen fortwährend um ihre Existenz kämpfen, einige von ihnen sind in den letzten Jahren eingestellt worden, weil der Staat keine Mittel mehr bewilligte. Dabei wird in solchen Projekten wertvolle Integrationsarbeit geleistet. Durch Beratungs- und Kursangebote werden Frauen an die deutsche Gesellschaft herangeführt. Immerhin ist in der letzten Zeit zunehmend erkannt worden, dass für eine erfolgreiche Frauenarbeit die gesamte Familie mit einbezogen werden muss. Das ist ganz sicher der richtige Weg. Bisher galt es eher als Tabu, sich in die familiären Angelegenheiten der kulturell anders geprägten Menschen einzumischen.

Mit dem seit 2005 gültigen Zuwanderungsgesetz wurde erstmalig ein Mindestrahmen staatlicher Integrationsangebote geschaffen. Seither sind Zuwanderinnen und Zuwanderer verpflichtet, einen Integrationskurs zu besuchen, der ihnen Sprachkompetenz sowie Kenntnisse über das gesellschaftliche, kulturelle und wirtschaftliche Leben in Deutschland und über die in dieser Gesellschaft geltenden Normen und Werte vermitteln soll. Das reformierte Zuwanderungsgesetz wurde am 14. Juni 2007 vom Bundestag und am 6. Juli 2007 vom Bundesrat verabschiedet. Es tritt in Kraft, nachdem Bundespräsident Horst Köhler die Verfassungsmäßigkeit geprüft und das Gesetz unterzeichnet hat. Das ist zum jetzigen Zeitpunkt noch nicht geschehen. Es bestehen jedoch kaum Anzeichen dafür, dass das Gesetz nicht in Kraft tritt. Mit diesem neuen Gesetz wird die Anzahl der Stunden in den Integrationskursen von bisher 600 auf 900 erhöht. Hinzu kommt, dass nach der neuen Regelung Sanktionen möglich sind, wenn die Betroffenen nicht an den Integrationskursen teilnehmen. Man muss es als Fortschritt ansehen, dass die Politik inzwischen begriffen hat, dass solche Kenntnisse die Voraussetzung für eine erfolgreiche Integration darstellen.

Diese Kurse sollen den Frauen außerdem zu mehr Selbstständigkeit verhelfen und ihnen ermöglichen, ihre Lebenssituation zu verändern. Doch sie sind konzeptionell noch nicht ausgereift genug, um die Frauen mit ihren traditionellen Denkmustern auch wirklich erreichen zu können. Das größte Problem ist, dass sie nur für neu Zugereiste vorgesehen sind, alteingesessene Deutschländerinnen haben keinen Anspruch darauf.

Die Teilnahme an Integrationsangeboten ist keineswegs immer erwünscht – oft von den Frauen selbst nicht. Kürzlich hörte ich

z. B. von einer Deutschländerin, die vom Jobcenter der Agentur für Arbeit in eine Förderungsmaßnahme vermittelt worden war. Es handelte sich nicht um einen Integrationskurs, aber um eine mit einer ähnlichen Intention eingerichtete Maßnahme. Im Gespräch mit der deutschen Kursleiterin erklärte die Frau, sie könne wegen der Kinder nicht arbeiten, auch halbtags nicht. Später sagte sie zu einer anderen türkischen Teilnehmerin des Kurses: »Diese Deutschen verstehen es einfach nicht: Ich kann nicht arbeiten gehen, das ist doch eine Frage der Ehre!«

Warum soll der Staat für eine solche frauenverachtende Tradition auch noch zahlen? Denn im Ergebnis sieht es ja so aus, dass diese Frau Sozialleistungen in Anspruch nimmt, weil der Ehemann es nicht mit seiner Ehre vereinbaren kann, dass sie arbeitet.

Aber warum ist das eine Frage der Ehre? Ganz einfach: Viele muslimische Männer befürchten tatsächlich, dass ihre Frauen »Huren« werden, wenn sie arbeiten gehen. Die Frau soll nicht etwa deshalb keine Arbeit annehmen, weil der Ehemann wohlhabend wäre und ihr ein angenehmes Leben zu Hause ermöglichen möchte. Nein, er will verhindern, dass die »ehrbare« Frau bei der Arbeit mit fremden Männern in Kontakt kommt und sich sexuelle Gelüste entwickeln könnten. Eine Mandantin erzählte mir, dass sie von ihrem Mann heftig verprügelt worden sei, weil sie den Wunsch geäußert habe, arbeiten zu gehen. Sie wollte in einem Geschäft aushelfen, um das Haushaltsgeld, das die Familie vom Sozialamt bekam, etwas aufzubessern. Der Ehemann sagte sinngemäß: »Was, du willst dich von anderen Männern begaffen und begrapschen lassen?«

Ein solches Verhalten hat nicht einfach nur mit Eifersucht zu tun, sondern zeigt einen extremen Herrschaftsanspruch gegenüber der weiblichen Sexualität. Eine freie, selbstbestimmte Sexualität der Frau soll verhindert werden. Hier liegt meiner Ansicht nach der Dreh- und Angelpunkt in der Diskussion um die Situation der muslimischen Frauen in Europa. Ob Kopftuchgebot, Zwangsheirat, Ehrenmord oder häusliche Gewalt, immer geht es darum, dass der muslimische Mann die Herrschaft über die Sexualität der Frau beansprucht.

Wollen muslimische Frauen ein modernes Leben führen, werden sie vielfach von der ganzen Familie verstoßen, verachtet und für tot erklärt – im Extremfall werden sie tatsächlich getötet. Selbst die Mütter stellen sich um der Familienehre willen häufig gegen ihre eigenen Töchter. Die in Deutschland lebenden muslimischen Migrantinnen – auch diejenigen, die ich als Rechtsanwältin vertreten habe – gehören mehrheitlich einem sozial schwachen, nicht besonders gebildeten Milieu an. Diese Frauen sind stark abhängig von familiären Strukturen; sie sind ohne ihre Familien halt- und hilflos. Das ist nicht verwunderlich, denn ihnen wurde ein kollektives Bewusstsein vermittelt: Die Familie ist alles, der Einzelne ist nichts. Individualität wird abgelehnt. Viele meiner Mandantinnen haben es nie gelernt, selbstständig Entscheidungen zu treffen, geschweige denn über ihr eigenes Leben zu bestimmen. Für manche, denen es schließlich gelang, aus ihren ehelichen Zwangsverhältnissen auszubrechen, war es eine völlig neue Erfahrung, nicht mehr ständiger Gewalt und Bevormundung ausgesetzt zu sein. Selbst so etwas Banales wie allein einkaufen zu gehen, für sich und aus eigener Entscheidung, war für sie schon ein bis dahin ungekanntes Freiheitserlebnis.

Auch die urwesteuropäischen Frauen haben noch lange keine vollständige Gleichberechtigung der Geschlechter erreicht. Die meisten Migrantinnen in Europa sind aber noch nicht einmal losgelaufen, um die ureuropäischen Frauen einzuholen. Sie sind aufgrund ihrer Bildung und sozialen Stellung auch nicht in der Lage, diesen Weg ganz allein zu gehen. Sie benötigen Hilfestellungen, damit sie den Aufbruch wagen. Doch statt einer zunehmenden Emanzipation der muslimischen Frauen in Deutschland, an der auch der Erfolg einer Integrationspolitik abzulesen gewesen wäre, finden sich heute in muslimischen Kreisen deutliche Tendenzen zu einer religiösen Rückbesinnung, die sich an den Verhältnissen des 7. Jahrhunderts orientiert, also jener Zeit, als der Prophet Mohammed lebte. Ein sichtbares Signal hierfür ist das Kopftuch. Während die meisten Türkinnen und Kurdinnen der ersten Generation ihre Kopftücher ablegten, als sie nach Deutschland kamen, und zwar bewusst und demonstrativ, verschleiern sich heute in der zweiten und dritten Generation wieder mehr und mehr Frauen.

Zwangsheirat – Zwang, Tradition und Arrangement

Auch bei dem Thema Zwangsheirat geht es wie bei der Kopftuch-Frage um Freiwilligkeit und sexuelle Selbstbestimmung. In Artikel 16 der Allgemeinen Erklärung der Menschenrechte von 1948 heißt es: »*Die Ehe darf nur aufgrund der freien und vollen Willensbildung der zukünftigen Ehegatten geschlossen werden.*« Es ist also ein Menschenrecht, sich seinen Partner selbst auszusuchen. Aber mit den Menschenrechten ist das ja bekanntlich so eine Sache. Was zählen sie schon im Verhältnis zu Religion, Traditionen und kulturellem Selbstverständnis? Das eine oder andere mag inzwischen als universell anerkannt gelten und in allen Kulturen Grundlage friedlichen Zusammenlebens sein. Das Menschenrecht auf freie Partnerwahl gehört noch nicht dazu. Ich sage bewusst »noch nicht«, weil ich die Hoffnung habe, dass sich das in den nächsten Jahren ändern wird. Damit sich aber etwas ändert, muss das Problem zunächst einmal als solches erkannt werden.

Ebenso wie Ehrenmorde und häusliche Gewalt in so genannten Migrantenfamilien waren Zwangsverheiratungen in Deutschland lange Zeit ein Tabuthema. Zum einen hat sich die Politik nicht für die Belange der zugewanderten Menschen interessiert. Zum anderen wurde aus falsch verstandener Toleranz vonseiten der Mehrheitsgesellschaft verhindert, dass über Missstände in der Migranten-Community gesprochen wurde. Ich erinnere mich noch sehr gut an den Workshop eines Frauenkongresses in Frankfurt am Main, in dem ich den Versuch unternahm, von Zwangsverheiratungen zu sprechen. Ich sagte damals, dass wir in vielen Bereichen ganz bestimmt dieselben Probleme hätten, egal welche Ethnie, welche Religion, aber unter Türken und Kurden gebe es Zwangsverheiratungen, und davon seien urdeutsche Frauen nicht betroffen. Ich wurde von einigen Anwesenden sehr stark angegriffen. Vor allem urdeutsche Frauen wurden richtig böse und erklärten mir in oberlehrerinnenhaftem Ton, dass ich ganz sicher von arrangierten Ehen sprechen würde, dass diese eine Tradition seien, die wir nicht ablehnen könnten, dass ich nicht in europäischen Mustern denken dürfe und dass solche Behauptungen lediglich zu mehr Fremdenfeindlichkeit führen würden.

In der Community selbst ist das Bild ebenfalls nicht einheitlich. Diejenigen, die an der Praxis der Zwangsheirat festhalten, haben kein Interesse an Öffentlichkeit. Diese Menschen sahen und sehen in ihrer Tradition keine Menschenrechtsverletzung und stellen sie daher weder für sich infrage, noch verstehen sie, wenn andere Missfallen an ihrer Tradition äußern. Diejenigen Türken und Kurden, die sich von diesen veralteten Traditionen längst verabschiedet haben, wollen mit dem Thema nichts zu tun haben, vor allem wollen sie mit »diesen rückschrittlichen Türken und Kurden« nicht in einen Topf geworfen werden.

Die mittlerweile vorhandene Sensibilisierung für das Thema haben wir dem Umstand zu verdanken, dass es weltweit zu immer größeren Unruhen in den muslimischen Gemeinschaften und Parallelwelten kommt. Die Mehrheitsgesellschaft kann einfach nicht mehr wegschauen, zumal diese Menschenrechtsverletzungen auch im eigenen Land stattfinden. Die größere Aufmerksamkeit hat in Deutschland auch sehr viel damit zu tun, dass sich die Medien endlich der Themen angenommen haben.

Von vielen Seiten aber wird die Zwangsheirat nach wie vor verharmlost und als Ausnahmeerscheinung dargestellt. Dabei ist sie ein massives gesellschaftliches Problem. Es existieren leider noch keine gesicherten repräsentativen Studien, da bislang noch kaum seriöse Untersuchungen zu dem Thema vorgenommen wurden. Nach einer vom Berliner Senat in Auftrag gegebenen Umfrage in über 50 Jugend- und Beratungseinrichtungen sind zum Beispiel im Jahr 2002 allein 230 Fälle von Zwangsverheiratung registriert worden. Eine im Sommer 2004 durchgeführte Umfrage des Bundesministeriums für Familie, Senioren, Frauen und Jugend unter 250 türkischen Frauen, von denen 150 Angaben zu dem Thema machten, ergab, dass bei etwa der Hälfte der Frauen der Partner von Verwandten ausgewählt worden war. Von diesen Frauen war etwa ein

Viertel nicht nach ihrer Meinung zum zukünftigen Partner gefragt worden, und 17 % der Frauen gaben an, dass sie sich zur Ehe gezwungen fühlten (es waren Mehrfachnennungen möglich).

In Baden-Württemberg entwickelte eine vom Justizministerium berufene Fachkommission bis zum Herbst 2005 einen umfassenden Handlungsplan gegen Zwangsheirat. Von der Fachkommission wurde eine Befragung verschiedener Einrichtungen in Baden-Württemberg durchgeführt, die folgende Ergebnisse lieferte: Von Januar bis Oktober 2005 suchten 213 Frauen und zwei Männer Hilfe wegen drohender oder erfolgter Zwangsverheiratung. 105 der Betroffenen waren bereits zwangsverheiratet worden, 110 Betroffene waren von Zwangsheirat bedroht. 40 % der Betroffenen waren bei der Zwangsheirat minderjährig.

Im Februar 2007 hat die Stadt Hamburg die Ergebnisse einer Umfrage zum Thema Zwangsheirat bekannt gegeben, die im Auftrag der Stadt von der Lawaetz-Stiftung durchgeführt wurde. Die Umfrage erfolgte von Juli bis September 2006. 59 Hamburger Einrichtungen, darunter die Jugend- und Sozialdezernate der Bezirksämter, gaben Auskunft. In diesen Einrichtungen lagen im Jahr 2005 insgesamt 210 Beratungsfälle zu einer erfolgten oder angedrohten Zwangsheirat vor. Am häufigsten ging es dabei um eine Zwangsheirat zwischen Mitgliedern von in Deutschland lebenden Familien (53 Nennungen), gefolgt von der Heirat mit so genannten »Importbräuten« aus dem Heimatland (45 Nennungen), der Heirat im Rahmen einer so genannten »Ferienverheiratung« (42 Nennungen) und der »Verheiratung für ein Einwanderungsticket« (39 Nennungen). Die meisten Betroffenen waren zwischen 18 und 21 Jahre alt.

Bekanntermaßen suchen die Betroffen selten Hilfseinrichtungen auf, sodass von einer hohen Dunkelziffer ausgegangen werden muss. Und dabei gehen schon aus den hier zitierten Studien besorgniserregende Zahlen hervor, obwohl sie insgesamt nur eine sehr geringe Anzahl der deutschen Beratungsstellen erfassen. Indem das Thema Zwangsheirat als Ausnahmefall oder Tradition verharmlost wird, macht man es den Betroffenen nicht leicht, Hilfe zu suchen. Die meisten Betroffenen fühlen sich als schlechte Tochter oder schlechter Sohn. Sie glauben, dass ihre Eltern doch eigentlich nur ihr Bestes wollen. Sehr viele empfinden ihre Situation als ausweglos und sind deshalb selbstmordgefährdet. Es gab in Deutschland in den letzten Jahren einige Selbstmordfälle im Zusammenhang mit Zwangsverheiratungen, von denen mir berichtet wurde. Man konnte nur leider nicht nachweisen, dass dieser direkte Zusammenhang existierte.

In einem Fall waren die Ermittlungsbehörden fast so weit, den Nachweis zu führen, dass die junge Frau in den Tod getrieben worden war. Aber die Zeugen sprangen dann doch ab, aus Angst vor den männlichen Mitgliedern der Familie der jungen Frau. Einige betroffene Mädchen und junge Frauen finden Schutz in Kriseneinrichtungen und Frauenwohnungen. In der anonymen Kriseneinrichtung Papatya zum Beispiel ist, laut eigener Aussage, etwa ein Viertel der aufgenommenen Mädchen im Zusammenhang mit einer drohenden oder vollzogenen Zwangsheirat dort.

Zwangsverheiratungen kommen überall auf der Welt vor, in allen Kulturen und Religionen. Männer und Frauen, Arme und Reiche, Gebildete und Ungebildete sind davon betroffen. Daher fühlt sich die muslimische türkische und kurdische Community durch die Diskussion in Deutschland zu Unrecht ausschließlich ins Visier genommen. Natürlich findet auch in ihren Reihen die Tradition, Männer und Frauen gegen ihren Willen miteinander zu verheiraten, keine hundertprozentige Akzeptanz. Viele Muslime lehnen sie als veraltet und menschenverachtend ab.

Dass in Deutschland vor allem Türken und Kurden mit dem Thema Zwangsheirat in Verbindung gebracht werden, hat einen einfachen Grund: Es sind hierzulande die größten Communitys, in denen Zwangsheirat praktiziert wird. Auch ich kann zum Thema Zwangsheirat in erster Linie aus dem türkisch-kurdischen Milieu berichten, das ganz überwiegend muslimisch ist, da ich selbst und auch der größte Teil meiner ehemaligen Mandantinnen aus diesem Kulturkreis stammen.

Eine religiös begründete Tradition?

In der muslimischen, türkisch-kurdischen Kultur ist die Zwangsheirat eine weit verbreitete Tradition. Vielfach wird versucht, sie religiös zu begründen und zu legitimieren. Der Islam jedoch erlaubt ebenso wenig wie die anderen großen Weltreligionen Zwangsverheiratungen. Genau wie Christentum, Judentum, Hinduismus und Buddhismus und genau wie das säkulare Gesetz fordert er den eigenen und freien Willen von Braut und Bräutigam bei der Eheschließung. Die Religion liefert also keine eindeutige Begründung für diese Menschenrechtsverletzung. In allen Religionen gibt es allerdings ein Verbot der außerehelichen Sexualität. Und je strenger dieses Verbot religiös begründet und gelebt wird, desto mehr fördert die Religion die Zwangsehe. Ich denke, es ist daher notwendig, sich den Koran bzw. die Überlieferungen des Propheten genauanzuschauen, um zu verstehen, warum einige Muslime sich beim Thema Zwangsverheiratung durch den Islam legitimiert sehen.

In dem Vers 24 : 32 heißt es: »*Und verheiratet diejenigen unter euch, die ledig sind!*« Damit lässt sich nicht notwendig die Verheiratung gegen den Willen der Eheleute rechtfertigen, aber die Aufforderung zur Eheschließung ist klar erkennbar. Der Zwang zu heiraten und die Anerkennung der Ehe als einzige Form des Zusammenlebens sind aus diesem Vers durchaus abzuleiten. In den Überlieferungen heißt es außerdem, Mohammed solle gesagt haben, »*Die Ehe sei die Hälfte der Religion*«, und: »*Die Ehe ist meine Tradition. Wer meine Tradition zurückweist, der ist nicht mein Nachfolger.*«

In der Praxis entscheiden oft nicht die Brautleute über die Heirat, sondern die jeweiligen Familien, die sich zusammenfinden. Bei der Zwangsverheiratung geht es nicht darum, zwei sich liebende Individuen zu verbinden, sondern zwei Familien. Außerdem soll durch die Verbindung der Sexualität ein anerkannter Rahmen gegeben werden. Während, zwar nicht belegt, aber allgemein anerkannt, der Sohn stets nach seiner Meinung gefragt werden soll, besteht zwischen den verschiedenen Ausrichtungen des Islam keine Einigkeit darüber, ob die Tochter bei der Wahl ihres Gemahls mitreden darf. Während die Hanafiten der Ansicht sind, ein Vater solle seine Tochter nicht gegen ihren Willen verheiraten, vertreten beispielsweise die Malikiten, Schafiiten und Hanbaliten die Auffassung, der Vater könne die Tochter auch zu einer Heirat zwingen. In der Regel wagen die Töchter ohnehin nicht, gegen den Vater das Wort zu erheben. In vielen Fällen schweigen sie deshalb, wenn sie nach ihrer Meinung zum vorgesehenen Bräutigam gefragt werden. Nach den Überlieferungen des Propheten soll das Schweigen als Zustimmung gewertet werden. Auch soll Mohammed gesagt haben, dass Lachen oder Weinen als Zustimmung zu werten sei.

Vertreter von islamischen Verbänden in Deutschland werden nicht müde zu erklären, dass der Prophet gegen eine Zwangsverheiratung gewesen sei. Islamgelehrte aus aller Welt werden bemüht, sich zu dem Thema zu äußern. So findet man im Internet unter anderem eine Fatwa,[4] in der es heißt:

»Abu Huraira (…) berichtete, dass der Prophet (…) sagte: ›Eine Frau, die keine Jungfrau mehr ist, darf nicht ohne ihren Befehl verheiratet werden, und eine Jungfrau soll ohne ihr Einverständnis nicht verheiratet werden. Und genügend als (Zeichen der) Zustimmung soll ihr Schweigen sein (wegen ihrer natürlichen Schüchternheit).‹«

Hierin liegt ein großes Problem. Wenn eine Jungfrau zu schüchtern ist, zu antworten, wie kann dies als Zustimmung gewertet werden? Liegt nicht genau darin der Zwang?

Obwohl auch Männer betroffen sind, sind die Opfer von Zwangsverheiratungen in der überwiegenden Mehrzahl Frauen. Das Alter der Zwangsverheirateten liegt meist zwischen 12 und 18 Jahren. Es kommt sehr oft vor, dass in der Türkei das Alter von Töchtern per Gerichtsbeschluss nachträglich hochgesetzt wird, damit eine Heirat möglich ist. Dies kann nur deshalb geschehen, weil dort bei der Geburt eines Kindes keine Registrierungspflicht besteht – ein Missstand, den zu beheben die Türkei dringend aufgefordert werden sollte, wenn sie Mitglied der EU werden will.

Mit dem Angriff auf die Tradition der Zwangsheirat werden patriarchalisch-archaische Strukturen infrage gestellt, wird an der Vormachtstellung von Männern gerüttelt. Es werden tief sitzende Ängste mobilisiert, die Angst etwa, eine vermeintliche und bisweilen die einzige Machtposition zu verlieren. Stets ist der Fokus die Sexualität, die freie, selbstbestimmte Sexualität.

Wie bei allen Themen des Feminismus, auch und gerade wenn sie, wie die Zwangsheirat, eben nicht ausschließlich Frauen betreffen, finden die Männer immer auch Frauen, die ihre Sicht teilen. Und Frauen gegen Frauen aufzubringen ist politisch ja auch viel klüger. So kann niemand sagen, dass Zwangsverheiratung nur von Männern, von den Vätern und anderen männlichen Verwandten, betrieben werde. Nein, es sind sehr, sehr viele Mütter, Großmütter und Tanten, die als treibende Kraft agieren. Und nicht selten werden Politikerinnen, die zwar Zwangsverheiratungen nicht befürworten, sondern für deren Bekämpfung sind, sie aber dennoch verharmlosen, ebenfalls zu Helfershelferinnen der männlichen Hüter veralteter Traditionen. Wie etwa die SPD-Bundestagsabgeordnete Lale Akgün, die in mehreren Interviews Zwangsverheiratungen als seltene Krankheit bezeichnet hat, so zum Beispiel in der *Süddeutschen Zeitung* vom 11. April 2005: »Mein Vater pflegte zu sagen, seltene Krankheiten sind selten, das heißt, man sollte die Ausnahme nicht als Regel hinstellen.« Und in einem Interview gegenüber dem *Tagesspiegel* sagte sie am 28. April 2005: »Ich bleibe dabei: Zwangsehen sind wie eine seltene Krankheit.«

Ja, es wäre gut zu wissen, wie viele Menschen tatsächlich betroffen sind. Auf der anderen Seite ärgert mich die Debatte über Zahlen. Sie dient meiner Ansicht nach nur der Verschleppung und Verharmlosung des Themas.

Gemeinhin wird die Zwangsehe, bei der mindestens einer der Eheschließenden, meist die Frau, nicht die Möglichkeit hatte, Nein zu der Heirat zu sagen, von der arrangierten Ehe unterschieden, bei der die Partner einander zwar nicht selbst ausgesucht haben, sich jedoch für oder gegen die Verbindung entscheiden konnten. Ich halte die Diskussion um die Unterscheidung bzw. die angebliche Schwierigkeit der Unterscheidung für eine Scheindebatte, die ebenfalls nur zur Folge hat, das Thema Zwangsheirat weiterhin zu tabuisieren bzw. zu verharmlosen. Meiner Ansicht nach handelt es sich bei einer Vielzahl von so genannten arrangierten Ehen tatsächlich um Zwangsehen. Denn die Betroffenen sind in der Regel Menschen, die niemals einen freien Willen entwickelt und niemals gelernt haben, eigene Entscheidungen zu treffen. Familiäre Zwänge, begründet durch Tradition, Religion und Kultur, lassen ihnen nicht die Freiheit, selbst über ihre Zukunft zu bestimmen.

Viele meiner Mandantinnen, die von so genannten arrangierten Ehen betroffen waren, berichteten, dass sie damals Nein gesagt hätten, wenn sie ihren jetzigen Verstand oder Mut gehabt hätten. »Du weißt doch, wie das bei uns ist. Du kannst dich doch nicht gegen deine Familie stellen. Die wollten, dass ich diesen Mann heirate, also habe ich Ja gesagt oder geschwiegen.« Schweigen ist eine sehr verbreitete Reaktion muslimischer Frauen auf die Frage, ob sie diesen oder jenen Mann heiraten möchten. Schweigen, weil sie nie gelernt haben, wirklich auf Fragen zu antworten, weil sie sich schämen. In einigen Familien sprechen die Väter ab einem gewissen Alter nicht mehr mit ihren Töchtern. Sie geben höchstens hin und wieder Anweisungen, aber Gespräche finden nicht statt – und ein Gespräch über ein solch intimes Thema wie Heiraten schon gar nicht.

Die Folgen der Zwangsheirat

Die Folgen einer Zwangsverheiratung sind für Männer und Frauen sehr unterschiedlich. Zwangsverheiratete Männer haben verschiedene Möglichkeiten, sich den ehelichen Pflichten zu entziehen. Sie können ausgehen, sich mit ihren Freunden treffen und haben in der Regel eine Geliebte. Für die Frauen dagegen bestehen solche Freiräume nicht.

Ein Bekannter von mir erzählte, dass er als junger Mann im Urlaub in der Türkei von dem Vorhaben seiner Familie erfahren habe, ihn mit einer Verwandten zu verheiraten. Er habe keine Chance gesehen, sich dem Druck seiner Familie zu entziehen. Man hatte ihm erklärt, dass der Vater der Verwandten vor Gram sterben würde, wenn er dessen Tochter als Ehefrau ablehnen würde. Da er nicht für dessen Tod verantwortlich sein wollte, stimmte er schließlich zu, die Verwandte zu heiraten, obwohl er in Deutschland eine Freundin hatte. Die Hochzeit fand in der Türkei statt.

Zurück in Deutschland, wurde er von seiner Familie, bei der das Ehepaar dann lebte, auf Schritt und Tritt kontrolliert. Er hatte Beziehungen zu anderen Frauen, doch wenn die Familie davon erfuhr, wurde er verprügelt und gezwungen, die Verbindung aufzugeben und ein »guter Ehemann« zu werden. Schließlich hatte er die Demütigungen satt, brach aus der Familie und Ehe aus und zog zu seiner Freundin. Diesen Ehrverlust konnte sein Vater nicht verkraften und drohte, den Sohn umzubringen, was glücklicherweise durch die Polizei verhindert werden konnte. Das ereignete sich im 21. Jahrhundert in Berlin, nicht etwa in Ostanatolien und nicht vor 50 oder 100 Jahren.

Jetzt lebt mein Bekannter mit seiner Freundin zusammen, weit entfernt von seiner Familie, und gestaltet sein Leben selbst. Seine Ehefrau, mit der er ein Kind hat, wohnt weiterhin bei seinen Eltern. Obwohl es auch für sie eine Zwangsheirat war, wollte sie die Trennung nicht. Sie hat sich letzten Endes mit der Situation arrangiert, hatte eigentlich auch keine Alternative, denn die Möglichkeit eines Ausbruchs, wie ihr Mann sie besaß, bestand für sie nicht.

Ein selten erwähntes Motiv für eine Zwangsverheiratung ist die Homosexualität der Kinder, vor allem der Söhne. Die Heirat wird erwartet, weil in ihr die Möglichkeit der »Heilung« dieser als Krankheit geltenden und von vielen Muslimen aufs Heftigste bekämpften sexuellen Orientierung gesehen wird. Der Ehepartner erfährt häufig erst spät von der Homosexualität des anderen. Manchmal entstehen Arrangements zwischen den Eheleuten. Der Mann sagt: »O. K., ich erfülle meine Pflicht zur Zeugung von zwei oder drei Kindern, aber dann lasse ich dich in Ruhe. Du lass mich bitte auch mein Leben führen.« Auch hier sind die Männer im Vorteil. Eine lesbische Frau, die zwangsverheiratet wird, hat kaum eine Möglichkeit zu einem Doppelleben, schon gar nicht im Einvernehmen mit ihrem Mann.

Die Frauen sind meistens sehr viel stärker als die Männer in der Familie gefangen und ihr ausgeliefert. Sehr häufig werden sie eingesperrt und wie Eigentum behandelt. Von einem großen Teil der zwangsverheirateten Frauen erzwingen die Ehemänner vom ersten Tag an den Geschlechtsverkehr. Die Ehe beginnt oft mit einer Vergewaltigung in der Hochzeitsnacht. Ein lustvolles, selbstbestimmtes Sexualleben ist so von Anfang an ausgeschlossen. Viele Frauen berichten, dass sie sich mit der Zeit lediglich irgendwie an den Sex mit dem ungeliebten Mann gewöhnt hätten, zum Teil weil sie immer wieder geschlagen worden seien, wenn sie sich ihm verweigerten. Nicht selten erzählen Frauen, dass sie jahrelang Prügel über sich ergehen lassen hätten, weil sowieso niemand zu Hilfe gekommen wäre.

Das Leben von Frauen soll traditionsgemäß nur in geschlossenen familiären Räumen stattfinden. Daher haben viele auch keine Chance, Außenkontakte zu knüpfen, geschweige denn einen Mann kennenzulernen, der ihnen gefällt. Sexuelle Ausbeutung, Vergewaltigung, permanente häusliche Gewalt sind an der Tagesordnung. So haben die Mädchen und Frauen auch keinen oder nur sehr geringen Einfluss darauf, ob und wie oft sie schwanger werden. Zwangsläufig kommen auf diese Weise ungewollte Kinder auf die Welt.

Einige meiner Mandantinnen wurden von ihren Schwiegermüttern über Jahre regelmäßig verprügelt, weil sie sich weigerten, Kinder zu kriegen. Die Frauen sprachen teilweise direkt aus, dass sie noch keine Kinder wollten, oder taten alles in ihrer Macht Stehende, um eine Schwangerschaft zu verhindern. Bis sie schließlich aufgaben und doch schwanger wurden. An Verhütungsmittel kommen die allermeisten dieser Frauen gar nicht heran. Nur wenige hatten verbündete Freundinnen oder Nachbarinnen, die ihnen heimlich die Pille besorgten. Zur Frauenärztin dürfen diese Frauen oft nur in Begleitung. Daher wenden viele Frauen Tricks an, um eine Schwangerschaft zu verhindern. Migräneanfälle und sonstige körperliche Leiden werden nicht selten so lange vorgetäuscht, bis am Ende tatsächlich somatische Erkrankungen oder Depressionen entstehen. Für einige Frauen wiederum sind die Kinder der einzige Halt, das einzig Positive, was sie in ihrem Leben haben.

Warum passiert das alles? Warum zwingen Eltern ihre Kinder in eine Ehe, die diese nicht wollen? Haben die Eltern kein Herz für ihre Kinder? Sind sie grausam und böse? Nein, das sind sie ganz sicher nicht. Auch sie lieben ihre Kinder. Diese Eltern wollen, wie fast alle Eltern dieser Welt, nur das Beste für ihre Kinder. Doch was das Beste ist, darüber kann man streiten. Manchmal wollen sie einen Ehemann, der ihre Tochter gut versorgt und ihnen eine Last abnimmt. Häufig ist es auch eine Frage der Ehre. Die Ehre der Familie muss geschützt werden. Die Schande einer Entjungferung vor einer Eheschließung wäre für viele Familien unerträglich. Daher muss die Tochter schnell verheiratet werden, bevor ein »Unfall« geschieht. Mit diesem Wort wird im Türkischen der ungewollte Verlust der Jungfräulichkeit bezeichnet. Ein »Unfall« kann allerdings auch schon darin bestehen, dass die Tochter mit einem Jungen gesehen wurde. Um eine solche Schande wieder zu bereinigen, wird das Mädchen häufig mit dem Nächstbesten verheiratet.

Das ist in vielen Fällen ein junger Mann aus dem Verwandtenkreis. So kann man »unter sich bleiben«. Die Verwandtenehe ist nach wie vor sehr verbreitet in türkisch-kurdischen Kreisen. Sie hat auch ökonomische Gründe. Es gab ja auch in Deutschland einmal Zeiten, in denen es hieß, »Acker zu Acker und Geld zu Geld«. Bei einem Cousin gehen die Eltern davon aus, dass er die Tochter schon deshalb gut behandeln wird, weil er sonst Ärger mit der gesamten Familie bekäme. Der Clan übt eine vermeintliche Kontrolle aus. In einigen Fällen mag das auch funktionieren. Dennoch ist zu beobachten, dass in Verwandtenehen Gewalt nicht per se ausbleibt. Manchmal ist das Gegenteil der Fall. Der Ehemann prügelt und misshandelt seine angeheiratete Cousine, ohne Sanktionen von der Familie fürchten zu müssen, weil der jungen Frau nicht geglaubt wird, dass der nette Cousin so brutal sein kann. Nicht selten muss es erst zu gravierenden Verletzungen kommen, bis Familienmitglieder einschreiten. Oder die junge Frau muss sich in ein Frauenhaus flüchten, weil die Familie trotz jahrelanger massiver Misshandlungen darauf besteht, die Ehe aufrechtzuerhalten, um sich nicht mit den Verwandten zu überwerfen. Oft hört man von den Eltern: »Wie kann ich meinem Bruder oder meiner Schwester sagen, dass sie einen missratenen Sohn haben? Dann reden die doch nicht mehr mit mir.«

Wenn die Ehe mit dem Verwandten geschlossen wurde, um ihn nach Deutschland zu holen und damit der Familie im Herkunftsland aus einer wirtschaftlichen Misere zu helfen, dann haben die

Frauen kaum eine Chance, die Einwilligung der Eltern zur Scheidung zu erhalten, bevor der Aufenthaltsstatus des Ehemanns gesichert ist – es sei denn, er hat ohnehin nicht die Absicht, in Deutschland zu bleiben. Über eine Scheidung können die Frauen also ebenfalls nicht frei entscheiden. Auch hier wird der freie Wille missachtet.

In vielen Fällen sind ökonomische Schwierigkeiten der Grund, weshalb Familien in der Türkei ihre Töchter nach Deutschland verheiraten. Diese so genannten Import- oder verkauften Bräute sollen Geld in die Heimat schicken. Auch über sie wurde schon in den 70er Jahren berichtet.[5] Man soll bitte nicht sagen, dass wir es mit einem neuen Phänomen zu tun hätten.

Die Familien wollen ihre Töchter meist um keinen Preis wieder in der Türkei haben. Oft heißt es: »In Weiß bist du gegangen, nur in Weiß kannst du zurückkommen.« Die Braut hat das Haus ihres Vaters in einem weißen Brautkleid verlassen, und nur in einem weißen Leichentuch darf sie dorthin zurückkehren.

Diesen Spruch hören Kinder von besonders traditionellen Türken und Kurden oft, auch wenn sie nicht zwangsverheiratet wurden. Er fordert zunächst einmal nicht viel anderes als das christliche »Bis dass der Tod euch scheidet«, nur dass dieses Eheversprechen in Deutschland mittlerweile ohne allzu große Hürden wieder gelöst werden kann.

Der aufenthaltsrechtliche Status von »Importbräuten« stellt ein großes Problem dar. Sie erlangen gemäß § 31 des Zuwanderungsgesetzes erst nach zwei Jahren ein eigenständiges Aufenthaltsrecht und müssen bis dahin oftmals die Brutalität der Ehemänner erdulden. Denn ein vorzeitiger Ausbruch aus der Ehe kann, wenn es sich nicht um einen Härtefall handelt und die Gewalttätigkeiten nicht nachgewiesen werden können, zu einer Abschiebung führen. Die Härtefallklausel sieht nun wenigstens vor, dass eine unerträgliche Lebenssituation der Betroffenen berücksichtigt wird. Ist diese gegeben, muss eine »Ausländerin« also nicht mehr oder zumindest nicht mehr so lange bei ihrem prügelnden Mann bleiben, um eine Ausweisung zu vermeiden.

Den Frauen wird von den Ehemännern und deren Verwandten und Freunden häufig eingetrichtert, dass sie abgeschoben würden, sollten sie es wagen, sich zu trennen. Und da sie in Deutschland meist weder Land und Leute noch Recht und Gesetz kennen, halten sie die häusliche Gewalt vielfach aus. Müssen sie wegen ihrer Verletzungen einen Arzt aufsuchen, sagen sie aus Angst und Scham selten die Wahrheit über den Grund ihres Zustands und lassen sich auch kein Attest ausstellen, weil sie nicht wissen, dass ein solches ihnen für eine Trennung vom Ehemann und die Sicherung ihres Aufenthaltsrechts von Nutzen sein könnte.

Eine Mandantin von mir hatte so große Angst vor der Abschiebung, dass sie die Polizei immer wieder anlog, wenn diese von den Nachbarn wegen der Gewalttätigkeiten ihres Ehemannes gerufen worden war. Schließlich glaubten die Polizeibeamten der Frau nicht mehr, dass sie nicht misshandelt wurde. Meine Mandantin sprach kaum Deutsch, weswegen ausgerechnet der Ehemann als Dolmetscher zwischen ihr und der Polizei fungiert hatte.

Gang und gäbe ist es nach wie vor, dass viele türkische oder kurdische Mädchen oder junge Frauen, die in Deutschland leben, in der Türkei zwangsverheiratet werden. Ihre Eltern möchten sie dem Einfluss der unmoralischen, verderbten deutschen Gesellschaft entziehen. Die Familie reist angeblich zum Urlaub in die Türkei, wo die Tochter, die vorher nichts von diesem Plan erfahren hat, geschweige denn gefragt wurde, gezwungen wird, die Ehe mit einem Mann einzugehen, den die Verwandtschaft für sie ausgesucht hat. Dem Mädchen oder der jungen Frau wird der Pass weggenommen, sodass sie nicht nach Deutschland zurückkehren kann. Besitzt sie keine deutsche Staatsbürgerschaft, verliert sie nach sechs Monaten, die sie zwangsweise in der Türkei verbracht hat, ihre Aufenthaltserlaubnis für Deutschland. Hier befindet sich das Gesetz in einer absoluten Schieflage. Diese Menschen werden gegen ihren Willen verschleppt und verheiratet, und dann sind ihnen die Tore zurück nach Deutschland verschlossen. Hier brauchen wir unbedingt eine gesetzliche Änderung! Leider wurde dieser Aspekt bei der aktuellen Reform des Zuwanderungsgesetzes nicht berücksichtigt.

In den 80er Jahren arbeitete ich in einem Berliner Beratungsladen für Frauen aus der Türkei. Dort hörte ich die traurige Geschichte von einer jungen Frau, die zwangsverheiratet worden war.

Ich dachte damals, ihr Schicksal sei eine Ausnahme und ganz besonders hart. Dass meine zwangsverheirateten Verwandten Ähnliches erlebt haben könnten, kam mir gar nicht in den Sinn. Die Frau erzählte mir, ihre Mutter habe ihr eines Tages angekündigt: »Morgen gehen wir auf eine Hochzeit.« Auf die Frage, wer denn heirate, erfuhr sie: »Es ist deine Hochzeit.« Sie flüchtete im Brautkleid von ihrer Hochzeitsfeier – durch das Toilettenfenster.

In den folgenden Jahren habe ich mich sehr für dieses Thema interessiert und erfahren, dass viele junge Frauen tatsächlich erst einen Tag vor der Hochzeit von dem Verheiratungsplan in Kenntnis gesetzt wurden. Die wenigsten konnten die Hochzeit verhindern. Und es kommt nicht selten vor, dass die Braut den Bräutigam überhaupt nicht kennt. Eine Praxis, die für heutige deutsche Maßstäbe unvorstellbar ist. Aber sie ist Realität in unserer Zeit, auf der ganzen Welt. Und nicht nur in einigen Ländern, die nun mal in der Entwicklung hinterherhinken, wie sich manche gerne einreden möchten, sondern auch in Europa, auch in Deutschland, vor unserer Tür.

Die meisten zwangsverheirateten Frauen habe ich als Anwältin im Zusammenhang mit einer Scheidung kennengelernt. Nun könnte man meinen, dass Frauen, die die Scheidung einer Zwangsehe durchstehen, sich aus ihrer Misere befreit hätten und nun endlich in Ruhe leben könnten. Weit gefehlt. Bis diese Frauen ein eigenständiges Leben führen, kann es mitunter mehrere Jahre dauern. Manchmal gelingt es ihnen gar nicht. Eine geschiedene, wieder unverheiratete Frau gilt nämlich in den Augen vieler Männer als Freiwild. Die Familie will sie so schnell wie möglich wiederverheiraten, damit der Statusverlust ausgeglichen wird. Eine zweite oder dritte Zwangsheirat ist durchaus üblich. Aber nicht jede Frau lässt sich das gefallen. Die brutale Zwangsehe hat manche der Frauen gestärkt im Widerstand gegen die Eltern und Verwandten. Sie können ihnen gegenüber selbstbewusster auftreten und aussprechen, was sie durchgemacht haben. Sie können jetzt an das Gewissen der Familie appellieren und fragen: »Wollt ihr, dass ich das alles noch einmal erlebe?«

In einigen Fällen zeigen die Familien dann auch wirklich Reue über das, was sie ihrem Kind angetan haben. Im Zuge der Wiedergutmachung vergessen sie allerdings ihre Ehre nicht und verlangen von der Frau, sich als Geschiedene anständig zu verhalten. Dass sie etwa ein außereheliches Verhältnis mit einem Mann eingeht, ist für viele Familien kaum akzeptabel. Meine Erfahrung zeigt jedoch, dass sie sich über kurz oder lang mit den Gegebenheiten arrangieren und die Tochter ihr Leben so führen lassen, wie sie es will. Nach dem Motto: »Was ich nicht weiß, macht mich nicht heiß.«

Im schlimmsten Fall aber greifen die Familien zum Mittel des Ehrenmords, wenn eine Frau sich gegen eine Zwangsheirat wehrt oder eine Scheidung fordert. In den Kreisen, in denen Zwangsverheiratungen vorgenommen werden, herrscht meist ein sehr traditioneller Ehrbegriff. Die sexuelle Reinheit der Frauen stellt die Ehre der Familie dar. Und eine Frau, die unverheiratet oder geschieden ist, könnte mit vielen Männern Sex haben. Allein der Gedanke daran ist für traditionelle Muslime schon schlimm und ehrverletzend genug. Geht die Frau dann auch tatsächlich Verbindungen mit Männern ein und werden diese bekannt, sehen einige Familien keinen anderen Ausweg, als die Ehre durch einen Mord wiederherzustellen.

Es ist erschütternd, dass selbst in einem Land wie Deutschland erst viele Frauen sterben mussten, bis die Debatte ihren aktuellen Stand erreichte. Die falsche Toleranz gegenüber so genannten kulturellen Eigenheiten hat zur Duldung elementarer Menschenrechtsverletzungen geführt. Deshalb werfe ich den Multikulti-Fanatikern auch vor, Mitverantwortung für die Missstände in Deutschland zu tragen. Ehrenmorde wurden schon in den 1970/80er Jahren verübt, genauso wie heute. Aber weder die Medien noch die offizielle Politik noch die linke Szene, die mit Hausbesetzungen und dem autonomen Kampf gegen den »Schweinestaat« beschäftigt war, machten sich Gedanken über Menschenrechtsverletzungen, die vor ihrer Nase stattfanden. Gerade die linke Szene hat von uns türkischen und kurdischen Frauen, die in den unterschiedlichsten Projekten arbeiteten, auch von den dunkelsten Flecken der Migranten-Community erfahren. Viele Linke wollten aber nicht an ihrem Weltbild von den guten Ausländern und den bösen Deutschen rütteln lassen.

Längst schon hätte gehandelt werden müssen. Denn das Problem ist eben nicht erst seit gestern bekannt. Es existiert in Deutschland spätestens, seit die heiratsfähigen Kinder der Gastarbeiter-Generation ins Land kamen, also seit mehr als 40 Jahren. Aber erst seit etwa vier Jahren wird es ernsthaft diskutiert. Das sollte zu denken geben. Auch das ist ein Ausdruck für das Scheitern der bisherigen deutschen Integrationspolitik, sofern man sie überhaupt so nennen mag.

Was können wir tun?

Meine zentrale Forderung ist, dass endlich ein eigener Straftatbestand Zwangsheirat geschaffen wird. Vor der Auflösung des Bundestags im Herbst 2005 schien eine entsprechende Gesetzesänderung in greifbarer Nähe. Alle Parteien waren sich weitestgehend einig, dass Zwangsverheiratungen auch auf gesetzlicher Ebene bekämpft werden müssen. Doch leider ist bis heute noch nichts geschehen. Nachdem aus Baden-Württemberg von der FDP der erste Gesetzesantrag eingegangen war und Berlin folgte, formulierte schließlich der Bundesrat einen eigenen Antrag und legte ihn dem Bundestag vor. Das Gesetz hatte und hat gute Chancen, verabschiedet zu werden. Ein eigener Straftatbestand würde nicht nur die Möglichkeit bieten, Zwangsverheiratungen anders als bisher gesetzlich zu ahnden, sondern würde auch ein Bewusstsein von der Unrechtmäßigkeit dieser Praxis schaffen, sowohl bei den unmittelbar Beteiligten, Opfern wie Tätern, als auch in der Justiz und in der Gesellschaft insgesamt.

Die Mehrzahl der betroffenen Männer und Frauen weiß überhaupt nicht, dass Zwangsverheiratungen bereits jetzt gesetzlich verboten sind. Für viele sind sie eine selbstverständliche Tradition. Eine beträchtliche Zahl von Zwangsverheirateten erklärt, dass sie sich besser hätten zur Wehr setzen können, wenn sie sich gegenüber ihren Familien auf ein explizites gesetzliches Verbot hätten berufen können. Das Argument, es sei heute schon möglich, den Nötigungsparagrafen anzuführen – Zwangsheirat ist in Deutschland ein besonders schwerer Fall der Nötigung –, überzeugt nicht, weil kaum eine/einer der Betroffenen sowohl alters- als auch bildungsbedingt über das entsprechende juristische Wissen verfügt. Auch die überwiegende Zahl der Menschen, die an Zwangsverheiratungen mitwirken, ist im Übrigen der Überzeugung, etwas Rechtes zu tun. Die Beteiligten besitzen nicht nur kein Bewusstsein dafür, eine Straftat und Menschenrechtsverletzung zu begehen, sondern glauben auch aus ihrem religiösen, kulturellen und traditionellen Verständnis von Ehe, Familie und Sexualität heraus, vollkommen redlich zu handeln.

Die Tradition ist so verbreitet und kulturell gefestigt, dass sie sich nur auflösen lässt, wenn sie unter anderem auch schärfer unter Strafe gestellt wird. Nur so wird Familien, die ganz selbstverständlich ihre Töchter verkaufen und nebenan in einem Zimmer sitzen, während diese vergewaltigt werden, deutlich gemacht, dass sie ein Verbrechen begehen. Hier gilt es also, ein Unrechtsbewusstsein zu schaffen, was die bisherigen Sanktionsmöglichkeiten offensichtlich nicht vermocht haben. Das Thema Zwangsverheiratung muss in Gerichtssälen verhandelt werden, die Justiz muss gezwungen werden, sich mit dem Thema auseinanderzusetzen.

Der Umgang mit den Straftatbeständen Nötigung, Körperverletzung, Vergewaltigung, Freiheitsberaubung etc., welche bei einer Zwangsverheiratung oftmals gleichzeitig verwirklicht werden, ist den Gerichten zwar geläufig, doch zeigen diese sich meist überfordert, sobald vermeintlich kulturelle Eigenheiten für den Rechtsfall eine Rolle spielen könnten. Ein eigener Straftatbestand würde das Thema in angemessener Form in die Gesetzeskommentare bringen und der Justiz mehr Sicherheit im Umgang mit Zwangsverheiratungen verschaffen.

Natürlich kann man sagen, dass im Grunde der beste Schutz, den wir betroffenen Frauen und Mädchen bieten können, die bereits existierenden Menschenrechte und Gesetze seien. Hin und wieder benötigen wir aber gesetzliche Verschärfungen, um Signale zu setzen und gesellschaftliche Prozesse in Gang zu bringen. Das beste Beispiel ist die Vergewaltigung in der Ehe. Als es damals darum ging, sie zum Straftatbestand zu machen, gab es auch sehr viele Gegner. Der Staat solle sich aus dem Familien- und Intimleben der Individuen heraushalten, hieß es damals. Vergewaltigungen in der

Ehe ließen sich ohnehin nicht nachweisen, und keine Frau würde ihren eigenen Mann anzeigen, so waren die Argumente. Erst seit 1997 ist die Vergewaltigung in der Ehe in Deutschland strafbar. Heute kann man es sich nicht mehr anders vorstellen. Das Gesetz hat ein anderes Bewusstsein von der ehelichen Sexualität, dem Geschlechterverhältnis und den Rollenbildern geschaffen, sowohl unter Eheleuten als auch in der Gesellschaft insgesamt.

Ich erwarte von dem eigenen Straftatbestand Zwangsheirat eine ähnlich mächtige Wirkung. Verbunden damit sollte aber auch unbedingt die einjährige Antragsfrist für eine Eheaufhebung im BGB ganz beseitigt und der aufenthaltsrechtliche Status der von einer Zwangsverheiratung Betroffenen gesetzlich gesichert werden. Und wir benötigen dringend – ich hatte es schon weiter oben angesprochen – eine gesetzliche Korrektur im Zuwanderungsgesetz, die es zu Heiratszwecken in ein anderes Land verschleppten Personen ermöglicht, nach Deutschland zurückzukehren, auch wenn sie sich schon länger als sechs Monate im Ausland befinden. Wenn Menschen lange in Deutschland gelebt haben, hier einen relativ gesicherten Aufenthalt besaßen und dann verschleppt wurden, halte ich es für selbstverständlich und einen Akt der Humanität, dass sich der Staat um ihre Belange kümmert.

Aus meiner Erfahrung kann ich sagen, dass die Mehrzahl der von einer Verschleppung Betroffenen mehrere Jahre benötigt, um sich aus eigenen Kräften der Zwangslage zu entziehen. Es müsste also eine deutliche Anhebung oder gänzliche Aufhebung der Rückkehrfrist von sechs Monaten erfolgen. Der Vorschlag, sie um ein weiteres halbes Jahr zu verlängern, ist nicht ausreichend und ist in meinen Augen nur ein weiterer Beleg dafür, dass die Dimensionen des Problems nach wie vor nicht erkannt werden. Das bei einer Zwangsheirat verschleppte Opfer muss unter allen Umständen wieder nach Deutschland zurückkehren können, unabhängig von der Aufenthaltsdauer im Ausland.

Sehr viele Minderjährige, teilweise nicht älter als 12 Jahre, die nicht legal verheiratet werden können, werden durch eine religiöse Zeremonie »verheiratet«. Es handelt sich hier um die so genannte »Imam-Ehe«. Diese Form der Ehe ist weder in der Türkei noch in Deutschland rechtlich anerkannt. Durch sie werden Minderjährige miteinander oder minderjährige Mädchen an weitaus ältere Männer »verheiratet«. Sie leben mit einem Partner, mit dem sie offiziell nicht verheiratet, aber nach religiösem Verständnis verbunden sind, in einer »Ehe«. Diese »Ehen« werden in der Regel später, zum rechtlich möglichen Zeitpunkt, durch eine standesamtliche Trauung zu rechtmäßigen Ehen. Von dieser Praxis waren auch einige meiner Mandantinnen betroffen. Die meisten waren zwischen 13 und 16 Jahren alt, als sie von einem islamischen Geistlichen getraut wurden. Sie lebten wie Ehefrauen mit ihren Männern zusammen. Menschen, die von dieser Praxis betroffen sind, können weder Anzeige wegen einer Zwangsverheiratung erstatten noch die Aufhebung der Ehe beantragen, da sie sich rechtlich ja nicht in einer Ehe befinden. Manche Frauen bekommen nach zwei bis drei Jahren Kinder. Meist wird mit dem Kinderkriegen jedoch gewartet, bis die Eheleute standesamtlich getraut sind bzw. bis die Frau 18 Jahre alt ist, damit die Familie so wenig wie möglich mit den Behörden zu tun bekommt.

In türkischen Zeitungen wird immer wieder von Zwangsverheiratungen berichtet. Sie werden abgelehnt und offen geächtet. Es wird aber oft der Eindruck vermittelt, dass es sich um ein ostanatolisches, sprich kurdisches Problem handelt. Tatsächlich liegen die Zahlen für Zwangsverheiratungen bei Kurden nach allen Erfahrungsberichten höher. Dennoch sind sie kein rein kurdisches Problem. Auch in Deutschland wird von der türkischen Community gern unterstrichen, dass es ein Kurdenproblem sei. Wenn es nicht so tragisch wäre, wäre dieses Argument unfreiwillig komisch. Schließlich haben uns Türken, einschließlich der meisten türkischen Zeitungen, jahrzehntelang erklärt, dass es keine Kurden in der Türkei gebe. Nun gibt es sie plötzlich doch, wenn wir über Zwangsheirat und Ehrenmorde sprechen.

Zurzeit läuft im türkischen Fernsehen, im Sender *atv*, eine Soap namens *Sıla*, die sich mit der Problematik der *berdel*-Tradition, einer besonderen Form der Zwangsehe, beschäftigt. Die weibliche Hauptfigur soll einen Mann heiraten, den sie nicht kennt und nicht liebt, weil ihr Bruder dessen Schwester entführt hat. Die Tradition der Zwangsheirat wird also in der Türkei wie auch in vielen anderen Ländern, in denen sie praktiziert wird, öffentlich thematisiert und kritisiert. Und sie ist Teil des kollektiven Bewusstseins. Unzählige türkische und kurdische Lieder, sehr, sehr alte Lieder, besingen und beklagen das Leid, das diese Tradition hervorruft, seit vielen Jahrhunderten. Und trotzdem wirkt sie fort, wird von Generation zu Generation weitergegeben und prägt die zwischenmenschlichen Beziehungen ebenso wie die Vorstellungen von Liebe und Familie.

Ein Bekannter, der zwangsverheiratet worden war, erklärte mir, dass es diese Tradition nun einmal in seiner Kultur gebe und die meisten, auch die Jungen, sich damit abfänden. Als Mann sei sie auch ohne Probleme zu ertragen. Zu Hause würde für einen gesorgt, und außerhalb hätte man eben eine Freundin. So würden es in seiner Verwandtschaft die meisten Männer handhaben, die nach dieser Tradition verheiratet worden seien. Ihm gefiel das nicht. Er wollte nach der Eheschließung ausbrechen und bekam viel Ärger.

Es ist klar, dass gesetzliche Änderungen allein zur Bekämpfung von Zwangsehen nicht ausreichen. Ganz vordringlich notwendig sind Prävention und ein ausreichendes Angebot an Zufluchts- und Hilfseinrichtungen für akut Betroffene. Frauen und Männern, die ihre Zwangsverheiratung verhindern wollen, bleibt in nahezu 99 Prozent der Fälle nur die Möglichkeit, sich räumlich von ihrer Familie zu trennen. Eltern, die nichts anderes kennen, als dass die Familie über den Ehepartner der Kinder entscheidet, sind nicht mal eben so vom Unsinn dieser Tradition zu überzeugen, zumal sie einen großen Rückhalt in der eigenen Sippe haben. Manchmal kann in der Verwandtschaft eine Verbündete gefunden werden, die mit der Eheschließung auch nicht einverstanden ist. Besitzt sie Einfluss in der Familie, kann sie die Eltern vielleicht noch umstimmen. Doch in den meisten Fällen ist keine Intervention mehr möglich. Das bedeutet, dass die Betroffenen ihre Familien verlassen müssen. Sie müssen in Zufluchtseinrichtungen untergebracht werden. Für Frauen gibt es bereits viele Angebote, sie reichen aber längst nicht aus. Vor allem an Angeboten für Minderjährige und junge Volljährige besteht ein großer Mangel. Ganz schlecht sieht es mit Beratungs- und Zufluchtsstellen für Jungen und Männer aus. Nur wenige Projekte für Jungen und Männer beziehen das Thema Zwangsheirat überhaupt mit ein.

Um von Zwangsverheiratung bedrohten Minderjährigen zu helfen, ist unter anderem unbedingt eine Änderung des Kinder- und Jugendhilfegesetzes erforderlich. Wollen Minderjährige nämlich in Zufluchtseinrichtungen unterkommen, benötigen sie bislang die Zustimmung der Eltern. Wenn sie die nicht erhalten, können sie einen Antrag bei Gericht stellen. Diese Regelung verschärft noch die Notlage, in der sich Jugendliche befinden, die zwangsverheiratet werden sollen. Sie wollen meist nicht den Bruch mit ihrer Familie, zu dem das Kinder- und Jugendhilfegesetz sie aber vielfach zwingt. Das ist ein Dilemma, das bei den Jugendlichen schwere Konflikte und Ohnmachtsgefühle auslöst. Ich plädiere daher dringend für eine gesetzliche Korrektur. Minderjährige, die von einer Zwangsverheiratung bedroht sind, müssen staatliche Hilfe in Anspruch nehmen können, ohne zuvor die Zustimmung der Eltern einholen zu müssen.

Angesichts des immensen Bedarfs an Einrichtungen für von Zwangsheirat betroffene Menschen ist es ein Skandal, dass bestehenden Angeboten inzwischen auch noch die Mittel gekürzt oder sogar gänzlich gestrichen wurden. Im Februar 2006 wurde zum Beispiel das Mädchenhaus *Rabea* in Nordrhein-Westfalen geschlossen. *Rabea* war das einzige Mädchenhaus seiner Art, mit einer Spezialisierung auf Zwangsverheiratungen. Die Kürzung erfolgte, als insgesamt Landesmittel für Frauenhäuser gekürzt wurden. Hier fehlt eine einheitliche und schlüssige Politik. Man kann das Thema nicht politisch medienwirksam ausschlachten und gleichzeitig den notwendigen Einrichtungen den Geldhahn zudrehen. Das ist, gelinde gesagt, kontraproduktiv.

Ganz wichtig bei der Bekämpfung von Zwangsheirat ist natürlich die Präventionsarbeit. Sie sollte am besten schon im Vorfeld, in Kindergarten und Schule, beginnen. Die Kinder müssen aufgeklärt und mit Informationen über mögliche Hilfseinrichtungen versorgt werden. Das Thema Zwangsheirat sollte als Lerneinheit fest in den Unterricht integriert werden.

Aus meiner anwaltlichen Praxis weiß ich außerdem, dass viele Frauen erst durch einen Integrationskurs überhaupt auf ihre Rechte und bestehende Hilfsangebote hingewiesen wurden. Aufklärungsarbeit sollte deshalb auch ein verbindlicher Bestandteil von Integrationskursen werden.

Um Menschen zu helfen, die von Zwangsheirat betroffen sind, muss in vielen Fällen die gesamte Familie mit einbezogen und betreut werden. Die Familien erreicht man aber nur, wenn man sie aufsucht. Unbedingt erforderlich ist auch eine Zusammenarbeit mit Migrantenvereinen und -verbänden. Ihnen kommt eine Schlüsselfunktion in der Übermittlung der Gesetze, Werte und Normen der deutschen Mehrheitsgesellschaft zu. Sie haben teilweise Kontakt zu den Menschen, die an der Praxis der Zwangverheiratungen festhalten.

Meiner Kenntnis nach erhalten viele der Migranteneinrichtungen seit Jahrzehnten Gelder dafür, dass sie Integrationsarbeit leisten, ohne dass sie dieser Aufgabe bisher – aus meiner subjektiven Sicht – aktiv und in befriedigender Weise nachgekommen wären. Nicht selten haben sie die Problematik ebenfalls einfach geleugnet oder zumindest verharmlost. Sie – vor allem die männlichen Funktionäre – müssen stärker in die Pflicht und Verantwortung genommen werden.

Auch die Herkunftsländer der von Zwangsverheiratung Betroffenen dürfen nicht mehr ausgenommen werden. Zum einen ist ihr Einfluss sehr groß, weil die Tradition mit Blick auf das Herkunftsland gepflegt wird, zum anderen können, gerade in Fällen von Heiratsverschleppung, Absprachen zwischen dem Herkunftsland und den deutschen Behörden ausgesprochen hilfreich sein, wenn es zum Beispiel um die Rückführung einer verschleppten Person geht. Zudem gibt es in den Herkunftsländern in der Regel auch Programme zur Bekämpfung von Zwangsverheiratungen. Auch hier wäre ein Austausch sinnvoll.

Mit dem Thema Zwangsheirat sind sehr viele Berufsgruppen konfrontiert: Sozialarbeiter, Juristen, Pädagogen, Ärzte etc. Um sie für die Problematik zu sensibilisieren, sollten berufsspezifische Fortbildungen und Schulungen angeboten werden. Das Thema Zwangsheirat sollte zudem Bestandteil jeder Ausbildung sein, die auf einen Beruf vorbereitet, der Kontakt mit Deutschländern beinhaltet.

Die viel diskutierte Frage, ob bei einem Familiennachzug Deutschkenntnisse gefordert werden sollten, hat sich durch die Reform des Zuwanderungsgesetzes erst einmal erledigt. Die Forderung ist ins

Gesetz aufgenommen worden. Türkische Verbände haben angekündigt, gerichtlich dagegen vorgehen zu wollen.

Ich halte zumindest geringe Sprachkenntnisse für unbedingt notwendig. Denn die Sprache ist für zugezogene Ehefrauen die erste Verbindung mit der fremden Gesellschaft. Indem Deutschland nun von ihnen verlangt, die Sprache wenigstens ansatzweise zu beherrschen, setzt es ein Signal in zweierlei Richtung. Es wird zum einen deutlich gemacht, dass die zugezogenen Ehefrauen in diesem Land nicht nur in eine Familie kommen, sondern auch in eine Gesellschaft, die sich für sie interessiert und Verantwortung übernimmt, ihnen im Notfall auch Hilfe gewährt, die aber auch etwas von ihnen fordert. Und der aufnehmenden Familie wird signalisiert, dass sie nicht allein zuständig und verantwortlich für das nachgeholte Familienmitglied ist, sondern dass ebenso die deutsche Gesellschaft Verantwortung für die neue Mitbürgerin oder den neuen Mitbürger übernimmt.

Dringend notwendig ist, dass wir uns mehr Gedanken um die Kinder von zwangsverheirateten Frauen machen. Diese Kinder sind meist nicht gewollt. Nicht selten sind sie Folge einer Vergewaltigung. Und oft sind die Mütter selbst noch Kinder. Bei einigen Frauen werden diese Kinder zum einzigen Halt. Andere übertragen auf sie ihre ganze Wut, Demütigung und Enttäuschung. Diese Kinder erleben jedenfalls nur sehr selten Liebe und Freundlichkeit zwischen den Eltern. Eine Gesellschaft kann nicht ernsthaft wollen, für solche tragischen, unglücklichen Familienverhältnisse mitverantwortlich zu sein.

In diesem Zusammenhang sei auch erwähnt, wie problematisch es ist, wenn nach der Scheidung einer Zwangsehe den Eltern gerichtlich ein gemeinsames Sorgerecht für die Kinder zugesprochen wird. Darin liegt ein extremes Konfliktpotenzial. Auch hier muss eine angemessene rechtliche Regelung gefunden werden.

Um den immensen Handlungsbedarf deutlich zu machen, brauchen wir endlich seriöse und umfangreiche Untersuchungen und objektive Zahlen. Die Forschung sollte sich allerdings, im Gegensatz zur bisherigen Praxis, der Verantwortung bewusst werden, tatsächliche Gegebenheiten ans Tageslicht zu bringen und diese nicht aus falsch verstandener Toleranz zu verharmlosen.

Die Mehrheitsgesellschaft muss – das kann nicht oft genug wiederholt werden – begreifen, dass Zwangsheirat in Deutschland, in welcher Religions- und Volksgruppe sie auch vorkommt, kein Minderheitenproblem ist. Das Thema betrifft die gesamte deutsche Gesellschaft. Die Kinder von in Deutschland lebenden zwangsverheirateten Menschen befinden sich in unserer Mitte. Sie sind ein Teil unserer Gesellschaft. Zwangsläufig werden sie, bewusst oder unbewusst, die erfahrenen Traditionen und Traumatisierungen in die nächsten Generationen weitertragen.

Mit der Reform des Zuwanderungsgesetzes ist das Nachzugsalter bei Eheschließungen mit Auslandsbezug auf 18 Jahre hochgesetzt worden. Betroffen sind diejenigen Länder, die eine Visumspflicht haben. Ich halte die Altersgrenze von 18 Jahren für eine gute Maßnahme, auch wenn es nicht die effektivste Regelung sein wird, um Zwangsheirat zu verhindern. In den meisten Herkunftsländern ist die Ausstellung von entsprechenden (falschen) Geburtsurkunden so einfach, dass damit kein wirklicher Schutz geboten ist. Es ist aber ein deutliches Signal den Eltern gegenüber. Und auch in der Türkei findet in dieser Hinsicht ein Bewusstseinswandel statt.

Für Menschen, die das Glück haben, ein selbstbestimmtes Leben zu führen, ist es oft kaum vorstellbar, dass Männer und Frauen zu einer Ehe gezwungen werden können. So geht es auch vielen, die mit zwangsverheirateten Personen aus beruflichen Gründen zu tun haben. Ein Richter fuhr mal eine Mandantin von mir sehr schroff an und sagte sinngemäß: »Sie wollen mir doch nicht erzählen, dass Sie in Deutschland aufgewachsen sind, ein Gymnasium besucht haben und keine Möglichkeit sahen, sich gegen die Verheiratung zur Wehr zu setzen.« Ich glaube ihm, dass das Phänomen Zwangsheirat außerhalb seiner Vorstellungskraft liegt. Aber ich verstehe nicht, dass er und mit ihm so viele andere Menschen meinen, es würde reichen, in einem demokratischen Land zu leben, um ein selbstbestimmtes Leben zu führen. Sie begreifen meiner Ansicht nach nicht die Macht der Parallelgesellschaft. Sie begreifen nicht, dass in Deutschland tatsächlich Menschen leben, die ihre eigenen Kinder gegen deren Willen verheiraten und sogar im Namen der Ehre töten oder töten lassen.

Ehrenmord

Die extremste Form von häuslicher Gewalt ist der Ehrenmord. Als Ehrenmord wird die vorsätzliche Tötung eines Menschen bezeichnet, durch die – aus der Sicht des Täters und seiner Familie – die Ehre des Täters und/oder der Familie wiederhergestellt werden soll. Im westlichen Strafrecht stellt dieses Verbrechen keinen eigenen Tatbestand dar, sondern fällt unter Mord. Das mag auch der Hauptgrund sein, warum viele Urdeutsche Probleme mit dem Begriff haben und meinen, er würde einen Mord verharmlosen.

Über den Begriff »Ehrenmord« wird in Deutschland sehr leidenschaftlich diskutiert. So hat er es zum Beispiel geschafft, die urdeutschen Gemüter derart zu bewegen, dass er bei der Wahl zum Unwort des Jahres 2005 gleich hinter »Entlassungsproduktivität« den zweiten Platz belegte. Ich finde, das zeugt entweder von beispielloser Ignoranz oder einem ungeheuren Zynismus gegenüber den Opfern eines Ehrenmords. Denn dieser ist leider keineswegs ein Unwort, sondern eine absolut richtige Bezeichnung. Ich sage ganz bewusst nicht »so genannter« Ehrenmord, weil diese Morde tatsächlich Morde im Namen der Ehre sind. Mich erschüttert es daher, wenn in der Debatte um Ehrenmorde in Deutschland die Wörtchen »so genannt« verwendet werden. Damit wird genau das erreicht, was es zu verhindern gilt, diesem Verbrechen wird nämlich seine Besonderheit abgesprochen.

Ich glaube zu wissen, woran es liegt, dass diese missliche Begriffsdebatte geführt wird. Es liegt an dem Verständnis von Ehre. Der Ehrbegriff der Urdeutschen ist ein ganz anderer als der der Deutschländer. Und der Ehrbegriff von Christen und Juden ist ein ganz anderer als der von Muslimen. Während urdeutsche Christen und Juden mit Ehre etwas verbinden, was nur den einzelnen Menschen betrifft und sich aus ihm heraus begründet, bedeutet

Ehre im muslimischen Kontext etwas anderes. Sie hängt davon ab, wie sich Personen, die zur eigenen Gruppe gehören, verhalten, und zwar die weiblichen Mitglieder einer Familie, einer Sippe. Die traditionelle Vorstellung von Ehre im orientalischen Kontext hat nichts zu tun mit der Achtungswürdigkeit eines Menschen, wie sie in westlichen Ländern einen zentralen Wert darstellt. Ich finde es sehr wichtig für die Debatte, sich genau anzusehen, über welchen Begriff mit welchem Inhalt wir sprechen. Im Türkischen wird »Ehre« unter anderem mit *namus* übersetzt. Das ist das einzig richtige Wort im Zusammenhang mit der Ehrenmord-Thematik. Wer in einem türkischen Zusammenhang *namus* hört, assoziiert damit zum überwiegenden Teil nicht etwas Positives, sondern eine Last, etwas, was es zu behüten gilt und wofür man bereit ist, sein Leben zu geben, etwas, was man ganz schnell verlieren kann und damit dann auch seine Existenzberechtigung. Das Wort *namus* löst zunächst einmal Schrecken aus und nicht Stolz.

Was auf Türkisch *namus* heißt, ist in vielen orientalischen Gesellschaften ein Begriff. Neben Werten wie Achtung, Respekt oder Würde erfüllt auch *namus* die Funktion, die Autoritätsbeziehungen innerhalb und außerhalb der Familie zu regeln. Dabei bezieht sich der Begriff in erster Linie auf die Ehrbarkeit oder Tugendhaftigkeit der Frauen. So wird das Adjektiv *namuslu* im *Türkisch-Deutschen Wörterbuch* von Klaus Steuerwald[6] folgendermaßen übersetzt: »ehrlich, redlich, anständig, tugendhaft (Frau), unbescholten«. Am deutlichsten aber wird die Bedeutung dieser Form von Ehre durch folgenden in muslimischen Ländern verbreiteten Satz: »Die Ehre des Mannes befindet sich zwischen den Beinen der Frau.« Die Ehre der Männer und der Familie definiert sich zu einem erschreckend großen Teil über die sexuelle Integrität der Frauen in der Familie. Die Frau hat ihre Keuschheit zu wahren, und vor der Ehe natürlich vor allem ihre Jungfräulichkeit.

Bei einem Ehrenmord werden in der Regel Frauen und Mädchen von männlichen Familienmitgliedern getötet, weil sie beispielsweise mit einem Jungen befreundet waren, westliche Kleidung trugen, Ehebruch begangen haben, vorehelichen Geschlechtsverkehr hatten oder vergewaltigt wurden. Auch Homosexualität, die als sexuelles Fehlverhalten gewertet wird, welches große Schande über die Familie bringt, kann zum Anlass für einen Ehrenmord werden. Und hierzulande kann Frauen schon eine Beziehung zu einem deutschen Mann zum Verhängnis werden. Wie viele Frauen und selten auch Männer tatsächlich Opfer von Ehrenmorden werden, ist schwer zu ermitteln. Der Weltbevölkerungsbericht der UNO aus dem Jahr 2000 nennt 18 Länder, in denen »Morde im Namen der Ehre« verübt werden. Darunter ist Pakistan ein extremes Beispiel, denn dort werden Ehrenmorde von der Öffentlichkeit weitgehend gebilligt. Die UNO schätzt die Zahl der Ehrenmorde weltweit auf 5000 jährlich. Nach Angaben der Leiterin des Frauenforschungszentrums an der Ägäis-Universität im westtürkischen Izmir, Prof. Nurselen Toygar, welche sie unter anderem im März 2007 gegenüber dem Nachrichtensender NTV gemacht hat, sind in der Türkei in den vergangenen fünf Jahren knapp 5400 Frauen Opfer von Ehrenmorden geworden. Hinzu kommen noch einmal etwa 5000 Selbstmorde von Frauen.

Das Bundeskriminalamt hat am 19. Mai 2006 Ergebnisse einer Auswertung zum Thema Ehrenmord veröffentlicht. Mangels polizeilicher Definition des Begriffes Ehrenmord habe man sich bei der Untersuchung an die Phänomenbeschreibungen in der Literatur gehalten. Die Arbeitshypothese lautete demzufolge: »*Ehrenmorde sind Tötungsdelikte, die aus vermeintlich kultureller Verpflichtung heraus innerhalb des eigenen Familienverbandes verübt werden, um der Familienehre gerecht zu werden.*« Danach gab es in Deutschland vom 1. Januar 1996 bis zum 18. Juli 2005 insgesamt 55 Fälle (einschließlich Versuche). Aufschlussreich ist die Bewertung der Ursachen von Ehrenmorden, die das BKA vorschlägt:

»*Der Fokus der Diskussion über die Motive und kulturellen Hintergründe richtete sich teilweise sehr vordergründig auf den Islam und die Türkei als Herkunftsland der Täter (und Opfer). Bei genauerer Analyse der gesicherten polizeilichen Daten ist allerdings erkennbar, dass wohl eher die auch nach der Migration andauernde starre Verwurzelung in vormodernen agrarischen Wirtschafts- und Sozialstrukturen und damit verbunden ein extrem patriarchalisches Familienverständnis die durchgängige Ursache für das Phänomen der sog. Ehrenmorde darstellen. – Das Verständnis von der Rolle der Frau ist in patriarchalischen Familienstrukturen teilweise mit Unterdrückung und extremer Reglementierung verbunden, wobei das männ-*

liche Familienoberhaupt und die männlichen Familienangehörigen sich in der Rolle der Garanten der ›Familienehre‹ sehen.«[7]

Bei diesen Angaben darf nicht vergessen werden, dass nur die wenigsten Fälle von Gewalt überhaupt vor Gericht kommen. Die Dunkelziffer dürfte weitaus höher liegen. Wie sehr wir diese Verbrechen im Namen der Ehre ahnden und ächten, sollte sich aber nicht an Zahlen orientieren. Jeder einzelne Ehrenmord ist ein Verbrechen gegen die Menschlichkeit.

Es ist wichtig zu betonen, dass Ehrenmorde ihre Begründung nicht im Islam haben, sondern eine Praxis darstellen, die viel weiter zurückgeht, auf die Stammesgesellschaften des Nahen und Mittleren Ostens. Dort sind sie weiterhin verbreitet, wobei sich vorislamische Ehrvorstellungen mit religiösen Werten verbunden haben. Bei der Rechtfertigung von Ehrenmorden wird auch auf Gebote des Korans und der Überlieferung, die sich auf das Verhalten von Frauen beziehen, zurückgegriffen. Vertreter von islamischen Verbänden in Deutschland versichern zwar, der Ehrenmord sei mit dem Islam nicht verein- oder begründbar, dem Koran zufolge bedeute der Mord eines Menschen ein Verbrechen an der ganzen Menschheit. Irritierend und auffallend ist jedoch, dass Ehrenmorde zurzeit vor allem in islamisch geprägten Ländern bzw. mehrheitlich von Menschen muslimischen Glaubens begangen werden. Im Unterschied zur Blutrache, die zum Beispiel auch in christlichen Ländern wie Brasilien, Ecuador oder Italien vorkommt.

Sicherlich spielen die jahrhundertealten Keuschheitsbegriffe dabei eine Rolle, denen Frauen und Mädchen zu folgen haben. Und diese Keuschheitsbegriffe, die Kultur und die Traditionen in einem islamischen Land insgesamt werden vom Islam geprägt. Meines Erachtens gilt das aber für andere Religionen genauso, sie prägen in ihren Gemeinschaften ebenfalls die Kultur, Traditionen und Wertvorstellungen. Eine solche Prägung zur Rechtfertigung jeglicher Missstände und Fehlentwicklungen anzuführen kann aber sicher nicht der richtige Weg sein.

Ich bin daher der Ansicht, dass den islamischen Verbänden und Moscheegemeinden eine ganz besondere Verantwortung in der Bekämpfung von Ehrenmorden zukommt. Sie haben die Aufgabe, unter den Muslimen Aufklärung zu betreiben. Den auch in ihren

Augen irregeleiteten Muslimen müssen sie klarmachen, dass sie einem falschen Ehrbegriff folgen und sich unberechtigterweise auf den Islam berufen. Stattdessen höre ich aber von Vertretern islamischer Verbände und anderen besonders frommen Muslimen fast immer nur, im Islam gebe es keine Rechtfertigung von Ehrenmorden. Damit stehlen sie sich aus der Verantwortung. Natürlich steht im Koran nicht explizit: »Ein Mann darf seine Frau töten, wenn sie eine sexuelle Verfehlung begeht.« Im Koran wird aber, zumindest nach dem Verständnis der Mehrzahl der Muslime – und nicht anders als im Alten Testament –, ein ganz bestimmtes Frauenbild und ein damit zusammenhängender Ehrbegriff vermittelt. Die meisten islamischen Geistlichen haben große Schwierigkeiten, sich im Namen des Korans entschieden gegen diesen frauenfeindlichen Ehrbegriff zu stellen, und viele propagieren ihn im Gegenteil sogar in ihren Freitagsgebeten.

Die Tatsache, dass Ehrenmorde aktuell überwiegend im islamischen Kulturkreis vorkommen, macht es notwendig zu klären, inwieweit der Koran und die Scharia, das religiöse Gesetz des Islam, diese Verbrechen nicht nur legitimieren, sondern auch fordern. Auch hier besteht ein großer Bedarf an seriöser Forschung und selbstkritischer innerislamischer Auseinandersetzung. Ich will gar nicht unterschlagen, dass Ehrenmorde durchaus auch von nicht-islamischen Minderheiten in islamischen Ländern begangen werden. Aber diese Tatsache stützt meines Erachtens erst recht die These vom Zusammenhang zwischen der vorislamischen Tradition von Ehrenmorden und islamisch-kulturellen Einflüssen.

Einer Umfrage zufolge, die im Frühjahr 2007 durch das türkische Meinungsforschungsinstitut Metropol durchgeführt wurde, halten bis zu 30 Prozent aller türkischen Studenten insbesondere an den osttürkischen Universitäten einen Ehrenmord für eine legitime Reaktion auf eine Verletzung der Familienehre. Diese Studenten sind mit Sicherheit nicht alle besonders religiöse Menschen. Aber sie sind aufgewachsen und leben in einem muslimischen Land. Auch wenn die Türkei ein laizistischer Staat ist, hat der Islam nach wie vor eine große Bedeutung im Alltagsleben. In dieser Hinsicht ist die Türkei nicht mit anderen laizistischen Staaten, wie zum Beispiel Frankreich, zu vergleichen.

Die überwachte Ehre

Bekanntermaßen sind Ehrenmorde vor allem ein Phänomen traditioneller ländlicher Milieus, wo Ansehen und Ruf einer Familie noch von großer Bedeutung sind. In den westlichen Industrienationen dagegen kommt es vor allem in Großstädten mit hohem Anteil an muslimischen Einwanderern zu Ehrenmorden. So auch in Deutschland. Dass sich die veraltete Tradition und der ihr zugrunde liegende Ehrbegriff bis in die dritte und bald vierte Migrantengeneration halten konnten, ist wohl ein weiteres Indiz für eine fehlende Integrationspolitik. Zwar ist in den Ländern, in denen Ehrenmorde verbreitet sind, zu beobachten, dass sich die städtische Bevölkerung zunehmend von traditionellen Wertesystemen löst, doch die aus ländlichen Gegenden stammenden Binnenmigranten, die sich in den Städten niedergelassen haben, halten für gewöhnlich weiter an dieser alten Tradition fest. Das ist in der Türkei so, und das ist auch teilweise im türkischen und kurdischen Migrantenmilieu in Deutschland so. Die soziale Kontrolle spielt auch in den Parallelgesellschaften, die sich die ehemaligen Dorfbewohner in einigen Bezirken von Istanbul, Berlin und anderen Städten geschaffen haben, eine enorme Rolle, und daher sind auch dort Ehrenmorde zu beklagen.

Eine israelische Freundin von mir hat im Sommer 2006 drei Monate in Istanbul verbracht und fühlte sich in manchen Vierteln an Geheimdienste mit strikter Organisation und Kontrollfunktion erinnert. Kaum etwas entgeht der Gemeinschaft. Ihre Mitglieder mischen sich ein und mischen mit. Das gilt für die Parallelgesellschaften in Istanbul genauso wie für die in Berlin. Familiäre Angelegenheiten sollen nicht an die Öffentlichkeit, doch damit ist nicht unbedingt die Nachbarschaft oder der Bezirk gemeint, sondern die Staatsmacht. Jedes männliche Mitglied einer Familie muss sich in der Gemeinschaft dafür verantworten, wenn eine Tochter oder Ehefrau sich nicht der Konvention gemäß kleidet oder sich im Umgang mit Männern irgendwie »unehrenhaft« verhält. Wenn ein Mann von seiner Frau betrogen wird, muss er sie bestrafen, selbst wenn er das eigentlich gar nicht will. Sogar Männer, die einen progressiven Eindruck machen, haben häufig große Angst vor gesellschaftlicher Ausgrenzung und unterwerfen sich daher den Traditionen und Konventionen. Viele meiner Mandantinnen sagten, dass der jeweilige Ehemann im Grunde kein aggressiver Mensch sei, er habe nur dem Druck der Gemeinschaft nicht standhalten können. Fast alle Ehemänner meiner Mandantinnen sahen (dennoch) in der von der Frau verlangten Trennung einen Angriff auf ihre Ehre. Nichts anderes wurde ihnen von ihrem sozialen Umfeld vermittelt.

So bat ein eher modern wirkender Ehemann seine Frau, wenigstens bis zur Scheidung zu ihm zurückzukehren, damit die Leute aufhörten, sich über seine Ehre das Maul zu zerreißen. Sie ging tatsächlich zurück. Sie hatte Mitleid mit ihm, weil andere sich über seine Ehre lustig machten und darüber tratschten, mit welchen und wie vielen Männern sie wohl jetzt ins Bett gehe. Ihr Bestreben, seine Ehre zu schützen, führte jedoch dazu, dass der Mann nach ihrer Rückkehr versuchte, diese Ehre wiederherzustellen – indem er seine Frau schlug und bedrängte, mit ihm zu schlafen.

Solche Beispiele zeigen, dass es diesen Männern um sexuelle Macht geht. Sie verlieren schier den Verstand bei dem Gedanken, dass ein anderer Mann Besitz von ihrer Frau, ihrem Eigentum, nehmen könnte.

Meine Mandantin verließ ihren Ehemann erneut. Dieser legte gegen die Scheidung, die wir trotz vieler Hürden schließlich erwirkten, mit den absurdesten Begründungen Berufung ein, wohl auch um die mit der Scheidung verbundene Verletzung seiner Ehre zu verhindern. Er entschuldigte sich nicht bei ihr, sagte ihr nicht, dass er sie vermisse und liebe, versprach ihr nicht, sich zu ändern, wenn sie nur zu ihm zurückkäme.

Ein anderes Mal kam ein Vater mit seiner Tochter in meine Kanzlei. Die Tochter wollte sich scheiden lassen, und der Vater sagte mir, er könne einer Trennung nicht zustimmen. Der Vater war der Ansicht, seine Tochter laufe als Geschiedene Gefahr, etwas »Falsches« zu tun, und er müsse seine Ehre schützen. Mit etwas »Falschem« meinte der Vater natürlich eine sexuelle Verfehlung, doch das konnte und durfte er selbstverständlich nicht aussprechen. In seinen Augen wäre die Tochter nach einer Scheidung Freiwild, sie könnte mit vielen Männern Sex haben, und für ihn wäre es nicht zu ertragen, wenn man schlecht über sie und damit über ihn redete.

Man muss sich, ohne damit irgendetwas rechtfertigen zu wollen, die Situation muslimischer Männer vorstellen, wenn in der Familie etwas »Unehrenhaftes« geschehen ist. Entehrten Männern wird bei jeder Gelegenheit Schwäche vorgeworfen. Nicht nur, dass sie nicht mehr für voll genommen werden. Sämtliche Frauen der Familie sind zukünftig der Gefahr ausgesetzt, belästigt zu werden. Schließlich gehören sie einer unehrenhaften Familie an.

Da die Frau ohnehin nicht frei über ihre Sexualität entscheiden darf, bedeutet *jeder* sexuelle Kontakt – auch der erzwungene – den Verlust der Ehre. Daher bringt auch eine vergewaltigte Frau Schande über die Familie. Nach westlichem Verständnis ist es völlig unfassbar, wenn eine missbrauchte oder vergewaltigte Frau einem Ehrenmord zum Opfer fällt. So erging es einer jungen Frau aus der Türkei. Ayfer R.[8] war von einem Verwandten in ihrem Heimatdorf vergewaltigt worden – und damit eine Schande für die ganze Familie. Sie floh aus dem Dorf. Ihre Brüder machten sich auf die Suche nach ihr und fanden sie schließlich. Sie lauerten ihr auf und erschossen sie. Damit hatten sie ihre Ehre wiederhergestellt.

Eine vergewaltigte oder missbrauchte Frau ist in der Wahrnehmung solcher Menschen keinesfalls ein Opfer. Sie trägt die Schuld für das, was ihr angetan wurde. Sie ist ein Schandfleck, der entfernt werden muss. Der Ehrenmord ist weniger Bestrafung als Beseitigung der Schande, des Schmutzes, den die Frau über die Familie gebracht hat. Für die Wiederherstellung der Ehre ist es nicht unbedingt nötig, dass die Frau durch die Hand eines Familienmitglieds stirbt. Den Ehrenmord kann auch ein Auftragskiller erledigen.

Viele Frauen werden nach einer vermeintlichen Ehrverletzung von ihren Familien in den Selbstmord getrieben. Diese Praxis hat in der Türkei seit Mitte 2005 stark zugenommen. Bis dahin existierte im türkischen Strafrecht, wie in vielen anderen muslimischen Ländern auch, eine Privilegierung von Ehrenmorden. Die ältesten den Ehrenmord legitimierenden Gesetze sollen sich im Recht des assyrischen Reichs finden, das in verschiedenen Formen vom 17. vorchristlichen Jahrhundert bis zu seiner vollständigen

Vernichtung um 608 v. Chr. existierte. Auch damals gründeten Ehrenmorde auf der Vorstellung, die Jungfräulichkeit, das heißt die Sexualität einer Frau sei der Besitz ihrer Familie. Sie wurden strafmildernd beurteilt, wenn sie überhaupt als Verbrechen oder Vergehen angesehen wurden. Diese Rechtspraxis hält sich bis in unsere Gegenwart. Strafen für Ehrenmorde fielen in der Türkei bis 2005 und fallen in anderen islamischen Ländern bis heute sehr niedrig aus. Minderjährige Täter konnten in der Türkei unter Umständen sogar mit Straffreiheit rechnen, sodass die Familien stets die jüngeren Männer der Familie zur Vollstreckung des Ehrenmords bestimmten. Im Zusammenhang mit den Verhandlungen über den Beitritt zur EU gab es in der Türkei jedoch eine umfangreiche Strafrechtsreform, und seit dem 1. Juni 2005 ist nun nicht nur die Vergewaltigung in der Ehe strafbar, sondern Ehrenmord gilt auch als Mord und wird mit einer lebenslänglichen Gefängnisstrafe geahndet.

Da die Männer nun fürchten müssen, wegen Mordes verurteilt zu werden, terrorisieren viele ihre Frauen so lange, bis diese selbst Hand an sich legen. Und einige Selbstmorde sind wahrscheinlich auch nur als solche getarnt. Über die Situation der Frauen in der Türkei schreibt die in Istanbul lebende Journalistin Dilek Zaptcıoğlu am 10. Juli 2007 auf *Spiegel online*:

»*Über Dunkelziffern braucht man nicht mehr zu reden. Erstmals hat die türkische Polizei eine genaue Statistik über Gewalttaten gegen Frauen angefertigt. Die Untersuchung umfasst den Zeitraum 2005 und 2006. Demnach wird in der Türkei alle drei Minuten eine Frau geschlagen oder misshandelt. Insgesamt registrierte die Polizei in den beiden Jahren mehr als 333 000 ›mit Gewalt verbundene Straftaten‹ gegen Frauen. Allein im vergangenen Jahr wurden 842 Frauen getötet. Stark zugenommen haben die ›Selbstmordversuche‹, zu denen Frauen aus Gründen der Familienehre gedrängt werden (...). Mit 5852 Fällen im Jahr 2006 hat sich die Zahl der Selbstmordversuche von Frauen und Mädchen im Vergleich zum Vorjahr ungefähr verdoppelt.*«

Allem Anschein zum Trotz hat die Gewalt in der Türkei allerdings nicht zugenommen. Genauso wenig wie die Gewalt gegen Türkinnen und Kurdinnen in Deutschland. Sie ist jetzt nur dokumentiert. In dem Artikel heißt es dazu:

»*Die Rechtsanwältin Meral Daniş Beştaş hält die Behauptung, dass der ›Terror gegen Frauen‹ drastisch zugenommen habe, für übertrieben. ›Es gehen jetzt viel mehr Frauen zur Polizei und zeigen die Täter an‹, sagt sie. ›Dadurch wird die Gewalt erstmals sichtbar.‹*«

Jeden Tag berichten die türkischen Zeitungen von neuen Fällen von Gewalt. Mein Vater sammelt die Artikel für mich. Ich komme mit dem Lesen gar nicht mehr hinterher. Die Fälle ähneln sich sehr und gründen immer in den alten Traditionen. Die türkische Gesellschaft wird nicht mehr drum herumkommen, sich ernsthaft mit Begriffen wie *namus* und *töre* (Tradition) auseinanderzusetzen.

Kürzlich forderte die menschenverachtende Tradition in der Türkei ein weiteres Opfer: Zehra S.[9] Sie wurde von einem ihrer Brüder getötet. Ihr Bräutigam hatte sie nach der Hochzeit in ihr Elternhaus zurückgeschickt, weil sie angeblich keine Jungfrau mehr war. Eine Untersuchung, die durch die Staatsanwaltschaft veranlasst wurde, um das Mordmotiv zu klären, ergab, dass Zehra S. sehr wohl noch Jungfrau gewesen war. Anders als früher hätte dieser Umstand sich nach dem neuen Strafrecht nicht mehr automatisch als strafmildernd ausgewirkt, sondern eher strafverschärfend.

Der Bruder tötete seine Schwester zur Rettung der Familienehre und ohne Unrechtsbewusstsein. Denn es ist eine große Schande, eine entjungferte Braut herzugeben. Die Ehre der Familie rein zu halten und zu schützen, das sei das oberste Gebot, wenn es um »unsere Frauen« geht, sagen viele türkische und kurdische Männer. Das Wörtchen »unsere« muss wörtlich genommen werden: Die Frauen sind Gemeinbesitz. Deshalb mischt sich auch jeder Verwandte und jeder Nachbar in die familiären Angelegenheiten der anderen ein. Nicht selten sollte ich bei Scheidungsfällen wegen häuslicher Gewalt Verwandten und Nachbarn gegenüber Rechenschaft über die Trennung ablegen. Die Angehörigen erschienen in der Kanzlei oder riefen an und forderten die Rückkehr der Frau zu ihrem Mann: »Wir wollen unsere Tochter wiederhaben.« Die Betroffene ist nicht nur der Besitz ihrer Eltern und ihres Ehemanns, nein, sie gehört der ganzen Gemeinschaft, sie ist die Tochter von allen. An einigen Berliner Schulen, die von überdurchschnittlich vielen muslimischen Kindern besucht werden, kommt es vor, dass Brüder oder andere männliche Verwandte in den Pausen und sogar während des Unterrichts in der Schule erscheinen, um zu kontrollieren, ob ihre Mädchen sich auch ehrenhaft betragen.

Ein Bekannter sagte mir einmal: »Unsere Frauen sind wie Gold, man muss sie polieren und in die Vitrine stellen.« Das war Ende der 70er Jahre. Seitdem sind drei Jahrzehnte vergangen, aber die meisten türkischen und kurdischen Menschen in Deutschland denken nach wie vor so. Sie haben offensichtlich immer noch nicht begriffen, dass Frauen und Mädchen kein Eigentum und auch nicht die Ehre der Familie darstellen, sondern dass jede Frau ein Mensch mit eigener Identität und Persönlichkeit ist, niemandes Eigentum, weil sie nun mal keine Sache ist, die man besitzen kann, und schon gar nicht die Ehre einer unüberschaubaren Menge von Menschen. Sie besitzt eine eigene Ehre.

Das Menschenbild, das zum Ehrenmord führt, müssen wir verurteilen und bekämpfen, weil es menschenverachtend ist und gegen Artikel 1 Absatz 1 des Grundgesetzes verstößt. Dort heißt es: »*Die Würde des Menschen ist unantastbar. Sie zu achten und zu schützen ist Verpflichtung aller staatlichen Gewalt.*«

Eigentlich könnten wir es bei der Berufung auf das Grundgesetz belassen. Doch viele in Deutschland lebende Türken und Kurden fühlen sich dem deutschen Grundgesetz, den deutschen Gesetzen insgesamt nicht verpflichtet, weil sie der Auffassung sind, sie würden nur für die Urdeutschen gelten. »Wir haben unsere eigenen Gesetze, auch wenn wir hier leben«, heißt es. Deshalb finde ich es wichtig, die Ahndung, Ächtung und Bestrafung von Zwangsheirat und Ehrenmord im Sprachgebrauch der deutschen Gesetzgebung und Rechtsprechung zu etablieren, damit den Menschen gegenüber, die in diesen Traditionen ein zu behütendes Recht sehen, die richtigen Signale gesendet werden.

Es geht darum, die Freiheitsrechte von weiblichen Mitgliedern einzelner Volksgruppen zu schützen. Meiner Ansicht nach ist die Mehrheitsgesellschaft der Urdeutschen verpflichtet, auf Zustände zu reagieren, die diese Freiheitsrechte gefährden. Sie dürfen nicht als kulturelle Eigenheit hingenommen werden. Wir müssen den Menschen helfen, die es nicht schaffen, sich aus eigener Kraft gegen den sozialen Druck zur Wehr zu setzen, und wir müssen uns den Menschen zuwenden, die sich diese veralteten Traditionen zu eigen gemacht haben. So habe ich es selten abgelehnt, mit den Verwandten und Nachbarn zu reden, die sich in den Fall einer Mandantin eingemischt haben, obwohl sie juristisch keinerlei Berechtigung dazu hatten. Selbstverständlich habe ich immer darauf hingewiesen, dass ich keinen Parteiverrat begehen würde, habe klargestellt, dass die Frau meine Mandantin sei, dass ich mich für ihr Recht und ihre Interessen einsetze und dass ich der Schweigepflicht unterliege. Aber häufig lassen sich durch Gespräche mit der Familie und dem sozialen Umfeld gemeinsame Lösungen finden, die der Mandantin einen völligen Bruch mit wichtigen Bezugspersonen ersparen.

In den Fällen, in denen die Familienehre berührt war, ließ ich mir von meiner Mandantin stets minutiös die familiären Strukturen erklären, um eine mögliche Gefährdung der Frau einschätzen zu können. Nahezu 90 Prozent meiner Mandantinnen hatten Angst, Opfer eines Ehrenmords zu werden. Gott sei Dank ist es nie dazu gekommen. Doch viele Frauen wagen es nicht, ihre menschenunwürdigen Lebensumstände zu verändern, aus Angst, einem Ehrenmord zum Opfer zu fallen. Der Ehrenmord ist nur die Spitze des Eisbergs, der häusliche Gewalt heißt. Deshalb ist es mehr als zynisch, wenn bei diesem Thema über Zahlen gestritten und mit Zahlen argumentiert wird. Dadurch wird nur das Problem verharmlost und den Frauen adäquater Schutz und eine ebenso notwendige wie einfühlsame Beratung vorenthalten.

Ich will nicht unterschlagen, dass auch Männer Opfer von Ehrenmorden werden. Das kommt allerdings sehr viel seltener vor, was sich natürlich daraus erklärt, dass ein Ehrenmord im direkten Zusammenhang mit dem sexuellen Fehlverhalten einer weiblichen Person steht. Sexuelles Fehlverhalten von Männern gibt es eigentlich nicht. Ihnen ist alles erlaubt, außer offener Homosexualität. Ein Mann wird meist dann Opfer eines Ehrenmords, wenn er in enger Verbindung zu einer Frau steht, die eine Ehrverletzung begangen hat, wenn er sie zum Beispiel zu schützen oder ihr zu helfen versucht oder gar der Liebhaber der Frau ist. Männer werden eher Opfer von Blutrache, was bei Frauen wiederum selten vorkommt.

Die Täter sind keineswegs die Männer allein. Da Ehrverletzungen durch das gesamte soziale Umfeld sanktioniert werden, sind Ehrenmorde keine reine »Männersache«. Es geht um die Ehre der Familie, also wird der Mord in der Familie beschlossen und geplant. Die Rolle der Frauen ist dabei nicht zu unterschätzen. Nahe weibliche Verwandte, sogar die Mütter, können als treibende Kräfte bei der Beseitigung des »Schandflecks« agieren. Nicht selten sind Neid und Missgunst unterschwellige Motive. Während Frauen bei der Tatvorbereitung fast immer mitwirken, bleibt die Tatausführung ausschließlich den Männern, mehrheitlich nahen Verwandten, überlassen.

In den meisten Ländern wird die Anstiftung zum Mord ebenfalls als schwere Straftat geahndet. Juristisch gesehen sind somit häufig auch Frauen Täterinnen, auch wenn bei Ehrenmorden die Schuld der Familienoberen, das heißt eben auch der Mütter oder Tanten, selten zweifelsfrei nachgewiesen werden kann. Zumal häufig vorab hieb- und stichfeste Alibis inszeniert werden, um die Autoritäten der Familien, die als Hüter der Traditionen automatisch im Fokus des Verdachts stehen, nicht zu gefährden. Auf die Idee, dass Frauen in die Planung involviert gewesen sein könnten, kommt kaum jemand, weil es nicht in das traditionelle Rollenklischee passt. Es liegen über die Beteiligung von Frauen an Ehrenmorden keinerlei Zahlen vor. Dieser Bereich wurde meines Wissens bisher so gut wie nicht beleuchtet. Schließlich sind wir weltweit in der Untersuchung von Ehrenmorden noch nicht so weit, dass überhaupt konkrete Zahlen genannt werden könnten.

Papatya, eine ursprünglich für muslimische Mädchen aus der Türkei, mittlerweile für Migrantinnen aller Nationalitäten und Religionen zur Verfügung stehende Kriseneinrichtung, hat mit Unterstützung von *Terre des femmes* für den Zeitraum von 1996 bis 2004 allein aus der Presse insgesamt 49 Fälle von in Deutschland begangenen oder versuchten Ehrenmorden zusammengetragen. Diese Zahl erfasst natürlich nicht alle tatsächlichen Ehrenmorde, da viele Fälle lediglich als Affekt- oder Eifersuchtstaten im Familienmilieu eingestuft wurden.

Allein in Berlin geschahen Ende 2004, Anfang 2005 insgesamt sechs Ehrenmorde, wie das *ai-journal* berichtet. Nicht in all diesen

Fällen kam es später zu einer Verurteilung wegen Mordes. Schon bei der Anklage wurde der eine oder andere Fall als einfacher Totschlag klassifiziert.

Die Morde an Sermin U. und Hazal S.[10]

Ganz besonderes Aufsehen erregte der Tod von Sermin U. Die eingebürgerte Deutsche wurde auf offener Straße von ihrem jüngsten Bruder Mert hingerichtet. Er war zu diesem Zeitpunkt 18 Jahre alt. Der Täter wurde nach dem Jugendstrafrecht zu einer mehrjährigen Freiheitsstrafe verurteilt. Dabei wurde die »besondere Schwere der Schuld« festgestellt, was eine vorzeitige Entlassung auf Bewährung ausschließt. Die mitangeklagten Brüder wurden aus Mangel an Beweisen freigesprochen. Die Staatsanwaltschaft legte gegen das Urteil Revision ein, und der Bundesgerichtshof hat entschieden, dass der Fall neu verhandelt wird.

Das Motiv des Schwesternmords war laut Ermittlungen gekränkte Familienehre. Sermin U. hatte zusammen mit ihrem kleinen Sohn in Berlin gelebt. Von ihrem Ehemann, einem Verwandten, mit dem sie zwangsverheiratet worden war, hatte sie sich getrennt. Dem Geständnis des Täters sowie den Erkenntnissen der Polizei zufolge habe sich der Großteil der Familie für Sermin geschämt, da sie das Kopftuch abgelegt hatte und ein eigenständiges, modernes Leben führte. Die Familie U. hätte befürchtet, dass Sermin ihren Sohn nicht den Traditionen gemäß erziehen würde. Sermins Brüder wurden verdächtigt und angeklagt, die Schwester gemeinsam erschossen zu haben.

Zur Festnahme der Brüder kam es aufgrund der Aussage der Exfreundin eines der Brüder. Sie beschuldigte ihren Exfreund, Sermin getötet zu haben, nachdem er den Mord zuvor zusammen mit seinen Brüdern geplant habe. Er gestand den Mord schließlich.

In der Revision des Urteils wird es um die Mitschuld der freigesprochenen Brüder gehen. Bis dahin gilt der jüngste Bruder als der einzige Täter. Unter Gesinnungsgenossen ist er offenbar zum Helden und Idol geworden. In der Jugendstrafanstalt, wo er seine

Strafe absitzen wird, habe er eine besondere Stellung inne, er gelte als Märtyrer. So berichtet die *Berliner Morgenpost* im April 2006:

»*Im Trubel des (…) Prozesses ist die Einschätzung der Mitarbeiterin der Jugendgerichtshilfe fast untergegangen. Die Frau berichtete (…), wie M.s Tat in Kreuzberg und im Jugendgefängnis von Altersgenossen aufgenommen werde. Das Ergebnis sei alarmierend: Immer wieder gebe es großes Verständnis. Ähnlich sei die Situation in der Jugendstrafanstalt (…). Zwar habe M.(…) dort ohnehin schon eine ›herausgehobene Position‹, weil er älter als die meisten anderen Insassen sei. Eine ›Märtyrerposition‹, sagte die Jugendgerichtshelferin, habe er bei den anderen Jugendlichen aber vor allem wegen seiner Straftat.*«

Während Mert U. nach der Urteilsverkündung von manchen bejubelt wurde, hagelte es Kritik für das Gericht. Meines Erachtens nicht zu Unrecht. Das gesamte Urteil, die Jugendstrafe und der Freispruch für seine beiden Brüder, ist meiner Ansicht nach ein Beleg für eine ungenügende Aufklärung des Verbrechens durch das Gericht. Es hat sich vor allem auf die Rekonstruktion des Tathergangs beschränkt und sich zu wenig mit den Motiven beschäftigt. Es bleibt abzuwarten, wie nach der Revision der Staatsanwaltschaft der Bundesgerichtshof entscheiden wird.

Auch die beiden auflagenstärksten türkischen Zeitungen *Hürriyet* und *Milliyet* distanzierten sich von dem Urteil und druckten viele kritische Meinungsäußerungen besorgter Deutschländer, die ihr Unverständnis für den Freispruch der Brüder kundtaten und ihre Sorge, welche ermutigende Wirkung er auf Anhänger der Ehrenmord-Praxis haben könnte.

Gerade wegen des fatalen Signals, das von einem solchen Urteil ausgeht, hätte sich das Gericht sorgfältiger und umsichtiger mit der Problematik befassen sollen. Anzeichen für die besondere Bedeutung des Falles gab es ausreichend. Und zwar schon unmittelbar nach der Ermordung von Sermin U. Viele Deutschländer begrüßten die Tat, Schüler einer Schule in Berlin-Neukölln haben sie sogar offen beklatscht. Andere Jugendliche, die ebenso wie Sermins Bruder Mert in Berlin geboren und aufgewachsen waren, scheuten sich nicht, vor laufenden Fernsehkameras zu beteuern, auch sie würden ihre Schwester töten, wenn sie sich so verhielte wie Sermin.

Unter meinen Mandantinnen gab es nach diesem Ehrenmord ebenfalls große Unruhe. Viele Ehemänner fingen an, ihnen zu drohen, dass sie ebenso enden würden wie die junge Frau, wenn sie die jeweiligen Trennungen nicht rückgängig machten.

Kurz nach der Ermordung von Sermin U. nahm ich einen Scheidungstermin wahr. Anschließend sprach ich den Ehemann meiner Mandantin an, weil er sich während der Sitzung äußerst aggressiv verhalten hatte. Ich wollte mir ein Bild machen, ob meiner Mandantin Gefahr von ihm drohte. Der Mann kündigte an, seine Frau erwarte das gleiche Schicksal wie Sermin U., wenn sie weiterhin die Lüge über ihn verbreite, er habe sie geschlagen, wo er doch nicht einmal einer Fliege etwas zuleide tun könne.

Der Fall Sermin U. hat die Gemüter so besonders erregt, weil er für sehr viele Versäumnisse in der Integrationspolitik steht. Die Urdeutschen haben Angst vor den mittelalterlichen Praktiken der Deutschländer, können nicht einschätzen, wie weit die Gesinnung der Familie U. tatsächlich verbreitet ist. Die aufgeklärten Deutschländer haben Angst, dass die fehlende Integrationspolitik und der mangelhafte Umgang der Gerichte mit ähnlich gelagerten Fällen noch mehr solcher Familien schafft, als ohnehin schon vorhanden sind. Da haben wir eine Familie, die seit sehr vielen Jahren in Deutschland lebt, deren Kinder allesamt fließend Deutsch sprechen, die aber immer noch so sehr ihren Traditionen verhaftet ist, dass sie das Leben der Tochter und Schwester Sermin als »deutsch« und damit unsittlich bezeichnet. Da haben wir einen jungen Mann, der in Deutschland geboren wurde und bereit war, seine eigene Schwester dafür zu töten, dass sie ein unabhängiges Leben inklusive freier selbstbestimmter Sexualität führte. Daneben haben wir ein Gericht, das für die Rechtsprechung zu sorgen hat und mit der Bearbeitung eines solchen Falles offensichtlich überfordert ist. Der Fall Sermin U. zeigt exemplarisch, dass es in Deutschland eine Integrationspolitik, die diesen Namen verdienen würde, bislang nicht gibt.

Ein anderer Fall, den ich als Beleg für den fahrlässigen Umgang mit der Ehrenmord-Problematik ansehe, ist der Fall der Hazal S. Die junge Deutschländerin wurde vor den Augen ihrer kleinen Tochter von ihrem Exmann Tamer S. in Berlin auf offener Straße erstochen. Sie hatte sich von dem prügelnden Mann, der ein Verwandter von ihr war, scheiden lassen. Die Familie bewertete die Scheidung als Verrat an der Familie und Schande für das Ansehen des Ehemanns. Er hatte sein Gesicht verloren und konnte das nicht ertragen. Hazal S. wusste, dass die Familie sie niemals in Ruhe lassen würde. Sie hatte dies immer wieder ausgesprochen. Es gibt genug Frauen, die Hazal S. kannten und davon berichteten, welche Hölle sie durchlebt habe. Sie trauten sich aber nicht, vor Gericht auszusagen.

Tamer S. wurde wegen Totschlags verurteilt. Bei der Urteilsbegründung wies der Richter explizit darauf hin, es habe sich um keinen Ehrenmord gehandelt. Das Gericht war der Überzeugung, der Täter habe im Affekt gehandelt, der von der konkreten Situation kurz vor der Tat ausgelöst worden sei. Es habe keinerlei Hinweise dafür gegeben, dass die Tötung geplant und aus Gründen der Ehrverletzung geschehen sei. Das Paar hatte sich zu einem Gespräch getroffen, um den Umgang mit der gemeinsamen Tochter zu regeln. Dort habe das Kind den Vater mit »Onkel« angesprochen, was dieser als Verletzung empfunden habe. Auf der Straße dann, nach dem Treffen, habe er den Blick seiner Exfrau als herabwürdigend empfunden. Er sei daraufhin sehr wütend geworden und habe zugestochen. Mehrmals. Das Messer hatte er schon dabei.

Mit Hazal S. habe man nur Mitleid haben können, als sie noch lebte, sagten einige Frauen, die die Ermordete kannten. Es werde ihr nun, wo sie tot sei, besser gehen, meinte sogar eine Bekannte. Das ist ein Satz, den ich im Zusammenhang mit häuslicher Gewalt und Tötungsdelikten oft höre. Auch Sermin U.s Schwester hat in diversen Interviews erklärt, Sermin gehe es gut, jetzt wo sie tot sei, sie sei im Paradies. Dass Sermin U. vor ihrer Ermordung ein Leben führte, das ihr gefiel, blendet die traditionsbewusste und religiöse Schwester völlig aus.

Hazal S. ahnte, dass man sie töten würde. Sie wusste auch, dass sie es nicht würde verhindern können. Entgegen dem dringenden Rat von Freundinnen und Bekannten hat sie die Stadt jedoch nicht verlassen. Sie wollte nicht, dass ihr Feigheit vorgeworfen würde, sagt eine Bekannte. Hazal S. war nicht meine Mandantin, aber ich habe einige Frauen rechtlich vertreten, die sich in einer ähnlichen Situation befanden. Ich habe mich immer wieder gefragt, wie solchen Frauen geholfen werden kann, Frauen, die zwar die Gefahr sehen, in der sie stecken, die ihre Familie und ihr soziales Umfeld aber nicht verlieren wollen. Die Antwort darauf ist nicht einfach. Frauen jedoch, die sich akut in Gefahr befinden, ist dringend zu empfehlen, so schnell wie möglich so weit wie möglich wegzuziehen. Leider gibt es für solche Frauen viel zu wenig institutionelle und finanzielle Unterstützung, dafür aber große bürokratische Hürden und Zuständigkeitsprobleme. Sermin U.s Name steht inzwischen für Frauen, die von einem Ehrenmord bedroht sind und schnell Hilfe benötigen.

Die Verantwortung der Mehrheitsgesellschaft

Ich meine, dass nicht nur Sermin U. und Hazal S., sondern viele Frauen, die im Namen der Ehre sterben mussten, noch leben würden, wenn wir einen offeneren und aktiveren Umgang mit dem Thema Ehrenmord hätten. Gesellschaft und Staat müssen den Frauen, die in Gefahr sind und Angst haben, sowie den Männern, von denen die Bedrohung ausgeht, signalisieren, dass sie sich zuständig fühlen. Das heißt zum Beispiel, dass die Polizei und/oder andere beteiligte Ämter die Familien, aus denen Frauen und Mädchen ausgebrochen sind, sehr schnell und direkt mit der Befürchtung konfrontieren müssen, diese könnten Opfer eines Ehrenmords werden. Wenn mit den Männern, von denen eine Gefahr ausgeht, und deren Familien das Gespräch gesucht würde, wenn sie von Vertretern der Gesellschaft und des Staates aufgesucht würden und ihnen die Situation ihrer Frauen erklärt würde, könnte bei ihnen vielleicht ein Umdenken stattfinden. In jedem Fall aber würde ihnen so klargemacht werden, dass sie sich nicht im rechtsfreien Raum befinden.

Es ist problematisch, wenn die bedrohten Frauen lediglich an einen sicheren Ort gebracht werden, die Männer aber in ihrem Ärger, ihrer Wut über die »Schande«, die die Frau über sie gebracht hat, sich selbst überlassen werden. Ich halte es für ganz zentral, mit den Familien in Kontakt zu treten, in denen eventuell ein Ehrenmord geplant wird. Natürlich heißt das nicht, alle muslimischen Familien unter Generalverdacht zu stellen. Es geht mir lediglich um die Fälle, in denen von den Frauen Hinweise gegeben werden, die ermittelbar sind. In dieser Phase des Konflikts könnte auch Männern geholfen werden, sich dem sozialen Druck der Familie zu entziehen, indem ihnen Angebote gemacht werden, mit der Situation anders umzugehen.

Auch Männer, die sich dem Druck der Familie nicht widersetzen können, benötigen Hilfe. Aber es gibt kaum entsprechende Einrichtungen, und die Männer, die zu schwach sind, sich gegenüber ihren Familien zur Wehr zu setzen, würden sich wohl auch nicht dorthin wenden. Denn sie empfinden sich nicht als schwach. Im Gegenteil, sie empfinden sich als besonders stark, gerade weil sie bereit und vielleicht fähig sind, jemanden zu töten. Es muss ein schneller, präventiver Einsatz durch die Polizei und andere Ämter erfolgen, wenn in Erfahrung gebracht wird, dass eine Frau Opfer eines Ehrenmords werden könnte. Staat und Gesellschaft müssen in diesem Bereich viel mehr und viel deutlichere Signale setzen.

Der Bundesgerichtshof hat in seiner Entscheidung vom 28. Januar 2004 ein wegweisendes Urteil gesprochen. Darin fasst er die Problematik und deren Lösung derart prägnant zusammen, dass ich der Ansicht bin, dass wir diesen Leitsatz nicht nur bei Ehrenmorden, sondern unbedingt auch bei der Leitkultur-Debatte berücksichtigen sollten. In dem Urteil heißt es:

»Bei der Gesamtwürdigung, ob ein Tötungsmotiv objektiv als niedrig einzuschätzen ist, kommt es nicht nur auf den kulturellen Hintergrund des Täters an. Zwar umfasst die Gesamtwürdigung, ob ein Beweggrund objektiv niedrig ist, neben den Umständen der Tat auch die Lebensverhältnisse des Täters und seine Persönlichkeit. Der Maßstab für die objektive Bewertung eines Beweggrunds als niedrig ist jedoch den Vorstellungen der Rechtsgemeinschaft der Bundesrepublik Deutschland zu entnehmen, in der der Täter lebt und vor deren Gericht er sich zu verantworten hat, und nicht den Anschauungen einer Volksgruppe, die sich den sittlichen und rechtlichen Werten dieser Rechtsgemeinschaft nicht im vollen Umfang verbunden fühlt.«

Der Ehrenmord ist eine extreme Menschenrechtsverletzung. Das scheint heute selbstverständlich, ist es aber noch gar nicht so lange. In Deutschland hat es bis weit in die 90er Jahre hinein gedauert, bis er als solche wahrgenommen wurde – und zwar durch massive Öffentlichkeitsarbeit von Frauenrechtsorganisationen. *Terre des femmes* etwa hat durch die zweijährige Kampagne »NEIN zu Verbrechen im Namen der Ehre« aus dem Jahre 2004 großen Anteil daran, dass Ehrenmorde inzwischen breite öffentliche Beachtung finden.[11] Auch die Urdeutschen können sich nicht mehr zurücklehnen und denken, solche Praktiken hätten nichts mit ihnen zu tun. Und zwar nicht nur weil einige der Opfer und Täter die deutsche Staatsangehörigkeit besitzen, sondern weil die Urdeutschen mit anderen ethnischen Gruppen in ein und derselben Gesellschaft zusammenleben. Mag sein, dass Minderheiten versuchen, sich in Parallelgesellschaften abzuschotten, und mag sein, dass die Mehrheitsgesellschaft die Bildung von Parallelgesellschaften durch Ausgrenzung begünstigt hat. Wir dürfen aber nicht bei diesen Feststellungen und Schuldzuweisungen stehen bleiben. Das hilft nicht weiter. Tatsache ist, dass Menschen, die hier leben, die hier geboren wurden, Täter und Opfer von Ehrenmorden werden. Die Mehrheitsgesellschaft kommt nicht mehr drum herum, sich mit den kulturell-religiös begründeten Sichtweisen der Deutschländer auseinanderzusetzen. Vorab muss allerdings klargestellt werden, dass ein friedliches Zusammenleben nur möglich ist, wenn kultureller Toleranz dort Grenzen gesetzt werden, wo es um Menschenrechtsverletzungen geht.

Die Globalisierung fordert in Bezug auf Kultur, Tradition und Religion ihren Tribut. Sicherlich müssen wir aufpassen, dass kulturelle Eigenheiten nicht einfach ausgelöscht werden, aber es muss eine offene Debatte darüber stattfinden, was mit den Menschenrechten vereinbar ist und was nicht. Und in diesem Zusammenhang müssen sich die westlichen Gesellschaften erneut – sie haben es in den 60er Jahren schon einmal getan – und nun gemeinsam mit den muslimischen Mitbürgern mit der Problematik der Geschlechterrollen auseinandersetzen.

Ausgehend von meinen eigenen Erfahrungen – und diese Einschätzung teilen auch einige Frauenprojekte – kann ich zwar nicht behaupten, dass die Zahl der Ehrenmorde zugenommen hätte. Ich denke aber, dass sich in der dritten und vierten Generation eine extreme Ausgestaltung dieser Praktiken zeigt, weil sich viele Deutschländer ihrer Herkunftskultur verbunden fühlen und in die Mehrheitsgesellschaft nicht integriert sind. Die Brutalität, mit der die Ehre verteidigt wird, auch in der Sprache, erscheint mir vielfach ausgeprägter als in den Generationen davor. Der eine oder andere junge Mann klammert sich sicher an einen archaischen Ehrbegriff, weil er sich sagt: »Jetzt erst recht. Ihr wollt uns nicht haben, dann zeigen wir euch, was unsere Kultur, Tradition und Religion bedeuten.«

Viele Menschen, die sich angeblich eher dem Recht ihres »Herkunftslandes« verpflichtet fühlen, blenden meist völlig aus, dass ihre Rechtsvorstellungen mit der rechtlichen Realität im »Herkunftsland« teilweise gar nicht übereinstimmen. Die Türkei ist sicher kein Musterbeispiel an demokratischer Rechtsstaatlichkeit, aber die Vorstellungen einiger Türken in Deutschland darüber, was in der Türkei alles erlaubt und straffrei sei, entsprechen keinesfalls immer den Tatsachen. In den letzten 40 Jahren hat sich in der Türkei auf vielen Ebenen eine Modernisierung vollzogen, die jedoch von einer Vielzahl in Deutschland lebender konservativer Türken und Kurden konsequent ignoriert wird.

Ich empfinde es als verlogen, wenn sich Politiker über das Gewaltpotenzial bei männlichen Muslimen in Deutschland verwundert zeigen. Auch hier gilt: Wer Augen hat zu sehen, dem konnte die Entwicklung nicht verborgen bleiben. Ich gehe daher so weit zu sagen, dass die bisher fehlende Integrationspolitik mitverantwortlich ist für sämtliche Ehrenmorde, die auf deutschem Boden geschehen sind. Glücklicherweise hat so manche(r) PolitikerIn inzwischen erkannt, dass Ehrenmorde keinesfalls nur im fernen Ostanatolien stattfinden, sondern auch in der deutschen Gesellschaft.

Sermin U., Hazal S. und so viele andere Frauen mussten sterben, weil sie ein eigenständiges, würdevolles Leben wollten. »Sie lebt wie eine Deutsche«, diesen Satz höre ich, seit ich in Deutschland wohne, sei es, dass er über mich gesagt wird, sei es, dass er andere Frauen meint. Er bedeutet nichts anderes als: »Sie lebt wie eine Hure.« Eine muslimische Frau, die nicht verheiratet ist und ohne Mann lebt, egal ob mit Kind oder ohne, kann nach dem Verständnis der Anhänger des archaisch-traditionellen Ehrbegriffs nur eine Hure sein. Deutlicher als mit solchen Begriffen kann uns das Geschlechterbild in Parallelgesellschaften nicht vor Augen geführt werden.

Als Sermin U. von ihrem Bruder auf offener Straße vor ihrem Haus ermordet wurde, befand sich ihr kleiner Sohn oben in der Wohnung. Das wusste der Schwesternmörder und Onkel mit Sicherheit. Natürlich weiß ich, dass die Täter der Ansicht sind, die Kinder würden ohne ihre angeblich ehrlosen Mütter ein besseres, das heißt sittlicheres Leben führen. Dennoch stellt sich mir die Frage, wie herzlos ein Bruder, ein Ehemann sein muss, der einem Kind, vielleicht sogar vor dessen Augen, die Mutter wegnimmt, indem er sie tötet. Der in Kauf nimmt, dass ein Kind ohne Mutter aufwachsen wird.

Die Psychologie solcher Täter muss einmal eingehend und aus vielen Perspektiven beleuchtet werden. Ihr Verhältnis zu den eigenen Müttern, in dem ich sehr viel Kälte und Ablehnung vermute, ist meines Erachtens ein zentraler Aspekt.

Ich möchte die Wissenschaft, insbesondere die Migrationsforschung, dringend auffordern, sich in Zusammenarbeit mit der Psychologie mit dieser Frage zu beschäftigen. Stattdessen ist von einigen Migrationsforschern zu hören, bei Ehrenmorden handele es sich ebenso wie bei Zwangsverheiratungen um Einzelfälle, die zu einem gesellschaftlichen Problem aufgebauscht würden. Dies schildert und kommentiert Miriam Lau am 8. Februar 2006 auf *WELT online* unter der Überschrift »Gefährliche Gutmenschen«:

»*Unter dem Titel ›Gerechtigkeit für Muslime‹ war in der Wochenzeitung* Die Zeit *vom 1. Februar 2006 ein offener Brief erschienen. 58 Migrationsforscher unter der Federführung der Pädagogen Mark Terkessidis und Yasemin Karakaşoğlu beklagen sich darin über eine Reihe von Büchern, die das Thema Ehrenmorde und Gewalt gegen Frauen im Islam zum Gegenstand machen. Autorinnen wie Necla Kelek, Ayaan Hirsi Ali oder Seyran Ateş, so heißt es in dem Aufruf, hätten ›reißerische Pamphlete‹ geschrieben, ›in denen eigene Erlebnisse und Einzelfälle zu einem gesellschaftlichen Problem aufgepumpt werden, das umso bedrohlicher erscheint, je weniger Daten und Erkenntnisse eine Rolle spielen.‹ Tatsächlich haben alle drei Autorinnen persönliche Erfahrungen: Kelek aus ihrer eigenen Familie, Ateş ist von* einem Fremden in einer Beratungsstelle angeschossen worden, Hirsi Ali, Abgeordnete im holländischen Parlament, lebt unter Polizeischutz. Ihre Gegner halten ihnen vor, den Islam pauschal als ›patriarchale und reaktionäre Religion‹ zu betrachten.«

Ich halte diese Vorwürfe für ein Armutszeugnis. Dabei wäre es die Aufgabe dieser Leute gewesen, die Themen Ehrenmord und Zwangsheirat schon sehr viel früher an die Öffentlichkeit zu bringen. Ich hoffe nur, dass die nächste Wissenschaftlergeneration die Problematik mutiger und mit weniger ideologischen Blockaden angehen wird.

Dass seit der Ermordung von Sermin U. das Thema Ehrenmord ins öffentliche Bewusstsein gerückt ist, verdankt sich nicht zuletzt einigen wirkungsvollen Kampagnen. So hat zum Beispiel das Mädchenprojekt *Madonna* aus Berlin-Neukölln unter dem Slogan »Ehre ist, für die Freiheit meiner Schwester zu kämpfen« eine Postkartenaktion durchgeführt. In Anlehnung an diese Aktion hat die nordrhein-westfälische Landesregierung unter Leitung des Integrationsministers Armin Laschet (CDU) mit prominenten Frauen- und Migrantenselbstorganisationen eine Kampagne gegen Ehrenmorde gestartet. Insgesamt wurden 250 000 Postkarten gedruckt und verteilt, auf denen verschiedene Slogans zum Thema Ehre stehen, zum Beispiel »Ihre Freiheit – seine Ehre«.

Ich begrüße und unterstütze diese Aktion, indem ich bei jeder Gelegenheit auf sie hinweise, die Karten verteile und zur Nachahmung auffordere. Ich bin der Ansicht, dass wir alle Mittel einsetzen müssen, um den in der muslimischen Parallelwelt geltenden Ehrbegriff den Wertvorstellungen der Mehrheitsgesellschaft anzupassen. In diesem Punkt kann Integration nur gelingen, wenn eine Tradition gänzlich aufgegeben wird. Deshalb habe ich auch kein Problem damit, in Bezug auf den Ehrbegriff Assimilation zu fordern.

Über das Thema Ehrenmord muss gesprochen, diskutiert und nachgedacht werden. Das kann durch Postkartenaktionen ebenso initiiert werden wie durch Theaterstücke. Und das Thema muss mit allen Mitteln der Pädagogik in die Schulen getragen werden, denn dort erreichen wir die jungen Männer, die später Täter, und die jungen Frauen, die später Opfer werden könnten.

Ganz besonders wichtig finde ich, dass Ehrenmorde nicht nur dann thematisiert werden, wenn wieder einer geschehen ist. Politische und soziale Verantwortung zeigt sich für mich dort, wo gesellschaftliche Themen nicht nur nach spektakulären Ereignissen politisiert werden. Der Staat und die Zivilgesellschaft müssen Signale setzen und den bedrohten Frauen zeigen: »Wir sind da, falls ihr Hilfe braucht.« Natürlich gilt dies nicht nur hinsichtlich drohender Ehrenmorde, sondern auch wenn es um tägliche Schikanen, Schläge, Repressalien geht. Wir müssen uns dafür interessieren, was mit Frauen geschieht, die in unserer Mitte leben und die bedroht sind, weil sie gegen den Kodex ihrer Familie, ihrer Religion oder ihres sozialen Umfelds verstoßen. Es geht um die Freiheit von Frauen, sich ihren Partner selbst auszusuchen, ihre Sexualität auch vor der Ehe zu leben, sich zu kleiden, wie sie wollen.

Unterstützt wird die vom nordrhein-westfälischen Integrationsministerium initiierte Kampagne gegen Ehrenmorde auch von der türkischen Zeitung *Hürriyet*. Das ist eine Zusammenarbeit, über die ich mich sehr freue. Denn wir brauchen die großen Medien aus der Minderheitengesellschaft, um eine breite Öffentlichkeit zu erreichen. Ebenso wie die *Hürriyet* eine Hotline zu häuslicher Gewalt eingerichtet hat, damit betroffenen Frauen direkt und schnell geholfen werden kann, wurde im Rahmen der Ehrenmord-Kampagne eine Hotline gegen Gewalt im Namen der Ehre ins Leben gerufen.

Wir haben noch einen langen Weg vor uns, bis Ehrenmorde sowohl in den Herkunftsländern als auch in Europa der Vergangenheit angehören werden. Dieses Ziel werden wir nur durch ausreichende Präventions- und Hilfsmaßnahmen erreichen. Die echte Integration von Deutschländern spielt dabei die wichtigste Rolle. Althergebrachte archaisch-patriarchalische Wertvorstellungen müssen durch demokratische Werte ersetzt werden. Nur ein Umdenken innerhalb der Volksgruppen, die Ehrenmorde praktizieren, unterstützt von staatlichen und zivilgesellschaftlichen, bis in die Gesetzgebung und Rechtsprechung hineinreichenden Maßnahmen in den einzelnen Ländern, kann bewirken, dass Ehrverbrechen in einer Gesellschaft ganz verschwinden.

Wir dürfen nicht unterschätzen, welch große Anzahl von Menschen wir erreichen müssen. Ich mache mir keine Illusionen, dass sich über Jahrhunderte gewachsene und geprägte traditionelle Vorstellungen in kurzer Zeit verändern lassen. Ich bin aber der Überzeugung, dass wir überhaupt nur dann etwas verändern können, wenn wir sofort damit beginnen, klarzustellen, dass keine Religion oder Tradition Verbrechen im Namen der Ehre rechtfertigen kann. Wir werden Verbrechen im Namen der Ehre schließlich nur dann ganz abschaffen, wenn Frauen und Männer gemeinsam gegen diese beschämende frauenverachtende Praxis vorgehen. Kampagnen gegen Genitalverstümmelung in Afrika haben dies gezeigt. Nur wenn Männer ebenfalls erklären, dass sie keine verstümmelten Frauen wollen, wird damit aufgehört werden, Mädchen und Frauen zu verstümmeln.

Auch müssen wir uns ganz besonders den Frauen zuwenden, die einen großen Anteil an der Praxis der Ehrenmorde haben. Im Fall Sermin U. stehen neben den drei angeklagten Brüdern drei Frauen im Vordergrund: Sermin U. selbst, das Opfer, die Hauptbelastungszeugin und Exfreundin von Sermins Bruder, die seit dem Prozess im Zeugenschutzprogramm lebt, sowie Sermins Schwester, die sich für die Rechte ihrer angeklagten Brüder einsetzen will.

Die eine Schwester nahm sich das Recht, frei zu leben, ihren Mann zu verlassen und das Kopftuch abzulegen. Die andere trug ein Kopftuch. Wie konnte Sermins Schwester es zulassen, dass ihr Bruder sich an ihre Freundin »ranmachte«, die hin und wieder in die Wohnung der Familie kam? Wie konnte sie, die ihre Schwester Sermin für ihren Lebenswandel kritisierte, es hinnehmen, dass der Bruder sich heimlich mit ihrer Freundin traf? Diese Freundin war mutig genug, um auszusagen, und muss nun mit einer neuen Identität im Untergrund leben. Sie hat Courage bewiesen und auf ihr Gewissen gehört. Sermins Schwester dagegen hat sich auf die Seite des Mörders ihrer Schwester geschlagen. Und das Grab ihrer Schwester war nur wenige Monate nach ihrer Ermordung ungepflegt und lieblos mit einem Stück Holz gekennzeichnet, das einer Zielscheibe ähnelte.

Die eine Frau ist tot, die andere Frau lebt im Untergrund, die dritte Frau bei ihrer Familie. Das Thema, das diese drei Frauen vereint, ist das sexuelle Selbstbestimmungsrecht, welches ihnen nicht etwa vom Gesetzgeber zugestanden oder abgesprochen wird, sondern von ihrer Familie. Jede der drei Frauen hat versucht, ihren Weg zu gehen, um eines ihrer natürlichsten Bedürfnisse zu leben: Freiheit. Sermin musste mit ihrem Leben bezahlen. Die Exfreundin ihres Bruders, die ebenfalls eine eher moderne Frau ist, wird wohl den Rest ihres Lebens in Angst leben. In der Öffentlichkeit frei bewegen darf sich nur Sermins Schwester. Sie wird ganz sicher von sich behaupten, ein freies, selbstbestimmtes Leben zu führen. Doch was ist das für eine Freiheit, wenn Sermin für die ihre sterben musste?

Häusliche Gewalt in Migrantenfamilien

Häusliche Gewalt, also Gewalt, die zwischen Menschen geschieht, die zusammen in einem Haushalt leben, ist ein weltweit verbreitetes Problem. Sie kommt in allen Gesellschaften, sozialen Schichten und Kulturen vor. Doch wenn wir die Lebenssituation von allen Frauen in Deutschland über einen Kamm scheren, werden wir die besondere Problematik türkischer und kurdischer Migrantinnen nie erfassen, für die Gewalt oftmals eine selbstverständliche, alltägliche Erfahrung ist. Viele meiner türkischen und kurdischen Mandantinnen beschrieben mir ihr Leben als fortgesetzte Folter, als eine einzige Hölle. Ich will damit keineswegs die häusliche, alltägliche Gewalt gegen urdeutsche Frauen verharmlosen. Ich will nur sowohl in der deutschen Mehrheitsgesellschaft als auch in der türkisch-kurdischen Community und im Gegensatz zu den Multikulti-Betonköpfen ebenso wie den konservativen Migrantenverbänden auf die spezifische Lage der Deutschländerinnen aufmerksam machen. Es gilt, das Tabu zu brechen, dass über häusliche Gewalt im Migrantenmilieu immer noch nicht öffentlich Klartext geredet werden darf.

In der Türkei ist diesbezüglich einiges einfacher. Schon deshalb, weil die dort aktiven Frauenrechtlerinnen nicht zunächst eine Mauer von politisch korrekten Urdeutschen und Verbänden, die Kritikern gleich Türkenfeindlichkeit vorwerfen, durchbrechen müssen. Sie sind damit direkter am Thema. Sie müssen nicht erst erklären, dass sie nicht in rassistischer Absicht handeln. Inzwischen ist das Thema nahezu täglich in allen türkischen Medien präsent. Mehrere recht gut organisierte Frauengruppen machen mit Aktionen und Veranstaltungen darauf aufmerksam. Es gibt eine breite öffentliche Auseinandersetzung. Und es gibt keine Multikultis und nationalistischen Türken, die die Debatte behindern, weil das Problem ethnisiert würde und sie Rassismus wittern. In der Türkei geht es um häusliche Gewalt unter Türken und Kurden, und Punkt.

Am 18. Oktober 2004 stellte die auflagenstärkste türkische Tageszeitung *Hürriyet* in der Türkei ihre Kampagne *Aile içi şiddete son* (»Gegen häusliche Gewalt«) der Öffentlichkeit vor. In Deutschland fand die Auftaktveranstaltung zu dieser Kampagne am 22. Mai 2005 in Frankfurt statt. *Hürriyet* hatte im Vorfeld verschiedene Organisationen und Personen, mit denen man zusammenarbeiten wollte, wie zum Beispiel *Papatya*, *Terre des femmes* sowie Vertreterinnen aus dem Büro der damaligen Bundesintegrationsbeauftragten Marie-Luise Beck und aus dem Familienministerium, zu einem Treffen geladen. Ich war auch dabei. Mir gefiel das Vorhaben auf Anhieb. Ich beglückwünschte die *Hürriyet* zu der Aktion, bedankte mich im Namen meiner Mandantinnen und bot meine Unterstützung an. Dazu kam es aber nicht, denn die Zeitung startete eine Hetzkampagne gegen mich.

Ich hatte am 28. Februar 2005 ein Interview in der *tageszeitung* gegeben, in dem ich mich über die Situation der türkischen und kurdischen Frauen äußerte. Ab dem 6. März veröffentlichte *Hürriyet* dann eine Reihe von Artikeln, in denen man mich beschimpfte und an den Pranger stellte. Ich hatte in dem Interview unter anderem gesagt: »Viele Mädchen müssen sich doch auf Analverkehr mit Jungs einlassen – weil dies die beste Verhütungsmethode ist.« Damit hatte ich natürlich nicht nur die Schwangerschaftsverhütung, sondern auch die Verhütung einer Entjungferung gemeint. *Hürriyet* warf mir vor, mit dieser Aussage die türkischen Frauen beleidigt zu haben. Ich wurde in großen Lettern zunächst für verrückt und dann zur Feindin der Frauen erklärt. Mit dem Thema Sexualität ist natürlich ein sehr empfindlicher Nerv traditioneller patriarchalischer Gesellschaften getroffen. Und wer auch noch freimütig über unterdrückte Sexualität, Doppelmoral und menschenverachtende Praktiken spricht, macht sich Feinde. Die Kampagne gegen mich und im gleichen Zeitraum auch gegen Necla Kelek und Serap Çileli, ebenfalls Frauen, die sich öffentlich für die Rechte muslimischer Frauen einsetzen, dauerte mehrere Monate.

Die Zeitung hat eine große Leserschaft in Deutschland. Bei vielen Deutschtürken bin ich so in den Ruf gekommen, gegen den

Islam und die Türkei zu kämpfen. Ich gelte als Unperson, die sich von deutschen Rassisten benutzen lässt und die ihrerseits die türkischen Frauen benutzt, um Geld zu verdienen.

Die in der Mehrzahl männlichen Leser der *Hürriyet* wollen nicht lesen, wie gewalttätig sie sind und zu welchen Sexpraktiken sie ihre Frauen zwingen. Schließlich ist es im Interesse der Männer, dass über ihr Gewaltpotenzial nicht öffentlich gesprochen und Kritik daran geübt wird.

»Frauen zurück an den Herd, ins Haus und zu den Kindern«, so ist heute wieder allenthalben zu hören, und diese Forderung ist durchaus ernst gemeint. Eva Herman, eine Frau, die selbst Karriere gemacht hat, hätte sonst niemals solche Beachtung gefunden.

Schon immer haben Frauen sich auch zu Komplizinnen des Patriarchats gemacht. Und genauso machen sich Deutschländerinnen zu Komplizinnen von gewaltverharmlosenden türkischen und kurdischen Männern.

Mittlerweile hat sich das Blatt gewendet. Die Journalisten haben wohl gemerkt, dass sie mich mit ihrer Hetze wirklich in Lebensgefahr gebracht haben. Auch ihrem eigenen Ruf sowie der Kampagne »Gegen häusliche Gewalt« haben sie geschadet. Ich finde diese Kampagne nach wie vor gut und wichtig. Sie erreicht sehr viel mehr Menschen, als Frauenrechtlerinnen und Frauenprojekte erreichen können. Und sie erreicht auch die Täter. Es ist wichtig, dass Zeitungen wie *Hürriyet* dabei helfen, Tabus zu brechen. Sie sind schließlich nicht nur Vermittler von nüchternen Informationen, sondern auch Meinungsmacher. Sie können meiner Ansicht nach über einen langfristigen Zeitraum bei der Leserschaft einen Umdenkprozess in Gang setzen. Das gilt für alle Medien. Deshalb halte ich es auch nicht für problematisch, mit ihnen zusammenzuarbeiten, sondern bin dankbar dafür, dass meine Themen Beachtung finden.

Am 30. November 2006 wurde ich im Rahmen der Kampagne »Gegen häusliche Gewalt« von *Hürriyet* zu einer Diskussion ins Berliner Abgeordnetenhaus eingeladen. Auf dem Podium saß auch die Schauspielerin Sibel Kekilli *(Gegen die Wand)*. Als sie davon sprach, dass Gewalt ein Bestandteil der muslimischen Kultur sei, stand der türkische Generalkonsul auf und verließ den Saal. Als dann auch noch ein Türke, der im Publikum saß, sie in aggressivem

Ton aufforderte, endlich zu schweigen und den Islam nicht weiter zu beleidigen, wurde vollends deutlich, wie stark der Widerstand in der so genannten Migrantencommunity noch ist, sich mit dem Thema Gewalt auseinanderzusetzen.

Statistiken und Dunkelziffern

In den letzten Jahren wurde glücklicherweise endlich auch in der bundesdeutschen Fachdiskussion über Gewalt gegen Frauen immer wieder die Vermutung geäußert, dass Migrantinnen in höherem Maße von Gewalt betroffen seien. Dies hat erfreulicherweise das Bundesministerium für Familie dazu veranlasst, im Rahmen einer Studie über die Lebenssituation von Frauen in Deutschland eine Zusatzuntersuchung zur Lage türkischer und osteuropäischer Migrantinnen durchzuführen. Die Untersuchungen wurden in dem Zeitraum März 2002 bis September 2004 unter der Leitung von Prof. Dr. Ursula Müller und Dr. Monika Schröttle durchgeführt; die Studie wurde im September 2004 unter dem Titel *Lebenssituation, Sicherheit und Gesundheit von Frauen in Deutschland* veröffentlicht. Die Ergebnisse belegen, dass Migrantinnen deutlich häufiger Opfer körperlicher und/oder sexueller Gewalt sind als der Durchschnitt der urdeutschen Frauen. Während 40 Prozent der in der Studie befragten urdeutschen Frauen angaben, seit dem 16. Lebensjahr körperliche und/oder sexuelle Gewalt und Übergriffe erlebt zu haben, waren es bei den Frauen osteuropäischer Herkunft 44 Prozent und bei den Frauen türkischer Herkunft 49 Prozent. Speziell körperliche Gewalt erfuhren 46 Prozent der türkischen, 41 Prozent der osteuropäischen Migrantinnen und 37 Prozent der urdeutschen Frauen. Dagegen wurden der Studie zufolge osteuropäische Migrantinnen häufiger Opfer sexueller Gewalt: 17 Prozent gegenüber 13 Prozent sowohl bei den urdeutschen Frauen als auch bei den türkischen Migrantinnen.

Ich bezweifle allerdings, dass tatsächlich so wenig türkische Frauen von sexueller Gewalt betroffen sind. In der Studie selbst wird einschränkend angemerkt, dass die Ergebnisse aufgrund kultureller Unterschiede in der Bereitschaft, über eigene Gewalterfahrungen Dritten gegenüber Auskunft zu geben, beeinflusst sein könnten. So berichten die Interviewerinnen, dass vor allem die Fragen zu sexueller Gewalt den Migrantinnen häufig Schwierigkeiten bereitet hätten, von ihnen als zu intim oder peinlich empfunden oder auffällig schnell verneint worden seien. Dies weist auf starke Tabuisierungen und hohe Dunkelziffern gerade bei dieser Gewaltform hin.

Türkische und kurdische Frauen sprechen sehr selten mit Fremden über Sexualität. Schon gar nicht über sexuelle Übergriffe. Die kulturell bedingte Scham und das Tabu, über Sexualität zu sprechen, sind viel zu groß. Das bestätigen auch die Aussagen einiger Interviewerinnen. Allein das Wort Sex sei für viele der befragten Migrantinnen bereits ein Tabu gewesen. Viele hätten angegeben, noch nicht einmal mit einer Freundin über das Thema zu sprechen. Meine Erfahrung ist allerdings eher die, dass unter Freundinnen extrem offen über Sexualität gesprochen wird. Das aber würde eine türkische oder kurdische Frau einer fremden Frau gegenüber kaum zugeben, selbst im Rahmen einer anonymen Befragung nicht. Allein das Sprechen über Sexualität, so zeigt auch die Studie, wird von türkischen Migrantinnen, aber auch von Frauen osteuropäischer Herkunft häufig schon als unanständig empfunden. Einige der interviewten Frauen werteten sogar die Frage, ob sie schon einmal Opfer sexueller Übergriffe geworden seien, als Beleidigung und meinten, so etwas passiere keiner anständigen Frau.

Dies ist meiner Ansicht nach einer der aufschlussreichsten Aspekte der Studie. Die befragten Migrantinnen unterschieden Frauen nach anständig und unanständig. Das sind bekannte und sehr wichtige Kategorien in der muslimischen Welt. Ich habe es immer wieder erlebt, dass sich Frauen fragten, was die vergewaltigte oder sexuell belästigte Frau wohl Unanständiges getan habe, dass ihr so etwas widerfahren sei. Und diese Haltung ist nicht nur in Bezug auf sexualisierte Gewalt zu finden. Auch wenn eine Frau von ihrem Mann geschlagen wird, sind viele Türkinnen und Kurdinnen der Auffassung, sie habe sich sicher auch etwas zuschulden kommen lassen. Auffallend und erschreckend ist für mich, dass sogar manche Frauen, die selbst geschlagen wurden, so denken.

Meine Erfahrung, dass eine große Zahl von türkischen und kurdischen Frauen in Paarbeziehungen Gewalt ausgesetzt ist, und dies in einem höheren Maße als urdeutsche Frauen, wird von der Studie ebenfalls bestätigt. So haben 25 Prozent der urdeutschen Frauen angegeben, Gewalt durch aktuelle oder frühere Beziehungspartner erlebt zu haben, bei den Frauen türkischer Herkunft waren es 38 Prozent. Der Anteil der Frauen osteuropäischer Herkunft lag dagegen mit knapp 28 Prozent nur geringfügig höher als der der urdeutschen Frauen. Beziehen sich die Angaben zu körperlicher und/oder sexueller Gewalt nur auf aktuelle Beziehungspartner, werden die Unterschiede noch deutlicher. Während etwa 13 Prozent der urdeutschen Frauen, die zur Zeit der Befragung in einer festen Paarbeziehung lebten, aussagten, durch den aktuellen Partner Formen körperlicher und/oder sexueller Gewalt erlebt zu haben, waren es bei den befragten osteuropäischen Migrantinnen 18 und bei den türkischen Migrantinnen 30 Prozent. Das bedeutet, dass jede dritte bis vierte türkische Migrantin in ihrer aktuellen Paarbeziehung schon einmal Opfer von Gewalt wurde. In Anbetracht der Tatsache, dass sehr viele Frauen ihre Gewalterfahrungen verschweigen, bin ich der Überzeugung, dass die Dunkelziffer weit höher liegen muss.

In der Studie heißt es, dass die befragten türkischen Migrantinnen nicht nur öfter Gewalt erlebten, sondern auch massivere, bedrohlichere Formen von Gewalt, und zwar doppelt so häufig wie sowohl die befragten urdeutschen Frauen als auch die osteuropäischen Migrantinnen.[12] Verletzungsfolgen hatten 55 Prozent der von körperlicher Gewalt betroffenen urdeutschen Frauen angegeben, bei den osteuropäischen Migrantinnen waren es 61 Prozent und bei den türkischen Migrantinnen 64 Prozent.

Ich habe in meiner Praxis die Erfahrung gemacht, dass die meisten türkischen oder kurdischen Frauen, die es wagten, den gewalttätigen Ehemann zu verlassen, Angst davor hatten, getötet zu werden. Bei den urdeutschen Frauen spielt diese Angst keine so große Rolle. Die Drohung, dass eine Frau bei Fehlverhalten mit dem Tod bestraft werden könnte, wird in türkischen und kurdischen Familien oft ausgesprochen. Viele Frauen hören sie von Kindheit an, und auch wenn es meist bei der Androhung bleibt, gibt es in ihnen eine tief sitzende Angst, die durch die Berichte über Ehrenmorde noch gefestigt wird.

Die Studie zeigt zudem, dass es einen direkten Zusammenhang zwischen Zwangsverheiratung und Gewalt gibt. Zwangsheirat ist nicht nur eine Form der häuslichen Gewalt, sondern zwangsverheiratete Frauen sind auch zu einem sehr hohen Prozentsatz von Gewalt betroffen. Dazu muss ich an dieser Stelle erneut betonen, dass ich unter Zwangsheirat auch sehr viele Fälle von so genannten arrangierten Ehen zähle.

Aufklärungsarbeit tut not

Die Bilanz der Studie bestätigt im Großen und Ganzen meine Erfahrungen in der Arbeit mit betroffenen Frauen. Sie zeigt aber auch, wie wichtig es wäre, eine differenzierte, auf Deutschländerinnen konzentrierte Dunkelfeldforschung zu betreiben. Die Gewalt muss offensichtlich durch Zahlen ein Gesicht bekommen, damit die Politik mit massiveren Maßnahmen reagiert.

Schon die öffentliche Thematisierung kann aber zu einem gesellschaftlichen Umdenken führen. Das zeigt die Entwicklung in Deutschland. Die alltägliche Gewalt gegen Frauen wird in der deutschen Gesellschaft auch erst seit dem Internationalen Jahr der Frau 1975 thematisiert. Vor allem die häusliche, vom Mann ausgehende Gewalt war bis dahin ein Tabu. Es war vor allem die deutsche Frauenbewegung, die unter dem Slogan »Das Private ist politisch« häusliche Gewalt öffentlich benannte und anprangerte. Die Bundesregierung nahm sich recht zögerlich des Themas an und beteiligte sich nur schleppend an seiner Enttabuisierung und Bekämpfung. Am 1. November 1976 wurde in Berlin das erste autonome deutsche Frauenhaus als Modellprojekt der Bundesregierung und des Berliner Senats gegründet. Das Frauenhaus Rendsburg als Modell für den ländlichen Bereich folgte. Auf der oben erwähnten Veranstaltung der *Hürriyet* erinnerte Walter Momper an die damalige Debatte um die Frauenhäuser im Abgeordnetenhaus

Berlin. Er erzählte, dass seinerzeit etliche Politiker die Forderung nach Schutzeinrichtungen für von Gewalt betroffene Frauen immer wieder mit Zwischenrufen beantwortet hätten, wann es denn endlich Männerhäuser geben werde.

Es ist also erst 30 Jahre her, dass deutsche Frauen mit großer Anstrengung und viel Gegenwind erstreiten konnten, dass häusliche Gewalt als Problem ernst genommen wurde und Frauenhäuser eingerichtet wurden. Zu diesem Zeitpunkt gab es für die besondere Situation von Migrantinnen noch keinerlei Wahrnehmung. Die Frauenhäuser wurden für urdeutsche Frauen erschaffen, sage ich immer, wenn mir vorgeworfen wird, ich täte so, als existiere bei den Urdeutschen keine Gewalt. Erst 1979 folgten vereinzelte Projekte, die sich mit häuslicher Gewalt bei Deutschländerinnen befassten. Im Laufe der Jahre wurden Frauenhäuser, sofern sie über Mitarbeiterinnen mit entsprechenden Sprachkenntnissen verfügten, dann zunehmend auch zur Zufluchtsstätte von Migrantinnen. Für türkische und kurdische Frauen war es damals noch viel schwieriger, einen Ausbruch aus den traditionellen Verhältnissen zu wagen. Mittlerweile ist die Zahl der Migrantinnen, die sich vor häuslicher Gewalt in Frauenhäuser flüchten, rapide angestiegen.

Die Enttabuisierung des Themas ist jedoch noch lange nicht so weit wie in der urdeutschen Gesellschaft. Dabei ist das Phänomen Gewalt an sich gar nicht so verschieden. Gewalt gegen Frauen, das gilt weltweit, ist Ausdruck sowohl noch vorhandener Strukturen einer patriarchalischen Gesellschaft als auch individueller Erfahrungen und Konfliktlösungsmuster. Konkrete Lebensbedingungen wie Armut, Arbeitslosigkeit, beengte Wohnverhältnisse, Alkoholmissbrauch etc. spielen dabei eine ebenso zentrale Rolle wie der Umgang mit und die Vorstellung von Gewalt in Gesellschaft, Kultur und Religion. Bekämpfung und Prävention muss deshalb sowohl bei den gesellschaftlichen als auch bei den individuellen Ursachen ansetzen, dabei aber ebenfalls kulturellen Differenzen Rechnung tragen. Es gilt, ein gesellschaftliches Klima zu schaffen, in dem Gewalt gegen Frauen und Kinder geächtet wird. Zu dieser Ächtung gehört, dass Frauen und Kinder effektiv vor männlicher Gewalt geschützt werden müssen. Drakonische Strafen sind hier sicher nicht die einzige Lösung. Ich habe die Erfahrung gemacht, dass sich die Täter kaum durch Strafen davon abhalten lassen, ihre Frauen oder Kinder zu verprügeln. Allerdings muss ich auch sagen, dass in Deutschland in diesen Fällen keine besonders hohen Strafen verhängt werden.

Eines der wichtigsten Ziele muss es sein, das Ungleichgewicht zwischen Männern und Frauen aufzuheben und eine Gleichstellung in allen Lebensbereichen zu schaffen. Wenn Gleichberechtigung im Bewusstsein aller verankert ist, wächst meines Erachtens auch die Bereitschaft, sich anderer Mittel der Auseinandersetzung zu bedienen als der Gewalt. Oft schlagen Männer zu, wenn sie keine Argumente finden. Mit Gewalt verteidigen sie einen unhinterfragten Herrschaftsanspruch. Dieser Kreislauf der Gewalt über die Generationen hinweg muss durchbrochen werden. Ich meine damit nicht nur die Haltung zu Gewalt, die in türkischen und kurdischen Familien oft über Generationen weitergegeben wird, sondern die ganz konkrete Gewalt, die Großeltern oder andere ältere Verwandte gegenüber den nachfolgenden Generationen ausüben. Ich hatte einige Mandantinnen, die mit ihren Schwiegereltern zusammenlebten. Entweder schlugen diese die Schwiegertochter und/oder die Kinder oder sie stachelten den eigenen Sohn dazu an, seiner Frau durch Schläge die Machtverhältnisse zu demonstrieren.

Ein Mann darf seine Frau schlagen, weil er der Herr im Haus ist; Schläge kommen aus dem Paradies; der Koran erlaubt es, seine Ehefrau zu schlagen – all das sind Begründungen von Gewalt, die ich oft von türkischen und kurdischen Männern gehört habe. Es ist hinlänglich bekannt und vielfach untersucht worden, dass Täter, die Gewalt ausüben, selbst Gewalt erfahren haben. In vielen türkischen und kurdischen Familien ist Gewalt die einzige Erziehungsmethode. Es ist daher dringend erforderlich, zunächst dort anzusetzen, wo Gewalt gelehrt und vermittelt wird, nämlich in der Familie.

Um häusliche Gewalt bekämpfen zu können, muss die gesamte Gesellschaft in all ihren Facetten betrachtet werden, und zwar mit einem realistischen Blick. Das bedeutet eben nicht, Minderheiten kulturrelativistisch mit Samthandschuhen anzufassen, aus der allgegenwärtigen Angst heraus, ihnen zu nahe zu treten. Das ist ebenso rassistisch wie das entgegengesetzte Verhalten, nämlich Minderheiten als barbarisch wahrzunehmen und so zu tun, als existierten all die Hässlichkeiten zwischenmenschlichen Handelns nur bei ihnen. Denn egal, ob Missstände verharmlost oder auf die »anderen« Kulturen projiziert werden, beides verhindert eine gleichberechtigte Behandlung. Und genau darauf will ich hinaus. Ich fordere eine Gleichbehandlung von Minderheiten auch beim Problem der häuslichen Gewalt.

Dazu muss aber zunächst einmal festgestellt werden, was die Mehrheitsgesellschaft der Urdeutschen überhaupt weiß über »die anderen Kulturen« in Deutschland und darüber, wie ihre Lebensumstände und -bedingungen in dieser Gesellschaft aussehen. Denn nur wenn ich die Besonderheiten in den Communitys kenne, kann ich effektiven Opferschutz leisten. Gleichzeitig bedarf es einer Einigung darüber, dass Kritik geübt und alles als verachtenswerte Tradition verurteilt und bekämpft werden darf, was den universellen Menschenrechten widerspricht. Mir will einfach nicht in den Kopf, dass häusliche Gewalt aus Gründen der Kulturbewahrung legitimiert wird. Es kann nicht sein, dass der türkische oder kurdische Patriarch seine Frau und seine Tochter schlägt und der urdeutsche Nachbar nicht eingreift, weil er sich sagt: »Das ist halt in deren Kultur so.« Ebenso will niemand von seinem Nachbarn als Nazi oder Faschist beschimpft werden, wenn er eingreift, was auch schon vorgekommen ist.

Mag sein, dass es mit der Zivilcourage in unserer Gesellschaft ohnehin nicht zum Besten bestellt ist, dass die Menschen generell Angst haben einzugreifen, weil sie nicht zwischen die Fronten geraten und vielleicht selbst verletzt werden wollen. Aber nicht einzugreifen aus der Annahme heraus, dass es in der »Kultur der anderen« eben erlaubt sei, seine Frau und seine Kinder zu schlagen, das hat eine andere Dimension, das ist menschenverachtend.

Die Rolle der Familie

Bei meiner Arbeit als Anwältin machte es in einer Hinsicht einen großen Unterschied, ob ich Urdeutsche oder Deutschländerinnen vertreten habe. Bei den Deutschländerinnen hatte ich es in den seltensten Fällen nur mit meiner Mandantin und ihrem Ehemann oder Lebensgefährten zu tun. Meist gab es auf beiden Seiten eine Großfamilie, oft sogar Nachbarn, die in die Angelegenheit mit einbezogen werden wollten. Sie nahmen sich das Recht, sich einzumischen, weil ihnen das die Tradition erlaubte. Meist wussten fast alle Familienangehörigen von der Gewalt, wollten sie aber nicht öffentlich machen. Sie wollten das Problem in der Familie lösen. Dadurch wurde die Gewaltsituation oft noch angeheizt oder sehr lange aufrechterhalten. Ein türkischer oder kurdischer Ehemann, dem die Frau weggelaufen ist, hat in vielen Fällen gegenüber der Sippe sein Gesicht verloren und wird von ihr ständig mit dieser Schmach konfrontiert. Familie und Nachbarn reden auf den Mann ein, sich das Verhalten der Frau nicht gefallen zu lassen, und versuchen häufig auch, auf deren Rechtsbeistand einzuwirken.

Es macht einen immensen Unterschied, ob man als Anwältin eine Partei gegen die andere Partei vertritt oder ob sich auf beiden Seiten eine unüberschaubare Menge an Menschen in den Fall einmischt. Gerade wenn die Mandantin eine sehr große Familie hat, bedeutet das in den meisten Fällen, dass die häusliche Gewalt über viele Jahre hingenommen wurde. Die wenigsten Frauen, die zu mir kamen, waren nur einmal geschlagen worden. Sie waren psychisch oft am Ende. Das merkte ich an der Art, wie unser Gespräch verlief. Nach einigen Monaten Trennung vom prügelnden Ehemann blühten die meisten regelrecht auf. Sie lachten wieder oder lächelten zumindest. Sie hatten nicht mehr diese geduckte Haltung. Eine Mandantin sagte, sie habe richtiggehend Konzentrationsprobleme gehabt, weil sie dauernd auf den Kopf geschlagen worden sei.

Die Großfamilie und Freunde versuchen immer wieder, dem betroffenen Paar zu »helfen«. Im Allgemeinen besteht die Hilfe aber darin, der Frau zu erklären, wie sie sich als gute Ehefrau zu verhalten habe, sodass der Ehemann sie und die Kinder nicht mehr schlagen müsse. Es liegt nach dem Verständnis der Verwandten und Freunde meist an der Frau, wenn der Ehemann gewalttätig wird. Einige Ehemänner sagten mir das auch so. Sie hätten nur dann zugeschlagen, wenn die Frau sie zu sehr gereizt habe. Hätte sie sich vernünftig verhalten, wäre das nicht passiert. Die Familienangehörigen leugneten in den allermeisten Fällen die Gewalt durch den Ehemann, wenn ich sie darauf ansprach.

Dabei ist den meisten Familien sehr wohl bekannt, dass die betreffende Frau geschlagen wird. Eine Szene wie die folgende ist typisch und wurde mir sehr oft geschildert: Die Großfamilie trifft sich, um zu verhindern, dass die Frau ihren Mann verlässt, und um das Ehepaar wieder zu versöhnen. Die Frau erklärt, dass sie die Schläge des Mannes nicht mehr aushalte. Sie wolle nicht mehr wie ein Hund behandelt und geprügelt werden. Daraufhin springt der Ehemann auf und schlägt auf die Frau ein. Wie sie behaupten könne, dass er sie wie einen Hund behandelt und geprügelt habe. Ein Tumult bricht aus. Die Männer halten den Ehemann fest, um ihn zu beruhigen, die Frauen kümmern sich um die Frau. Die Frau bekommt zu hören, dass es ja wohl Unrecht gewesen sei, den Mann vor der ganzen Familie bloßzustellen. Sie habe ihn unnötig gereizt und den Gewaltausbruch provoziert.

Meine Mandantinnen standen daher nicht selten völlig allein da, wenn sie sich entschieden hatten, den Ehemann zu verlassen. Sogar die eigene Kernfamilie stellte sich, zumindest in der ersten Phase der Trennung, gegen die Tochter. Selbst die eigene Mutter verweigerte in vielen Fällen der geschlagenen Tochter die Unterstützung. Dabei konnten sich viele meiner Mandantinnen noch sehr gut daran erinnern, dass auch ihre Mütter jahrelang geschlagen worden waren oder es noch immer wurden. Doch diese Erfahrungen führten meist nicht zur Solidarität mit der Tochter, sondern lediglich zu der Belehrung: »Das ist nun mal das Schicksal von uns Frauen. Wir haben nichts zu sagen. Sei lieber still und gehorsam, dann wirst du einigermaßen gut behandelt. Du musst nur etwas Geduld haben. Männer werden im Alter ruhiger. Dann schlagen sie auch nicht mehr.«

Die Hoffnung vieler Frauen liegt tatsächlich auf dem Alter. Dann haben sie endlich Ruhe vor den Schlägen. Was dann aber in einigen

Familien geschieht, ist nicht weniger erschreckend. Frauen, die ihr Leben lang unterdrückt wurden, ergreifen mitunter jede sich bietende Gelegenheit, um sich für die erfahrenen Qualen zu rächen. Das geht bisweilen so weit, dass die Frauen nun ihrerseits nicht vor physischer Gewalt zurückschrecken. So etwa in einem Fall, von dem ich hörte, wo der Mann bettlägerig geworden war und sich kaum mehr bewegen konnte. Seine Frau nutzte diesen Zustand aus und rächte sich durch körperliche Misshandlungen an ihm – er sollte die Schmerzen verspüren, die sie selbst jahrelang erleiden musste.

Das ist natürlich eine grausame und fragwürdige Form der Rache. Ich habe manchmal das Gefühl, als sei manchen Frauen regelrecht das Herz herausgeprügelt worden. So zeigen sie eben häufig auch keinerlei Mitgefühl mit ihren geschlagenen Töchtern und argumentieren ganz wie die Patriarchen der Familie im Sinne traditioneller Rollenbilder und Ehrvorstellungen. Nur mit der Zeit, mit viel Geduld und vielen, vielen Stunden Gespräch lassen sich einige Mütter erweichen und entdecken ihre Fürsorgepflicht gegenüber der Tochter. Dazu müssen sie sich aber zunächst ein Stück von den eingefahrenen Traditionen und Abhängigkeiten befreien. Und die stärkste Abhängigkeit besteht im sozialen Umfeld. Eine Tochter, die den Ehemann verlassen hat und vielleicht sogar ins Frauenhaus gegangen ist, ist eine Schande für die ganze Familie. Die Tatsache, dass die Tochter keinen anderen Ausweg aus ihrer Not wusste, wird ausgeblendet. Ihr Handeln wird als Beleidigung der Familienehre empfunden. Ich bin nur selten auf Angehörige gestoßen, die kooperativ waren. Die meisten sahen auch in meiner Arbeit einen Angriff auf die gesamte Familie und die in ihr herrschenden Machtverhältnisse.

Dieselbe Ablehnung erfährt im Übrigen meist auch die Polizei, wenn sie wegen eines gewalttätigen Ehemanns zu Hilfe gerufen wird: »Was hat sich der Staat in unsere Familienangelegenheiten einzumischen?« Mit dem Einsatz der Polizei ist oft die Angst verbunden, dass der deutsche Staat der Familie das Kind wegnehmen könnte. Die Personen, um die es geht, sind zwar meist volljährig, häufig sogar schon in den Dreißigern, bleiben aber in den Augen der Eltern Kinder, die sie als ihren Besitz beanspruchen.

Ich habe es selten erlebt, dass Eltern froh darüber waren, dass die Tochter endlich zum Anwalt ging. Aber ich habe es erlebt.

Neben den Müttern und Schwiegermüttern, die zu Komplizinnen von schlagenden Söhnen und Schwiegersöhnen werden, gibt es auch Mütter, die bedingungslos zu ihren Töchtern stehen. Diese Mütter haben es sehr schwer, weil sie meist ebenfalls gegen den ganzen Clan ankämpfen müssen. Eine Mutter, die seinerzeit bei der Zwangsverheiratung meiner späteren Mandantin mitgewirkt hatte, nahm es selbst in die Hand, sich über Hilfseinrichtungen und Anwältinnen zu informieren, und fand schließlich mich. Sie kam mit ihrer Tochter, die noch beim schlagenden Ehemann lebte, zu mir, heimlich. Die Mutter bat mich eindringlich, ihre Tochter davon zu überzeugen, den Ehemann zu verlassen. Die Tochter hatte mehr Angst vor den Reaktionen der Großfamilie als die Mutter. Die Mutter sagte: »Sollen sich doch alle das Maul zerreißen, ich ertrage es nicht mehr zu wissen, dass du täglich geschlagen wirst.« Die Mehrheit der Mütter leidet mit ihren Töchtern, aber nur die wenigsten haben die Kraft, sich für ihre Töchter einzusetzen.

Die älteren Familienmitglieder argumentieren nahezu ausnahmslos, dass ihnen das Recht auf Gewaltausübung und Bestimmung über das Leben ihrer Frauen und Kinder einfach aus dem Grunde zustehe, weil sie die Älteren seien. Nur die Älteren wüssten, was gut sei für die Jüngeren. Der jüngere Mensch oder gar das Kind besitzt ihrer Meinung nach keine eigene Persönlichkeit und Integrität. Da man so etwas wie Achtung nur älteren Menschen entgegenbringen muss, erübrigt sich im Grunde der Hinweis darauf, dass jüngere Frauen und Kinder keine Würde besitzen, die es zu schützen gilt. Respekt gegenüber Autoritäten ist die entscheidende Erziehungsmaxime in vielen türkischen und kurdischen Familien.

Gewalt gegen Kinder und Jugendliche ist in sehr vielen Migrantenfamilien einem anderen Verständnis unterworfen als in urdeutschen Familien. Das bereits erwähnte Sprichwort »Wer seine Tochter nicht schlägt, der schlägt später sein Knie!« transportiert ebenso eine nach wie vor gängige Auffassung wie der türkische Spruch »Bei einer Frau darf der Stock auf dem Rücken und das Kind im Bauch niemals fehlen«.

Ich habe kaum eine Frau erlebt, die von häuslicher Gewalt betroffen war und nicht als »Hure« oder »Nutte« beschimpft wurde. Die sexualisierte Gewalt durch Beleidigungen ist sehr verbreitet. Sogar kleine Mädchen werden so genannt. Für Jungen ist *ibne* (»Schwuler«) die schlimmste Beleidigung. Eltern setzen solche Beschimpfungen als Erziehungsmittel ein. Es ist ihre größte Sorge, dass ihre Töchter sich prostituieren und ihre Söhne homosexuell werden könnten. Um diese höchste aller Gefahren abzuwehren, wird körperliche Gewalt als legitimes Mittel angesehen. Nicht selten habe ich von Eltern den Spruch gehört: »Was soll ich machen? Soll ich meiner Tochter die Freiheit lassen, damit sie eine Hure wird?« Und Frauen wird oft mit Sätzen wie diesem gedroht: »Wenn die Nachbarn dich dort in dieser Aufmachung sehen, halten sie dich für eine Hure.«

Frauen, die als »Importbräute« aus der Türkei nach Deutschland kommen und kaum Deutsch sprechen, sind besonders oft Opfer von häuslicher Gewalt. Häufig werden sie in der Wohnung wie in einem Käfig festgehalten. Sie dürfen nicht allein aus dem Haus gehen und sie sollen kein Deutsch lernen, damit sie nicht zu selbstständigen Menschen werden, die sich irgendwann wehren könnten. Der Horizont dieser Frauen soll so eng wie möglich bleiben. Was der Mitte der 80er Jahre gedrehte Spielfilm *40 qm Deutschland* zeigt, ist noch heute Realität für eine Vielzahl von Frauen aus dem muslimischen Kulturkreis. Natürlich gibt es urdeutsche Frauen, die von ihren eifersüchtigen Ehemännern ähnlich gepeinigt werden. Doch in den Fällen, von denen ich spreche, paart sich die herkömmliche Eifersuchtsproblematik, die wir kulturübergreifend kennen, mit verinnerlichten kulturellen und traditionellen Verhaltensmustern, die zudem religiös begründet werden. Das Ergebnis ist ein Gewaltpotenzial, das kaum zu bändigen ist. Mit rationalen Argumenten kommt man bei diesen Männern nicht weiter.

Ich bin einigen Ehemännern begegnet, mit denen ich nach dem Gerichtstermin versucht habe zu reden. Sie leugneten schlichtweg, Gewalt angewendet zu haben. Dann erzählten sie mir, wie frei ihre Frauen gewesen seien. Sie hätten kommen und gehen können, wann sie wollten. Und die gesamte Schwiegerfamilie habe der Mandantin zu Füßen gelegen. Ein Ehemann bestritt vor Gericht jede Schuld und warf mir vor, die ganze Geschichte erfunden zu haben, obwohl er, nachdem er meine Mandantin bewusstlos geschlagen hatte, seine Frau ins Krankenhaus bringen ließ und darüber auch schriftliche Beweise vorlagen.

Misslich war für mich in diesem Zusammenhang das Verhalten einiger Anwaltskollegen. Sie versuchten mich ebenfalls gerne als Hysterikerin zu diskreditieren, die mit übertriebenen Gewaltszenarien die Verfahrensgegner ins Unrecht zu setzen trachtet.

Der Fall aber, der das Fass zum Überlaufen brachte und mich schließlich dazu bewog, meine Arbeit als Rechtsanwältin aufzugeben, war ein anderer. Nach einem Scheidungstermin wurde ich vor dem Gerichtsgebäude vom Verfahrensgegner tätlich angegriffen. Ich habe kurz nach diesem Ereignis meine Kanzlei geschlossen und meine Zulassung zurückgegeben. Bei nüchterner Betrachtung meiner Fälle war es nur eine Frage der Zeit, wann mich einer der Ehemänner tatsächlich tätlich angreifen würde. Und es war nur eine Frage der Zeit, wann ein solcher Angriff zu schlimmen Verletzungen oder mehr führen würde. Ich sah nicht mehr mich allein, sondern auch meine Tochter gefährdet.

Sprachlos und hilflos

Hätte meine Mandantin gewusst, wohin sie sich wenden sollte, und hätte sie sich auf Deutsch verständigen können, wäre sie, so bestätigte sie mir, früher aus ihrer schrecklichen Lage ausgebrochen. Wir benötigen also dringend noch mehr und noch effektivere Deutschkurse für diese Frauen. Ich begrüße daher die Änderungen im Zuwanderungsgesetz, die im Sommer 2007 verabschiedet wurden und die Deutschpflicht bei Familiennachzug regeln.

Die mangelnden Deutschkenntnisse verschärfen die Notsituation der betroffenen Frauen, wenn sie etwa Nachbarn oder die Polizei zu Hilfe rufen wollen und nicht in der Lage sind, zu erklären, was geschehen ist. In den meisten Fällen werden dann vereidigte Dolmetscher hinzugezogen, aber auch mit ihnen haben einige

Mandantinnen merkwürdige Dinge erlebt. So fragte ein Dolmetscher eine Mandantin, warum sie den eigenen Ehemann vor den deutschen Beamten so schlecht mache. Ich halte es deshalb für sinnvoll, weibliche Sprachvermittler einzusetzen, was glücklicherweise inzwischen auch mehrheitlich geschieht.

Dass viele der von häuslicher Gewalt betroffenen Migrantinnen kein Deutsch sprechen, ist völlig inakzeptabel. Völlig inakzeptabel ist es jedoch auch, wenn die Frauen dafür verantwortlich gemacht werden und Polizei und Behörden, wie meine Mandantinnen berichteten, ihnen in akuten Notsituationen ihr mangelndes Deutsch vorwerfen. Eine Mandantin, die ihren Mann verlassen hatte, ließ sich einen Zettel schreiben, auf dem stand: »Ich heiße ... Ich stehe in der ... Straße. Mein Ehemann verfolgt und bedroht mich. Bitte kommen Sie schnell.« Den konnte sie am Telefon vorlesen, wenn sie die Polizei rufen wollte. Es wäre durchaus zu überlegen, ob man solche Kärtchen nicht unter Migrantinnen verbreiten sollte. Denn es ist realistischerweise davon auszugehen, dass die betroffenen Frauen auch in den nächsten Jahren nur sehr schwer Deutsch lernen werden.

Eine wertvolle konkrete Hilfe in Notsituationen ist die von der Zeitung *Hürriyet* im Rahmen ihrer Kampagne »Gegen häusliche Gewalt« eingerichtete Hotline. Unter der Telefonnummer 01805–22 7706 können betroffene Frauen, aber natürlich auch Männer und Kinder in türkischer Sprache Hilfe rufen oder sich beraten lassen.

Um häuslicher Gewalt mit effektiven Maßnahmen entgegenzuwirken, ist es von großer Bedeutung, die Lebenssituation von Deutschländerinnen richtig zu erfassen. Genauso wie es bei den urdeutschen Frauen in den 70er Jahren der Fall war, muss aber zuallererst das Tabu gänzlich gebrochen und häusliche Gewalt in Deutschländerfamilien gesellschaftlich geächtet werden. Es muss auch klar sein, dass die deutschen Gesetze für alle Nationalitäten gelten, die hier leben. Das scheint selbstverständlich, ist es aber nicht. Die Patriarchen aus der Parallelgesellschaft haben ihre eigenen Gesetze. Solange ihnen nicht verdeutlicht wird, und zwar mit aller Konsequenz, dass sie den deutschen Gesetzen genauso unterworfen sind wie die Urdeutschen, wird sich nichts ändern.

Von einigen türkischen und kurdischen Männern höre ich immer wieder: »Deutsche Gesetze interessieren mich nicht.« Nicht zufällig sagen einige Islamisten, Deutschland sei das islamischste Land der Welt, hier herrschten Religionsfreiheit und Demokratie. Und das heißt: »Hier kann ich mit meiner Frau machen, was ich will. Ich muss mich nur auf meine Religion berufen.« Und die nicht besonders religiösen Männer sagen: »Was das deutsche Gesetz sagt, interessiert mich nicht. Ich bin Türke und habe eine andere Kultur.« Diese Männer wissen, im Gegensatz zu den deutschen »Weicheiern«, wie man mit Frauen umgehen muss. Aber natürlich gilt das nicht für alle. Es gibt sehr wohl auch türkische und kurdische Männer, die von einigen ihrer Landes- und Geschlechtsgenossen als »Weicheier« bezeichnet werden. Nämlich dann, wenn sie sich ihren Frauen gegenüber liebevoll, respektvoll, menschlich und gleichberechtigt verhalten und sie weder schlagen noch mit Schimpfwörtern beleidigen. Diese türkischen und kurdischen Männer brauchen wir in der Präventionsarbeit. Sie können zwischen den Urdeutschen und den Deutschländern der Parallelgesellschaft vermitteln.

Aus meiner praktischen Erfahrung weiß ich, dass es vielen Urdeutschen, gerade auch Polizisten und Mitarbeitern in Behörden, Sozialeinrichtungen und anderen Institutionen, schwerfällt, türkischen und kurdischen Männern oder insgesamt Deutschländern Grenzen aufzuzeigen. Dabei geht es um unsere Gesellschaft und nicht nur um das Problem der anderen. Die extreme Gewaltbereitschaft im Migrantenmilieu darf weder unterschätzt noch darf vor ihr zurückgeschreckt werden. Die urdeutschen Männer, die um uns herum standen, als meine Mandantin und ich von deren Ehemann angegriffen wurden, hatten Angst einzuschreiten, weil der Mann uns auf Türkisch anbrüllte. Wahrscheinlich hätten sie auch nicht ohne Weiteres eingegriffen, wenn er auf Deutsch geschrien hätte. Wenn uns das Ganze dagegen in Istanbul passiert wäre, wären Passanten mit an Sicherheit grenzender Wahrscheinlichkeit dazwischengegangen. Die deutschen Umstehenden wollten sich nicht in Gefahr begeben: »Man hört ja so schlimme Sachen von Türken und Kurden. Bei den eigenen Landsleuten greife ich eher ein als bei den anderen Kulturen.« Soll man dafür Verständnis haben? Hängt Zivilcourage von der kulturellen Herkunft ab?

Einige Maßnahmen der Gewaltprävention sind bei Deutschländern nicht so erfolgversprechend wie bei urdeutschen Opfern. So ist es mitunter problematisch, wenn von häuslicher Gewalt betroffenen Deutschländerinnen die Ehewohnung zugewiesen wird, weil die Ehemänner natürlich die Adresse kennen und die Frauen dort nicht geschützt sind. Einige türkische und kurdische Mandantinnen, die die Wohnungszuweisung in Anspruch genommen hatten, berichteten, dass der gewalttätige Ehemann wieder und wieder vor der Tür randaliert und die Frau bedroht habe. Die Mandantinnen oder Nachbarn hatten selbstverständlich die Polizei gerufen. Doch bevor die Beamten kamen, war der Ehemann verschwunden. Um gleich wieder vor der Wohnungstür aufzutauchen, sobald die Polizisten weg waren. So ging es in einigen Fällen ganze Nächte hindurch.

Manchmal musste ich nach vielen Stunden Gespräch mit einer Mandantin zu dem Ergebnis kommen, dass ein Antrag auf Wohnungszuweisung oder ein Antrag auf Annäherungsverbot nach dem Gewaltschutzgesetz den Ehemann noch mehr aufbringen würde und das Leben der Mandantin dann erst recht bedroht wäre. Wir zogen es dann vor, uns auf die Scheidung oder Sorgerechtsangelegenheit zu konzentrieren.

Wir dürfen bei der Hilfe für Deutschländerinnen niemals aus den Augen verlieren, dass sie meist aus engen sozialen und familiären Bindungen kommen. Deshalb müssen Maßnahmen im Gesamtkontext getroffen werden. Die Betreuung von Deutschländerinnen, die ihren Ehemann und damit die Familie verlassen und in einer Zufluchtseinrichtung Unterschlupf gefunden haben, wird dadurch erschwert, dass die meisten in Angelegenheiten des öffentlichen Lebens völlig unerfahren sind. Sie haben niemals gelernt, selbstständig zu handeln. Die Einsamkeit und das Auf-sich-selbst-gestellt-Sein nach einer Trennung sind für sie ein viel massiveres Problem als für die Mehrheit der urdeutschen Frauen. Sie brauchen wenigstens vorübergehend einen adäquaten Ersatz für die Großfamilie. Das bedeutet, dass sie in der Regel intensivere und teilweise Einzelbetreuung benötigen, um das Leben kennenzulernen. Sie benötigen für eine Weile tägliche Begleitung, gerade auch in Alltagsangelegenheiten. Diese könnte zum Beispiel so aussehen, dass den Frauen nach der Flucht aus Ehe und Familie obligatorisch für mindestens ein Jahr eine Einzelfallhelferin zur Seite gestellt wird, die sie in allen Lebensfragen berät und unterstützt.

Weil Migrantinnen besonders oft von häuslicher Gewalt betroffen sind, sind sie stark auf Hilfsangebote angewiesen. Was es bereits an Projekten gibt, ist bei Migrantinnen oft nur unzureichend bekannt und wird vor allem dann nicht genutzt, wenn Sprach- und Mentalitätsbarrieren vorhanden sind. Es ist daher sinnvoll, spezifische Angebote für Deutschländerinnen unterschiedlicher Herkunft auf- und auszubauen sowie gezielt mehrsprachige Öffentlichkeitsarbeit zu betreiben. Damit meine ich nicht die hunderttausendste Hochglanzbroschüre und Studie in hundert Sprachen, sondern Aktionen, die die Frauen auch wirklich erreichen: durch Thematisierung der häuslichen Gewalt in Integrationskursen, durch den Einsatz von Familienhelferinnen und Integrationslotsinnen, die Aufklärung und Sensibilisierung von ÄrztInnen. Und durch intensivere Bearbeitung der Themen an Schulen, vermehrt dort, wo wir es auch mit gewalttätigen Jugendlichen zu tun haben. Denn Jugendliche, die Gewalt ausüben, haben selbst Gewalt erfahren. Außerdem muss die Zusammenarbeit mit türkischen Medien intensiviert werden, auch um verstärkt Kampagnen in der türkisch- und kurdischsprachigen Presse fahren zu können.

Es ist absurd, dass trotz der Existenz entsprechender Studien und trotz langjähriger Erfahrungen mit der Problematik die Fördergelder für Frauenprojekte, die sich mit dem Thema häusliche Gewalt bei Migrantinnen beschäftigen, in den letzten Jahren eher gestrichen als erhöht wurden. Einige Projekte kämpfen um ihre Existenz. Es wird immer mehr hingehört, wenn wir über Missstände in der Parallelgesellschaft sprechen. Aber wirklich investiert wird in die Integrationsarbeit für Frauen nur sehr spärlich. Und das, obwohl sich mittlerweile selbst die Politik vermehrt zu der Problematik äußert und betont, wie wichtig es ist, die muslimischen Frauen zu unterstützen. Schließlich sind wir uns doch einig, dass es keine religiöse oder kulturelle Rechtfertigung von Gewalt gibt. Die Ausrede, dass wir uns als Mehrheitsgesellschaft nicht einmischen dürfen, gilt nicht. Durch einen romantisiert-ethnisierten Blick auf die Deutschländer, auf die türkische und kurdische Kultur wurde Gewalt toleriert und verharmlost. Damit haben sich die urdeutsche Mehrheitsgesellschaft und die Politik mitschuldig gemacht an den Verhältnissen. Denn das Ignorieren und Verharmlosen von Gewalt ist Gewalt!

Der Streit ums Kopftuch

Die Kopfbedeckung oder Verschleierung muslimischer Frauen ist so brisant wie kaum ein anderes Thema des muslimisch-christlich-jüdischen Zusammenlebens. Denn es geht um weitaus mehr als nur um ein religiöses Symbol. Es geht um eine Gesellschaftsordnung, es geht um Geschlechtertrennung. Das Kopftuch steht in der Debatte inzwischen als Symbol für jede Form der weiblichen Verschleierung, die religiös begründet wird.

Nicht selten wird argumentiert, es handele sich bei dem Kopftuch doch nur um ein Stück Stoff. Das höre ich vor allem von Menschen, die der Ansicht sind, man solle es doch überall erlauben und jeden nach seiner Fasson glücklich werden lassen. Viele Kopftuchträgerinnen und muslimische Männer zeigen sich erstaunt, dass dieses Stück Stoff so viel Angst auslösen kann. Wenn es tatsächlich »nur« ein Stück Stoff wäre, dürfte es doch nicht schwerfallen, darauf zu verzichten. Am 15. Oktober 2006 habe ich in einem Appell in der *BILD am Sonntag* die Musliminnen in Deutschland aufgefordert, dieses kleine Stück Stoff einfach abzulegen, da es die Integration verhindere und als politisches Instrument missbraucht werde. Noch am selben Tag habe ich eine Morddrohung und etliche Hass-Mails erhalten. Der Polizeischutz, unter dem ich damals bereits stand, wurde verschärft. Die meisten E-Mails waren in türkischer Sprache. Hier nur ein Beispiel, das ich übersetzt habe:

»Leute wie Sie müsste man aus der Welt schaffen, weil Sie zu nichts anderem zu gebrauchen sind, als Übelkeit zu verursachen. Wenn ich an Ihrer Stelle wäre, würde ich solchen Unsinn nicht mehr sagen. Wir wären nicht verantwortlich für das, was am Ende geschehen könnte. Dies ist eine Warnung für Sie, wir hoffen, dass Sie sie ernst nehmen, sonst ...«

Die Inhalte solcher E-Mails sind extrem, aber im Gegensatz zu den Dingen, die mündlich etwa in den Männercafés, in Geschäften oder auf der Straße verbreitet werden, noch sehr harmlos. Als »Hure«, »Nutte«, »Nazi«, »Rassistin« werde ich immer wieder beschimpft. Und zwar mehrheitlich von Männern. Es ist für mich kein Wunder, dass die meisten Menschen, die das Tragen des Kopftuchs fordern, Männer sind. Es geht ja auch um ihr Verständnis von Sexualität und um ihre Vormachtstellung. Daher ist es folgerichtig, wenn die Kopftuchgegnerinnen immer wieder verlangen, sich bei der Kopftuchdebatte auch mit den Männern auseinanderzusetzen.

Wir haben es angeblich nur mit einem Stück Stoff zu tun. Und wir haben es angeblich mit einer religiösen Pflicht zu tun, die vom Koran vorgeschrieben wird. Dann aber ist es nicht mehr nur ein Stück Stoff. Gleichzeitig wird behauptet, das Kopftuch dürfe nur freiwillig angelegt werden, denn im Islam gebe es keinen Zwang. Eine religiöse Pflicht also, die von einer friedlichen Religion verlangt wird. Warum schreiben dann besonders gläubige, angeblich friedliche Moslems solche E-Mails?

Die Sache mit der Freiwilligkeit sieht für mich in der Praxis völlig anders aus, als es sämtliche islamische Verbände und sehr viele Befürworter des Kopftuchs behaupten. Ein Bekannter, ein gläubiger Muslim, der im Urlaub in der Türkei kein Freitagsgebet auslässt, erzählte mir, dass er in Berlin die meisten Moscheen meide. Ihm gefalle nicht, wenn, wie er es erlebt habe, der Imam von den anwesenden Männern fordere, ihre Frauen müssten sich verschleiern. Seine Frau trägt seit über dreißig Jahren, seit sie als Gastarbeiterin nach Berlin kam, kein Kopftuch mehr, und er kann sich nicht vorstellen, sie zu zwingen, wieder eines umzubinden. Er fühle sich in Berliner Moscheen zu oft Vorwürfen ausgesetzt, kein richtiger Muslim zu sein. Zu viel Politik werde dort betrieben. Mit dieser Meinung steht er nicht allein. Mein Vater bestätigt seine Aussagen, und alle muslimischen Männer aus meinem Umfeld, die eine Moschee betreten haben, ebenfalls.

Für mich steht das Kopftuch, unabhängig davon, ob es eine religiöse Pflicht zur Verschleierung gibt oder nicht, in eklatantem Widerspruch zum Gleichheitsgrundsatz aus Artikel 3 Absatz 2 des Grundgesetzes. Dort heißt es:

»(1) Alle Menschen sind vor dem Gesetz gleich.

(2) Männer und Frauen sind gleichberechtigt. Der Staat fördert die tatsächliche Durchsetzung der Gleichberechtigung von Frauen und Männern und wirkt auf die Beseitigung bestehender Nachteile hin.

(3) Niemand darf wegen seines Geschlechtes (…) benachteiligt oder bevorzugt werden.«

Nun braucht man sich natürlich in seinem Privatleben diesem Gleichheitsgrundsatz nicht verpflichtet zu fühlen. Daran werden wir auch in einer Demokratie nichts auszusetzen haben. Nur wenn diese Menschen auch im öffentlichen Leben und durch Beeinflussung anderer das angeblich religiös motivierte Tragen eines Kopftuchs politisch missbrauchen, um den Gleichheitsgrundsatz auszuhöhlen, wird es zu einem essenziellen gesellschaftlichen Thema. Ich meine, dass das Kopftuch dort nichts zu suchen hat, wo der Staat in irgendeiner Weise repräsentiert wird. Denn der Staat ist, im Gegensatz zu der einzelnen Person, dem Grundgesetz vollumfänglich verpflichtet. Er muss alles verhindern, was den Anschein erweckt, dass die Geschlechter nicht gleichberechtigt sind. Gerade in der Schule, in der Bildung und Ausbildung von Kindern und Jugendlichen, hat der Staat die Aufgabe, Grundrechte zu vermitteln und durchzusetzen. Er macht sich unglaubwürdig, wenn er an diesem Ort mit zweierlei Maß misst und eine bestimmte Gruppe, nämlich die Muslime, von der Verpflichtung, dem Gleichheitsgrundsatz zu folgen, entbindet. Wenn zugunsten der Religionsfreiheit, schlimmer noch, zugunsten einer Religion der im Grundgesetz festgeschriebene Gleichheitsgrundsatz zur Disposition gestellt wird, gefährdet das unsere Demokratie.

Mir ist es im Grunde egal, ob der Koran oder die Überlieferungen des Propheten eine Pflicht zur Verschleierung begründen. Mir geht es darum, dass keine Religion das Recht hat, Frauen und Männer ungleich zu behandeln. Doch denjenigen, denen ein religiöser Bezug wichtig ist, sei gesagt, dass die religiöse Begründung des Kopftuchgebots auch unter Muslimen nicht unstrittig ist. Ich will mir nicht anmaßen, die zahlreichen Interpretationen des Korans zu analysieren. Ich bin keine Islamwissenschaftlerin. Ich denke auch, dass nahezu jede Auslegung in einer Demokratie ihre Existenzberechtigung hat, sofern sie nicht verfassungsfeindlich ist und zur Bedrohung des Staates wird. Aber eben nicht in der Schule und sonstigen öffentlich repräsentativen Stellen.

Das Kopftuch im Koran

Ich will zum besseren Verständnis der Debatte kurz auf die fünf Suren aus dem Koran eingehen, aus denen gemeinhin die Pflicht zum Tragen eines Kopftuchs abgeleitet wird. Ich stütze mich hier auf die Übersetzung von Max Henning. Natürlich werden viele Muslime einwenden, ich würde mich hier auf eine falsche Übersetzung der Verse stützen. Aber dieser Einwand kann und wird immer angebracht werden, solange es keine verbindlichen, anerkannten Koranübertragungen in allen Sprachen gibt.

In Vers 33 : 53 heißt es: »*Und wenn ihr sie* [die Frauen Mohammeds] *um einen Gegenstand bittet, so bittet sie hinter einem Vorhang (...).*« Hier wird das Wort *hijab* verwendet, welches »Vorhang« bedeutet. Es kommt außer in dieser Sure noch sieben Mal im Koran vor (7 : 46, 17 : 45, 19 : 17, 38 : 32, 41 : 5, 42 : 51, 83 : 15), bezeichnet an diesen Stellen aber nie ein Kleidungsstück. Dennoch leiten einige Gelehrte aus Vers 33 : 53 eine Schleier- bzw. Kopftuchpflicht ab. Die sie auf alle Musliminnen beziehen, obwohl in diesem Vers ausschließlich von den Frauen des Propheten Mohammed die Rede ist.

Hier zeigt sich beispielhaft ein zentrales Problem bei der Auslegung des Korans. Viele Verhaltensregeln, die von Mohammed (geboren ca. 571 in Mekka, gestorben 632 in Medina) aufgestellt wurden, betreffen nur die Frauen, mit denen er selbst gelebt hat. Damit will ich keinesfalls zum Ausdruck bringen, dass es mir egal wäre, wie der Prophet seine Frauen behandelt hat und welches Frauenbild er besaß. Ganz im Gegenteil, da er das große Vorbild ist, ist es sehr wichtig, zu schauen, wie er es mit den Frauen tatsächlich gehalten hat. Oft habe ich gehört, wie emanzipiert die Frauen Mohammeds gewesen seien. Ohne Angabe von genauen Koranstellen wurde oft gesagt, dass die Frau im Islam die größten Freiheiten hätte, wenn er nur richtig ausgelegt würde. Ein Großteil der Fundamentalisten betrachtet die Koranstellen, die sich auf die Frauen Mohammeds beziehen, und die Aussagen des Propheten aber unabhängig vom historischen Kontext, als zeitlos gültige Gebote für alle Musliminnen.

In Vers 33 : 32–33 heißt es explizit:

»O Frauen des Propheten, ihr seid nicht wie eine der [anderen] *Frauen. (…) Und sitzet still in euren Häusern und schmücket euch nicht wie in der früheren Zeit der Unwissenheit* [djahiliya: vorislamisches Heidentum] *(…).«*

In diesem Vers ist gar nicht die Rede von irgendeiner Form der Verschleierung. Die Stelle wird aber stets in Verbindung damit gebracht. Den Frauen des Propheten wird aufgetragen, zu Hause zu bleiben und nicht in die Öffentlichkeit zu gehen. Auch aus diesem Vers wird ein Verhaltenskodex, der eigentlich nur für die Frauen des Propheten gelten sollte, für alle Musliminnen abgeleitet.

Meiner Ansicht nach sind die Verse 24 : 30 und 31 die wichtigsten unter den fünf genannten Stellen. Denn hier heißt es:

»Sprich zu den Gläubigen, dass sie ihre Blicke zu Boden schlagen und ihre Scham [furug] *hüten und dass sie ihre Reize* [zinat] *nicht zur Schau tragen, es sei denn, was außen ist, und dass sie ihren Schleier* [khimar] *über ihren Busen schlagen und ihre Reize nur ihren Ehegatten zeigen oder ihren Vätern oder den Vätern ihrer Ehegatten oder ihren Söhnen (…).«*

Die Sure 24 : 31 ist die einzige Sure, in der das Wort »Schleier« explizit genannt wird. Die *khimar* ist ein Stück Stoff, das den Kopf bedeckt und nach hinten auf den Rücken fällt. Durch den Schleier soll die Scham (das Haar?) bedeckt werden und die Frau in der Öffentlichkeit als anständige Frau zu erkennen sein.

In Vers 33 : 59 wird von den Frauen verlangt *»etwas von ihrem Gewand* [gilbab, über den Kopf] *herunterzuziehen«*, damit sie als ehrbare Frauen erkannt und nicht von fremden Männern belästigt werden. Aus diesem Vers wird vor allem die Pflicht, den Tschador zu tragen, abgeleitet, der das Gesicht bis auf die Augen völlig verdeckt. Diese Form der Verschleierung sollte die ehrbaren von den unehrenhaften Frauen, meist Sklavinnen und Prostituierte, unterscheiden, denen das Tragen eines Schleiers verboten war.

Man muss dazu allerdings wissen, dass in der Zeit, in der diese Vorschrift aufgestellt wurde, alle Menschen, also auch »ehrbare« Frauen, ihre Notdurft außerhalb des Hauses an abgelegener Stelle verrichteten und dort eventuell sexuell belästigt werden konnten. Dieser Vers belegt ganz deutlich die Zeitgebundenheit der darin formulierten Verhaltensregeln. Heutzutage dürfte jeder Haushalt über eine eigene Toilette verfügen. Sklavinnen gibt es auch nicht mehr, und Prostituierte, die auf der Straße arbeiten, sind als solche meist deutlich zu erkennen. Aber noch heute ist es ein zentrales Argument vieler Kopftuchträgerinnen, dass sie mit der Verschleierung klarstellen würden, sexuell nicht verfügbar zu sein. Ich kann nur sagen, dass ich auch ohne Kopftuch durchaus nicht jedem Mann auf der Straße signalisiere, sexuell zur Verfügung zu stehen. Jedenfalls sollten das in unserer Zeit alle Männer so verstehen.

Ausgenommen von all den Sittenvorschriften sind Frauen, die nicht mehr im heirats- bzw. zeugungsfähigen Alter sind. Sie können, heißt es in Vers 24 : 60, »*ihre Kleider ablegen, sobald sie sich (dabei) nicht mit Schmuck herausputzen. Es ist aber besser für sie, sie verzichten darauf (sich in dieser Hinsicht Freiheiten zu erlauben)*«. Ich meine, dass aus diesem Vers das zentrale Motiv für die Verschleierung sehr deutlich wird. Es geht um die Verhüllung und Beschränkung der weiblichen Sexualität. Ältere Frauen, denen keine Sexualität mehr zugeschrieben wird, dürfen sich, auch wenn ihnen davon abgeraten wird, wieder barhäuptig zeigen.

Ehrbare Frauen, so verstehe ich die fünf angeführten Koranverse, sollten sich verschleiern, damit sie die Männer nicht verführen. Ob diese Verhaltensregeln darauf zielen, klare Abstammungslinien zu sichern oder eine selbstbestimmte Sexualität der Frau zu verhindern, ist relativ egal. Denn im Ergebnis entsteht ein Über- und Unterordnungsverhältnis zwischen den Geschlechtern. Ganz deutlich wird diese patriarchalische Hierarchie in Vers 4 : 34. In der Allgemeinen Erklärung der Menschenrechte im Islam vom 19. September 1981 wird der Vers 4 : 34 in Artikel 20 »Die Rechte der Ehefrau« wie folgt übersetzt und als Bestandteil der Erklärung wiedergegeben:

»*Die Männer stehen über den Frauen, weil Gott die einen von ihnen (die Männer) vor den anderen bevorzugt hat und wegen der Ausgaben, die sie von ihrem Vermögen gemacht haben.*«

Kritiker dieser Sichtweise hat es indes immer schon gegeben. Bereits im 13. Jahrhundert hat der große islamische Mystiker Mevlana in seiner Schrift *Fihi ma fihi* eine noch heute schlüssige Kritik an der Verschleierung formuliert:

»*Solange ihr wollt, dass die Frau sich verhüllt, werdet ihr bei allen den Wunsch wecken, sie sehen zu wollen. So wie es bei Männern auch ist, so wird eine Frau, deren Herz rein ist, egal wie viel du verbietest, vom guten Weg nicht abweichen. Ist ihr Herz schlecht, kannst du machen, was du willst, du wirst sie nicht beeinflussen können. Das, was als Eifersucht bezeichnet wird, solltest du nicht kennen. Ungebildete sind es, die denken, sie stünden über den Frauen.*«[13]

Ich werde angesichts all der Kritik an falschen Übersetzungen und verschiedenen Auslegungsmöglichkeiten das Gefühl nicht los, dass es überhaupt keine »echte« Version des Korans gibt. Wenn so viel falsch übersetzt wird und so viele Menschen den Koran unterschiedlich lesen, verstehen und leben, kann man kaum zu einem Konsens gelangen, der für alle Gläubigen verbindlich ist und für die anderen »den Islam« nachvollziehbar macht. Der Streit um die Suren, die die Verschleierung betreffen, macht dies meiner Ansicht nach sehr deutlich. Ich weiß nicht, wie viele Interpretationen der genannten Koranstellen existieren.

Nahezu jeder Muslim und jede Muslimin gibt außerdem noch die privat im Familienkreis überlieferten Deutungen weiter. Hinzu kommt die kulturell tradierte Vorstellung von der Rolle der Frau in Familie und Gesellschaft. Der Kampf für oder gegen das Kopftuch dreht sich eben um sehr viel mehr als nur um ein Stück Stoff.

Das Kopftuch ist untrennbar verbunden mit der Frage der Gleichberechtigung der Geschlechter. Daher sind nicht nur diejenigen Stellen im Koran interessant, die sich vermeintlich mit der Verschleierung beschäftigen, sondern auch jene, in denen Äußerungen zur Geschlechtertrennung enthalten sind. Die meisten Muslime unterscheiden zwischen Gleichheit und Ähnlichkeit. Vor Allah sind alle Menschen gleich, aber in der Gesellschaft sind Mann und Frau nicht ähnlich. Die Frau ist wegen ihrer biologischen Beschaffenheit dem Mann untergeordnet. So steht es im Koran. Es sind unzählige Stellen im Koran zu finden, in denen der Frau weniger Rechte zugebilligt werden als dem Mann. Sie können bei der

Ausübung der Religion natürlich ausgeblendet oder der Neuzeit angepasst werden. Das ist der Dreh- und Angelpunkt der Debatte. Kann der Koran so ausgelegt werden, dass er in unsere Zeit passt? In der Debatte gibt es sehr viele Fürsprecher und ausgesprochene Gegner. Ich glaube, dass die Modernisierung des Islam eine der größten Herausforderungen in diesem Jahrhundert sein wird. Viele Muslime leben ihren modernen Islam bereits. Doch so weit ich das überblicken kann, hält die Mehrheit der Muslime noch an eher fundamentalistischen Auslegungen fest, die in allen Lebensbereichen Anwendung finden.

Die Gleichberechtigung der Geschlechter ist die Achillesferse jeder monotheistischen Religion. So auch im Islam. Bei *Milli Görüş*, einem der größten islamischen Verbände in Deutschland mit engen Verbindungen zur Türkei, heißt es immer wieder: »Unsere Schwestern sind gleichberechtigt.« Aber die Mitarbeiterinnen tragen ein Kopftuch und arbeiten in dem Verbandsgebäude von den Männern getrennt in eigenen Frauenräumen.

Wenn eine Religion die vollständige Unterstellung der Frau unter die Autorität des Mannes fordert oder religiöse Anschauungen dazu herangezogen werden, eine solche Unterstellung zu rechtfertigen, dann sind der Religions- und Glaubensfreiheit Grenzen zu setzen. Ich bin der Auffassung, dass das Kopftuch kein religiöses, sondern ein politisches Symbol ist für die untergeordnete Stellung der Frau. Das Kopftuch ist ein geschlechtsspezifisches, nach außen gerichtetes Unterscheidungsmerkmal von Mann und Frau, das diesen Unterschied mit Nachdruck postuliert. Es demonstriert nicht die religiöse Unterordnung der Frau im Verhältnis zu Gott, sondern die gesellschaftliche Unterordnung der Frau unter die Herrschaft des Mannes. Daher ist es nicht – wie es immer wieder geschieht – mit dem Kreuz und der Kippa gleichzusetzen, die ausschließlich religiöse Symbole darstellen und in keiner Weise die Geschlechterrolle definieren. Das Kopftuch signalisiert den sexuellen Wert der Frau, welcher die Männer reizen würde, wenn sie sich nicht verhüllen würde. Es ist ein Symbol für die Reduzierung der Frau zum Sexualobjekt.

Dies ist eine Tatsache, auch wenn sich viele tolerante und liberale Menschen als Hüter der Vielfalt gebärden und in dem so genannten Stück Stoff ein Symbol für religiöses und kulturelles Selbstbewusstsein sehen wollen. Ich habe bei Vorträgen zum Thema Kopftuch, die ich gehalten habe, erlebt, dass urdeutsche Frauen aufgestanden sind und sinngemäß gesagt haben, sie seien Feministinnen und glauben, das Kopftuch sei für viele Frauen ein Zeichen der Emanzipation.

Aus der historischen Bedeutung des Wortes »Emanzipation« und den Anliegen, die die Frauenbewegungen auf der ganzen Welt verfolgen, vermag sich mir ein Zusammenhang zwischen Kopftuch und Emanzipation nicht zu eröffnen. Ist es nicht in erster Linie die Sexualisierung der Frau, gegen die alle Frauenbewegungen kämpfen?

Frauen sollen mit dem Erreichen der Geschlechtsreife ihre Reize mit einem Kopftuch vor den Männern verbergen. Das steht zwar nicht explizit im Koran, wird aber traditionell so praktiziert. Die Frau soll sich vor dem Mann verhüllen, denn er ist das unkontrollierte triebhafte Wesen, das durch eine Frau, die kein Kopftuch trägt, zu sexuellen Übergriffen provoziert würde, für die er dann keine Verantwortung zu tragen hätte. Nicht der Täter wird verurteilt, sondern das Opfer. Die Frau hätte sich verhüllen sollen. Ein beliebtes Beispiel für dieses Denkmuster: Eine Frau, die nachts allein im Minirock durch die Straßen läuft, ist selbst schuld, wenn sie vergewaltigt wird.

Das »Kopftuch-Urteil«

Auch in der deutschen Rechtsprechung zeigt sich meiner Ansicht nach ein fragwürdiger Umgang mit der Kopftuch-Thematik. Den Gerichten fehlt es meist an eigenem Sachverstand, um die Problematik gänzlich zu erfassen. Es herrschen ein weit verbreiteter Kulturrelativismus und eine schier grenzenlose Bereitschaft, sich auf jedwede Auslegung des Islam einzulassen. Diesen Eindruck hat das Bundesverfassungsgericht 2003 mit seinem so genannten Kopftuch-Urteil mehr als bestätigt. Der muslimischen angehenden Lehrerin Fereshta Ludin war vom baden-württembergischen Kultusministerium untersagt worden, mit Kopftuch zu unterrichten. Daraufhin zog sie bis vor das Bundesverfassungsgericht. Dieses hat mit seinem Urteil vom 24. September 2003 keine abschließende Entscheidung getroffen. Für ein generelles Verbot, mit Kopftuch zu unterrichten, sah es keine gesetzliche Grundlage und stellte es fortan jedem Bundesland, das einer Lehrerin das Tragen eines Kopftuches im Unterricht verbieten möchte, frei, ein entsprechendes Gesetz zu erlassen. Ich bedauere dieses Urteil sehr. Es wäre politisch sehr wichtig gewesen, eine bundeseinheitliche, wegweisende Entscheidung zu treffen. Stattdessen haben wir jetzt in 16 verschiedenen Ländern 16 verschiedene Regelungen. Ich bezweifele stark, dass Deutschland dieser Flickenteppich in der Integrationsfrage weiterhilft.

Ich begrüße weitestgehend alle Gesetze, die die politische, weltanschauliche und religiöse Neutralität *aller* Beamten hervorheben und daher Kleidungsstücke, Symbole und andere Merkmale, die geeignet sind, das Vertrauen in die Neutralität ihrer Amtsführung zu beeinträchtigen, untersagen. Ferner halte ich es für höchst begrüßenswert, dass den christlich-jüdischen und humanistisch geprägten abendländischen Traditionen der einzelnen Länder angemessen Rechnung getragen wird. Eine selbstbewusste und differenzierte Haltung zur eigenen Tradition ist unabdingbare Voraussetzung, um Grundwerte, die sich im Grundgesetz der Bundesrepublik Deutschland niedergeschlagen haben, zu schützen. Dabei gilt es auch, den Missbrauch und die Unterhöhlung von Grundrechten zu verhindern.

Mit dem Kopftuch-Urteil hat das Bundesverfassungsgericht das in Artikel 3, Absatz 2 des Grundgesetzes festgeschriebene Grundrecht auf Gleichberechtigung von Mann und Frau zur Disposition gestellt. Die unterlegenen Richter haben in ihrem Minderheitenvotum auf genau diese Schwäche hingewiesen, an der ich mich ebenfalls störe. Sie bemängeln, dass in dem Urteil nicht genügend berücksichtigt worden sei, welche Rolle der Frau durch das Tragen des Kopftuchs zugewiesen werde. So heißt es bei ihnen:

»Es ist ausreichend, dass die Auffassung, eine Verhüllung der Frauen gewährleiste ihre Unterordnung unter den Mann, offenbar von einer nicht unbedeutenden Zahl der Anhänger islamischen Glau-

bens vertreten wird und deshalb geeignet ist, Konflikte mit der auch im Grundgesetz deutlich akzentuierten Gleichberechtigung von Mann und Frau hervorzurufen.«

Bezeichnenderweise waren es die konservativen Verfassungsrichter, die diese Position vertraten, wohingegen die liberalen Richter mehrheitlich gegen ein Kopftuchverbot votierten. Ich meine, dass sich hier dieselbe Dynamik zeigt wie bei der schon erwähnten Diskussion über die multikulturelle Gesellschaft. Bei dem liberalen, toleranten Plädoyer für kulturelle und religiöse Vielfalt wird die Frage nach den Grundrechten häufig ausgeblendet. Es ist schon bemerkenswert, wenn die Liberalen es den Konservativen überlassen, das Recht auf Gleichberechtigung der Geschlechter zu verteidigen!

Als praktizierende Anwältin habe ich erlebt, dass die deutschen Gerichte bei jedem noch so kleinen streitigen Verkehrsunfall seriöse, differenzierte Sachverständigengutachten einholen. Im Fall Ludin aber lud das höchste Gericht zu zwei elementaren Fragen Sachverständige, die Gutachten vorlegten, welche völlig unzureichend und untauglich waren, um bei der Urteilsfindung als Entscheidungshilfe zu dienen.

Das Bundesverfassungsgericht hat interessiert, ob das Kopftuch einer Lehrerin dazu geeignet sei, Schülerinnen und Schüler religiös zu beeinflussen, was eine Dienstpflichtverletzung darstellen würde. Sämtliche Sachverständige erklärten, dass es für eine solche Beeinflussung keine gesicherten Belege gebe. Und dementsprechend befand dann auch das Gericht. Dass es allerdings keine gesicherten empirischen Erkenntnisse zu dieser Frage gibt, weil nie eine entsprechende Untersuchung in Auftrag gegeben wurde, spielte keine Rolle. Es wäre Aufgabe des Bundesverfassungsgerichts gewesen, die Problematik seriös zu beleuchten, und zwar durch eine empirische Untersuchung und fundierte Gutachten.

Der Einfluss von Kopftuchbefürwortern auf muslimische Mädchen ist indes mehr als offensichtlich und kann gar nicht geleugnet werden. Er zeigt sich schon allein daran, dass an den Berliner Schulen, an denen Islamunterricht eingeführt wurde, eine deutliche Zunahme von Kopftuch tragenden Schülerinnen festzustellen ist. Oft sind die Mädchen noch weit vor der Geschlechtsreife, teilweise sind sie nicht älter als fünf oder sechs Jahre. Man muss aller Erfahrung nach davon ausgehen, dass Kopftuchträgerinnen einen starken Nachahmungseffekt auslösen und sozialen Druck erzeugen, dem sich sehr viele Frauen und Mädchen nicht entziehen können. Natürlich gibt es auch Frauen, die das Kopftuch freiwillig tragen, aber sie sind, behaupte ich, eine kleine Minderheit.

Meine Mutter kam 1969 mit einem Kopftuch nach Berlin. Sie legte es hier ab. Sie fand, dass sie in eine moderne Gesellschaft gekommen sei, wo Frauen kein Kopftuch tragen. Sie wollte nicht hervorstechen und auffallen. Damit hatte sie keinesfalls ihren Glauben abgelegt. Meine Mutter war nicht die einzige Türkin, die in Deutschland auf das Kopftuch verzichtete, und mein Vater nicht der einzige Türke, der sie gewähren ließ. Der Umgang damit war ganz selbstverständlich. Keine dieser Frauen wurde als unehrenhaft angesehen, wenn sie das Kopftuch ablegte. Es gab keinen Druck und Rechtfertigungszwang.

Heute erkenne ich eine andere Entwicklung. Immer mehr muslimische Frauen tragen ein Kopftuch, und es fällt auf, dass sie es meist anders tragen als die Frauen der ersten Generation. Das Kopftuch meiner Mutter ließ es zu, dass hier und da mal ein Haar herausschaute. Es war so gebunden, dass es durchaus verrutschen konnte. Heutzutage ist immer öfter die Art der Bindung zu sehen, die wir aus dem Iran kennen. Kein Haar, kein Ohr darf freiliegen. Der Hals ist ebenfalls streng bedeckt. Mit dieser Art, das Kopftuch zu binden, bekennt sich die Trägerin zum fundamentalistischen Islam.

Lehrer an Berliner Schulen beobachten eine eindeutige Zunahme von Kopftüchern bei muslimischen Schülerinnen bereits in der Grundschule. Und sie berichten von sozialem Druck und Nachahmungsverhalten. So kommt es vor, dass selbst Mädchen aus eher liberalen islamischen Familien, von denen kein Zwang ausgeht und die auch kein entsprechendes Vorbild liefern, plötzlich ein Kopftuch tragen. Sie möchten in der Schule dazugehören, ebenso wie westliche Kinder mit Markenklamotten dazugehören möchten. Eine tiefe Religiosität ist bei den meisten nicht zu finden. Den Koran haben die wenigsten auch wörtlich gelesen, und noch weniger haben verstanden, dass man ihn auf viele verschiedene Arten interpretieren kann. Eins jedoch eint die meisten Kopftuchträgerinnen: Sie wollen sich den Deutschen, den Christen und Juden gegenüber abgrenzen und eine starke Identität als Musliminnen demonstrieren. Ihr Stolz auf ihre Religion ist immens. Man könnte von starken Persönlichkeiten sprechen, wenn ihre Stärke sich nicht durch Fanatismus und mangelnde Toleranz gegenüber anderen Lebensentwürfen ausdrücken würde.

Sehr auffällig und irritierend sind die jungen Mädchen und Frauen, die zwar ein Kopftuch tragen, dabei aber stark geschminkt und ausgesprochen figurbetont und erotisch gekleidet sind. Einige kombinieren das Kopftuch sogar mit Bauchnabelpiercings und tragen wie selbstverständlich bauchfreie Kleidung.

Ich werde oft gefragt, wie diese Frauen und Mädchen einzuschätzen seien, ob ihr Auftreten nicht ausgesprochen widersprüchlich sei. In meinen Augen ist es das, für diese Mädchen und Frauen natürlich nicht. Ich habe schon mehrere Frauen darauf angesprochen, warum sie sich so erotisch kleiden, wenn sie doch mit dem Kopftuch verhindern wollen, von Männern als Sexualobjekt wahrgenommen zu werden. Einige sind bei dieser Frage richtig wütend geworden. Sie würden sich gar nicht erotisch kleiden. Nur weil sie ein Kopftuch trügen, so eine Standardantwort, müssten sie noch lange nicht hässlich herumlaufen. Solange das Haar bedeckt sei, sei es keine Sünde, sich zu schminken und hübsch anzuziehen.

Diese Frauen machen sich aber natürlich erst recht zu Sexualobjekten, da sie auch noch mit der Fantasie der Männer spielen, was sich wohl unter der Verhüllung verbirgt. Ich sehe keinen wirklichen Unterschied darin, ob eine Frau halb nackt zu Werbezwecken auf eine Automotorhaube gelegt oder unter einen Schleier gesteckt wird. Sie ist in beiden Fällen Sexualobjekt und wird darauf reduziert.

Das Bundesverfassungsgericht warf im Fall Ludin die zentralen Fragen auf: Warum tragen muslimische Frauen überhaupt ein Kopftuch, und wollen Kopftuch tragende Lehrerinnen Schülerinnen indoktrinieren?

Frau Ludin berief sich bei ihrer Klagebegründung auf Artikel 4 des Grundgesetzes über die Religionsfreiheit, das heißt, es wurde eine religiöse Motivation für das Tragen des Kopftuchs angegeben.

Somit musste geklärt werden, ob das Kopftuch tatsächlich ein religiöses Symbol ist. Das Gericht bat Sachverständige um Auskunft darüber, ob der Islam bzw. der Koran die Grundlage für ein religiöses Verständnis des Kopftuchs liefere. Diese erklärten, dass die Schriften des Islam nichts Eindeutiges dazu enthielten, einiges aber dafürspreche, dass das Kopftuch als religiöses Symbol verstanden werden könne. Dem Gericht genügte diese Einschätzung, um die vorgebliche religiöse Motivation von Fereshta Ludin für glaubhaft zu halten.

Um zu klären, aus welchen Gründen muslimische Frauen ein Kopftuch tragen und ob Kopftuch tragende Lehrerinnen ihre Schülerinnen beeinflussen, beauftragte das Bundesverfassungsgericht auch Yasemin Karakaşoğlu, Professorin für interkulturelle Bildung an der Universität Bremen, als Sachverständige und bat sie um ein Gutachten. Prof. Karakaşoğlu interviewte 25 muslimische Pädagogikstudentinnen und befragte sie nach ihren Motiven für das Tragen eines Kopftuchs. Die jungen Frauen erklärten unter anderem, sie wollten auf keinen Fall Kinder beeinflussen. Sie trügen das Kopftuch aus freiem Willen, um in einer Diasporasituation die eigene Identität als Muslimin zu bewahren und zugleich auf die Traditionen der Eltern Rücksicht zu nehmen. Außerdem signalisiere das Kopftuch ihre sexuelle Nichtverfügbarkeit und Eigenständigkeit und stelle einen Schutz dar. Die Studentinnen sahen das Tragen eines Kopftuchs in keinerlei Widerspruch zu einer modernen Lebensführung.

Natürlich war dem Gericht klar, dass 25 Pädagogikstudentinnen nicht repräsentativ für alle in Deutschland lebenden Musliminnen sein können. Dennoch leiteten die Richter aus den Aussagen der jungen Frauen die Schlussfolgerung ab, dass es für Musliminnen eine Vielfalt von Motiven gebe, ein Kopftuch zu tragen, und man es keineswegs nur als Symbol für die gesellschaftliche Unterdrückung der Frau sehen dürfe. Daher sei auch nicht zu belegen, dass die Beschwerdeführerin es muslimischen Schülerinnen allein durch das Tragen eines Kopftuchs erschweren würde, ein den Wertvorstellungen des Grundgesetzes entsprechendes Frauenbild zu entwickeln oder es im eigenen Leben umzusetzen.

Gleichberechtigung nicht aufgeben, sondern fördern

Die Gleichsetzung »Kopftuch = Unterdrückung der Frau« erschien den Richtern wohl zu platt. Das ist natürlich weitestgehend richtig, denn es werden auch Frauen unterdrückt, die kein Kopftuch tragen. Aber das Gericht verkennt eine Realität, die von der Mehrheit der muslimischen Frauen gelebt wird. Und es verkennt auch den Grund, warum inzwischen in Deutschland sogar Mädchen vor der Geschlechtsreife ein Kopftuch tragen. Viele sollen möglichst früh in ein Geschlechterbild hineingepresst werden, um sich später als Frau ihrer Rolle entsprechend zu verhalten. So werden sich später auch nur wenige gegen eine Geschlechtertrennung zur Wehr setzen.

Mag sein, dass manche Mädchen und Frauen sagen, sie trügen das Kopftuch nur als modisches Accessoire, oder die Diasporasituation anführen oder von kultureller Identität sprechen. Oftmals sind das Schutzbehauptungen, und bei vielen drückt sich in solchen Begründungen auch eine Verlegenheit aus, weil sie eigentlich gar nicht wissen, warum sie sich bedecken. Denn nicht jedes Mädchen, das ein Kopftuch trägt, geht in die Moschee, betet fünfmal am Tag und liest den Koran. Trotzdem befinden sich die meisten von ihnen in Familienverbänden, die ihnen eine traditionelle Frauenrolle zuweisen.

In einem Berliner Mädchenprojekt zur beruflichen Orientierung trug in den 80er Jahren keine einzige Teilnehmerin ein Kopftuch. Heute tragen ausnahmslos alle Teilnehmerinnen eins. Es handelt sich hier mitnichten bloß um eine Modeerscheinung.

Frauen, die kein Kopftuch tragen, werden von Islamisten oft als unrein und unehrenhaft angesehen. Sie gelten als Huren, böse Frauen, Hexen. Dazu werden die oben genannten Suren entsprechend ausgelegt. Im Mittelalter kamen Hexen auf den Scheiterhaufen. In manchen Kulturen werden auch heute noch Frauen gesteinigt oder verbrannt. Das ist in Europa nicht mehr möglich. Hier aber erhalten Frauen, die sich gegen das Kopftuch aussprechen, Morddrohungen. Und zwar von feigen anonymen Islamisten. Sie zeigen weder ihr Gesicht, noch nennen sie ihren wahren Namen, wie ich es tue, wenn ich mit meiner Meinung an die Öffentlichkeit gehe. Es soll niemand sagen, dass man als Muslim in Deutschland kein Gehör finde. In kaum einem muslimischen Land gibt es so viel Freiheit für alle möglichen Ausrichtungen des Islam. Viele Gruppierungen, die sich hier in Deutschland als Gemeinde zusammenschließen, würden in laizistischen muslimischen Ländern, wie zum Beispiel der Türkei, Tunesien oder Ägypten, verboten werden.

In der Türkei ist es, anders als in Deutschland, Schülerinnen, Studentinnen und erst recht Lehrerinnen untersagt, in Schulen und Universitäten ein Kopftuch zu tragen. Es war eines der wichtigsten Anliegen der Ära Atatürks, die Frauen von der Verschleierung zu befreien. Atatürk selbst mag nicht der größte Feminist gewesen sein, aber er hatte einen entschieden westlichen und modernen Blick auf die Frau. Sein vorderstes Interesse war die Trennung zwischen Staat und Religion. Die Rechtmäßigkeit des laizistischen Prinzips wurde zuletzt am 10. November 2005 durch den Europäischen Gerichtshof für Menschenrechte in letzter Instanz bestätigt. Demnach ist es rechtens, wenn in der Türkei eine Kopftuchträgerin der Universität verwiesen wird. Die Türkin Leyla Şahin hatte sich auf Religionsfreiheit und das Recht auf Bildung berufen und vor dem Europäischen Menschenrechtsgerichtshof geklagt. Sie war in der Türkei vom Medizinstudium ausgeschlossen worden, weil sie ein Kopftuch trug. Sie ging schließlich nach Wien, um dort ihr Studium mit Kopftuch fortzusetzen. Die Töchter des türkischen Ministerpräsidenten Erdoğan studieren in den USA. Dort dürfen sie an der Universität ein Kopftuch tragen.

In Deutschland kreist die Debatte um das Kopftuch bereits um viel grundlegendere politische Fragen als in vielen muslimischen Ländern. Es geht, das wird ganz deutlich, um weit mehr als um das Kopftuch selbst. Zur Diskussion stehen das Verhältnis zwischen Staat und Kirche, Politik und Religion, Religionsfreiheit und staatlichem Erziehungsauftrag sowie zwischen kultureller Identität und Integration. Die differenzierte Auseinandersetzung darüber befürworte ich sehr. Sie ist notwendig, um, gerade im Hinblick auf die Integrationspolitik, Lösungen zu finden.

Das Grundrecht auf Gleichberechtigung der Geschlechter allerdings wird bei der Diskussion häufig aus dem Blick verloren. Auch Feministinnen meinen, wir, die Kopftuchgegnerinnen, würden mit der Forderung, das Kopftuch in der Schule zu verbieten, eine Zwangsemanzipation betreiben wollen. Sie vergessen dabei den Kampf, den sie selbst jahrzehntelang gegen die Kirche geführt haben und noch führen. Muslimische Feministinnen fordern nichts anderes als christliche und jüdische Feministinnen oder Atheistinnen in Deutschland in den letzten 100 Jahren. Warum gönnt man den Musliminnen die Errungenschaften der weltweiten Frauenbewegungen nicht? Wir fordern die Gleichberechtigung von Mann und Frau, und zwar über das Lippenbekenntnis hinaus, dass alle Menschen vor Allah gleich seien. Als Feministin geht es mir bei dieser Debatte daher um nichts anderes als um dieses Grundrecht auf Gleichberechtigung der Geschlechter. Es ist nicht selbstverständlich in das deutsche Grundgesetz aufgenommen worden, sondern wurde von deutschen Frauen hart erkämpft. Gilt dieses Grundrecht nicht, wenn über Fragen der Religions- und Glaubensfreiheit zu entscheiden ist? Gilt es insbesondere für muslimische Mädchen und Frauen nicht?

Das Oberverwaltungsgericht Bremen erklärte am 24. März 1992 in einem Urteil, in dem es um die Befreiung eines muslimischen Mädchens vom koedukativen Sportunterricht ging, dass es bei der Entscheidung, ob die Schülerin vom Sportunterricht zu befreien sei oder nicht, nicht darauf ankomme, ob die Religion der Schülerin sie als Frau benachteilige. Auch sei für die Entscheidung nicht relevant, ob muslimische Mädchen durch religiöse Forderungen, wie etwa der nach dem Tragen des Kopftuchs, in ihrer Stellung als Frau entsprechend den westlichen Maßstäben behandelt würden oder ob dadurch möglicherweise verhindert würde, dass sie in der westlichen Gesellschaft eine gleichberechtigte Stellung als Frau erlangten.[14]

Das Gericht befindet somit in seinem Urteil, dass die Gleichberechtigung, wie sie westlichen Mädchen und Frauen zustehe, für Musliminnen nicht gefordert werden könne, da ihr Glaube dem entgegenstehe. Damit werden diese Mädchen und Frauen in ihre muslimische Parallelwelt verwiesen, in der aufgrund der Glaubensfreiheit offensichtlich andere Gesetze gelten dürfen.

Bei solchen Entscheidungen wird stets übersehen, dass wir uns in einer säkularisierten, wertepluralistischen Gesellschaft befinden und durchaus erwartet werden kann, dass sich auch muslimische Schülerinnen mit der »Blöße« anderer konfrontieren lassen müssen. Ich frage mich immer wieder, wie es zusammengeht, dass in dieser Gesellschaft einerseits hochgradig sexualisierte Werbung betrieben werden darf und Fernsehen wie Zeitungen voll sind mit nackten Frauenkörpern und andererseits mit Rücksicht auf muslimische Moralvorstellungen Unterrichtsbefreiungen stattfinden und für rechtens erklärt werden. Würden die Gerichte die Sexualisierung in den Medien verbieten, würde ich ihnen immerhin glauben, dass es ihnen darum geht, den Moralvorstellungen einer Religion Rechnung zu tragen. So zeigt mir die Rechtsprechung nur eine ungeheure Ignoranz und Gleichgültigkeit gegenüber der Problematik. Es ist natürlich auch viel einfacher, die betroffenen muslimischen Mädchen vom Unterricht zu befreien, als sich mit den gesellschaftlichen Auswirkungen solcher Urteile ernsthaft auseinanderzusetzen und sich den Schwierigkeiten grundsätzlich zu stellen. Urteile wie das des Oberverwaltungsgerichts Bremen machen es möglich, dass Mädchen gegen ihren Willen in einer islamischen Parallelgesellschaft eingeschlossen werden. Die Eltern, die ihre Töchter von allem westlichen Einfluss fernhalten wollen, erhalten von deutschen Gerichten die Bestätigung für die Rechtmäßigkeit ihres Tuns. Dies ist weder mit dem Erziehungsauftrag der Schule vereinbar noch mit dem Recht des Kindes auf Chancengleichheit und eine angemessene Entwicklung in dieser Gesellschaft. Das Streben nach religiöser und kultureller Vielfalt geht auf Kosten der Frauen und Mädchen, wenn nach einem falschen Verständnis von einer multikulturellen Gesellschaft menschen- und insbesondere frauenverachtende Traditionen unterstützt werden und deren Unvereinbarkeit mit unveräußerlichen Grundrechten ignoriert wird.

Die Schule stellt für viele muslimische Mädchen einen Freiraum dar, der gar nicht zu unterschätzen ist. Nur hier werden ihnen ein gewisser Respekt und Gleichbehandlung zuteil, nur hier erhalten sie, anders als in einem streng traditionellen und religiösen Elternhaus, die Möglichkeit, sie selbst zu sein, sich auszuprobieren und eigene Erfahrungen zu machen. Viele Mädchen legen das Kopftuch ab, sobald sie das Schulgebäude betreten. In Berlin geschieht es jedoch mittlerweile immer wieder, dass muslimische Schüler ihre Mitschülerinnen traktieren, wenn sie kein Kopftuch tragen. Eine Lehrerin mit Kopftuch bestärkt, ob sie will oder nicht, ein solches Verhalten.

Sie transportiert, egal für wie emanzipiert sie sich hält, ein ganz bestimmtes Frauenbild. Allein mit dem Tragen des Kopftuchs erweckt sie den Eindruck, dass sie damit einverstanden ist, dass Frauen ihre Reize zu bedecken haben.

Es geht um den Schutz von Kindern, von Schülerinnen, die mit einem Frauenbild konfrontiert werden, dessen Implikationen ihnen häufig gar nicht bewusst sind, das sie aber in ihrer Entwicklung beeinflusst. Ich behaupte, dass die Mehrzahl der türkischen und kurdischen Mädchen im Elternhaus keine Erziehung erhält, die auf ein selbstbestimmtes Leben abzielt. Dies wäre aber eine Grundvoraussetzung für wirkliche (Entscheidungs-)Freiheit. Wer nie gelernt hat, sich aus freien Stücken und unbeeinflusst, aus sich heraus, eigenen Wünschen und Bedürfnissen folgend zu entscheiden, wird niemals in der Lage sein, einen freien Entschluss zu treffen. Ich glaube nicht daran, dass fünf-, sechsjährige Mädchen aus freien Stücken ein Kopftuch tragen und damit zur Schule gehen. Und natürlich würden diese Mädchen sich nackt fühlen, wenn sie mit 20 Jahren plötzlich das Kopftuch ablegen müssten. Um diese Mädchen zu unterstützen, müsste der Staat bereits im Kindergarten Alternativen zum Lebensmodell im Elternhaus anbieten.

Die Neutralität des Staates kann nur gewahrt werden, wenn er sich in allen Bereichen, in denen er repräsentativ auftritt, neutral verhält und darstellt. Ich plädiere daher immer wieder dringend dafür, das Kopftuch in der Schule und in der Universität sowohl für Schülerinnen und Studentinnen als auch für das Lehrpersonal zu verbieten.

Im Türkischen sagt man *kapanmak*, wenn eine Frau sich plötzlich verschleiert, das Kopftuch trägt. *Kapanmak* heißt »sich verschließen«. Zu oft erlebe ich, dass sich Frauen mit dem Kopftuch tatsächlich der Welt gegenüber verschließen. Das geschieht zum Beispiel sehr oft nach einer Heirat. In einigen Familien wird das Kopftuch regelrecht als Bedingung für eine Ehe genannt. Nur wenn die Braut bereit ist, sich zu verschleiern, wird sie geheiratet. Ich habe in meiner Kanzlei Frauen erlebt, die nach der Trennung von ihrem Mann das Kopftuch abgelegt haben, als Zeichen für ihre Befreiung. Auch aus den Frauenhäusern wird berichtet, dass viele Musliminnen bereits am ersten Tag nach ihrer Ankunft das Kopftuch nicht mehr umbinden. Viele meiner Mandantinnen haben mir bestätigt, dass sie während der Ehe niemals zugegeben hätten, dass sie es unfreiwillig trugen.

Es gab aber auch Frauen, die sich, nachdem sie ihren Mann verlassen hatten, plötzlich ein Kopftuch umbanden. Sie erklärten, sie würden durch die Trennung als unehrenhaft angesehen und wollten mit dem Kopftuch deutlich machen, dass sie anständige Frauen seien. Mich stört die Doppelmoral, die mit dem Kopftuch häufig verbunden ist. Viele Mädchen meinen, nur mit ihm eine gewisse Freiheit erlangen zu können. Sie dürfen nur verschleiert das Haus verlassen, weil ihre Eltern sie so vor unehrenhaftem Verhalten geschützt glauben. Diese Form der Freiheit ist aber eine Freiheit zweiter Klasse. Damit kann ich mich nicht abfinden. Ich fordere eine gleichberechtigte Freiheit erster Klasse.

Ägyptens Kulturminister Faruk Husni hat im Herbst 2006 gesagt, die wachsende Verbreitung des Kopftuchs sei ein Ausdruck von Rückschrittlichkeit. Er hat dafür viel Protest, aber auch viel Zuspruch geerntet. Er steht mit dieser Auffassung nicht allein, ebenso wenig wie wir Frauenrechtlerinnen im Westen. Es gibt viele solcher Stimmen auch in muslimischen Ländern. Das Kopftuch bedeutet einen Rückschritt in vergangene Jahrhunderte. Es ist für mich derzeit ein Symbol dafür, dass Integration nicht gewollt ist, weder von den Frauen, die es tragen, noch von den Männern, die das fordern, und auch nicht von den Urdeutschen, die es aus falsch verstandener Toleranz akzeptieren.

Die Scharia

Im Zusammenhang mit der Integrationsdebatte und der Diskussion über eine multikulturelle Gesellschaft, darüber, was für eine Gesellschaft wir eigentlich wollen, spielt die Scharia eine immer größere Rolle. Zum einen wirft das die Frage auf, welche Bedeutung das islamische Recht für die in Europa lebenden Muslime hat, zum anderen ist zu klären, inwieweit die einzelnen Regelungen der Scharia mit unserer Verfassung überhaupt vereinbar sind. Wie bereits dargelegt, wird leidenschaftlich darüber gestritten, ob Ehrenmorde und Zwangsheirat, Kopftuchzwang und Gewalt gegenüber Frauen vom Islam gerechtfertigt werden und demzufolge im Koran oder in der Scharia eine Grundlage haben. In diese Diskussion gehört auch die Frage nach der Legitimation der Vielehe (Polygamie), wobei im islamischen Kontext damit ausschließlich die Polygynie (Vielweiberei) und nicht etwa die Polyandrie (Vielmännerei) gemeint ist – und ganz grundsätzlich natürlich die Frage nach der Gleichberechtigung der Geschlechter sowie Religionsfreiheit. Um einigermaßen klärende Antworten auf all diese Fragen zu bekommen, reicht es nicht aus, den Koran zu lesen. So vielfältig er auch auslegbar ist, auf viele Fragen bleibt er Antworten schuldig. Vor allem in Bezug auf Rechtsfragen müssen wir uns dem islamischen Sitten- und Rechtssystem, der Scharia, widmen.

Die Scharia und die Frage nach dem Umgang mit dem Islam insgesamt sind untrennbar miteinander verbunden. Immer mehr Muslime auch in Deutschland fordern, die Scharia neben dem deutschen Rechtssystem für Muslime einzuführen. Ihre Stimmen sind noch nicht so laut zu vernehmen wie die einiger Muslime in Großbritannien. Im Vordergrund des Interesses stehen dabei Regelungen im Ehe- und Familienrecht. Wir müssen uns also im Zusammenhang mit der Frage nach der Integration des Islam in

Europa damit auseinandersetzen, ob wir bei der Integration dieser Religion gleichzeitig in einzelnen Bereichen ein anderes Rechtssystem akzeptieren wollen. Nicht nur die Menschen in der westlichen Welt, sondern auch die Muslime selbst wissen über die Scharia gemeinhin wenig. Den meisten ist bekannt, dass die Scharia die Gesetze des Islam enthalte, was ja auch weitestgehend richtig ist. Doch damit verbindet sich größtenteils die Vorstellung, dass sie ein einheitliches, klar umrissenes Regelwerk darstelle. Das ist falsch. Auch ist die Scharia kein ausschließlich rechtliches Gesetzbuch. Sie enthält sowohl juristische als auch moralische Komponenten.[15]

Das Wort *scharia* soll wörtlich übersetzt »Weg zur Tränke« oder »Wasserstelle« heißen. Verstanden werden soll sie als Quelle allen Wissens. Die Scharia regelt sämtliche Lebensbereiche der Muslime. Sie enthält das Zivil- und Gesellschaftsrecht, worunter auch das Ehe- und Familienrecht fällt, das Strafrecht sowie die Ethik und die genauen Vorschriften zur richtigen Ausübung des Glaubens, etwa zum fünfmal täglichen Gebet oder zum Fasten im Ramadan. Das Leben im Diesseits, das Verhältnis des Menschen zu seiner Familie, der Gesellschaft und zu Gott wird in der Scharia genauso geregelt wie das Dasein im Jenseits. Dabei umfasst die religiöse Pflichtenlehre den größten Teil der Scharia, nicht das Rechtssystem. Ein gläubiger Muslim kennt im Grunde keinen von seiner Religion und seinem Glauben abgetrennten Lebensbereich. Es gibt keine davon unabhängige Sphäre; die Religion ist für alle Fragen des Lebens zuständig. Alles Handeln richtet sich nach religiösen Bestimmungen aus, wird an ihnen gemessen und nach ihnen beurteilt.[16] Das Wort Gottes ist das Gesetz. Aus diesem Grund scheint der Islam vielen Kritikern nicht säkularisierbar und somit nicht demokratiefähig zu sein.

Die erste und wichtigste Quelle der islamischen Rechtsordnung ist natürlich der Koran, das unmittelbare Wort Gottes. Weil aber lediglich ungefähr 500 Verse einen juristischen Bezug besitzen, trägt er nur zu einem kleinen Anteil von etwa acht Prozent zu der Scharia bei.[17]

Die zweite zentrale und weitaus ergiebigere Quelle stellt dagegen die Sunna dar, die Summe der überlieferten Äußerungen und Handlungen des Religionsstifters Mohammed, die in dem Hadith, den Überlieferungen, niedergeschrieben wurden.

Nach einer strengen Auslegung des Islam ist es für jeden praktizierenden Muslim unbedingt geboten, sein Leben nach den überlieferten Handlungen und Äußerungen auszurichten.[18] Das geht so weit, dass einige Muslime der Ansicht sind, dass man sich auch in unserer Zeit nach dem äußeren Erscheinungsbild Mohammeds zu richten habe. Diese Nachahmungspflicht erklärt auch die Kleidung und den Bart bei vielen Muslimen. Nach weit verbreiteter Ansicht sollte das Nichtbefolgen des Nachahmungsgebots zwar nicht geahndet werden, das radikal-fundamentalistische Taliban-Regime in Afghanistan aber zum Beispiel stellte Verstöße unter Strafe.

Wer als Muslim ganz besonders gottgefällig sein will, kopiert nicht nur Mohammeds Kleidung, sondern sein ganzes Leben. So kann man durchaus Zeugin von Unterhaltungen zwischen Muslimen werden, die sich darüber auslassen, was Mohammed gerne gegessen und wie er seinen Alltag gestaltet habe.

In einem Urteil vom 10. November 1993 folgte das Verwaltungsgericht Freiburg bezüglich der Befreiung eines muslimischen Mädchens vom Sportunterricht dem Argument, der Prophet habe keinen Sport getrieben und auch niemanden aufgefordert, er solle sich sportlich betätigen. Mohammed fuhr weder Auto, noch besaß er ein Handy. Ob die Eltern des Mädchens wegen der Nachahmungspflicht auch auf diese zivilisatorischen Errungenschaften verzichtet haben?

Nun kann man immerhin sagen, dass sich die deutsche Rechtsprechung in den letzten 14 Jahren gewandelt hat. Aber ich beobachte, dass die juristische Position, derzufolge jede noch so absurde Auslegung des Korans und der Überlieferungen durch das Grundrecht der Religionsfreiheit gerechtfertigt sei, durchaus noch vertreten wird.

Dabei ist nicht mal sicher, ob es sich bei den Überlieferungen um authentische Berichte handelt. Der Prophet hat bekanntermaßen kein Tagebuch geführt (Mohammed war Analphabet). Seine Äußerungen und Handlungen wurden erst viele Jahrzehnte nach seinem Tod aufgezeichnet, ebenso wie der Koran selbst, der auch erst etwa 20 Jahre nach dem Tod des Propheten niedergeschrieben wurde. Bei dem also, was uns an Äußerungen und Handlungen Mohammeds, von seinem Leben und seiner Lehre überliefert ist, handelt es sich um Informationen vom Hörensagen. Das wäre nicht weiter tragisch; vieles wurde im Laufe der Menschheitsgeschichte durch Erzählungen von Generation zu Generation weitergetragen. Doch ist die Überlieferungsproblematik hier von einer ganz anderen Tragweite. Schließlich haben wir es mit einer Weltreligion und ihren Grundlagen zu tun und nicht etwa mit Märchen und Legenden.

Da die beiden entscheidenden Quellen der Scharia, der Koran und die Überlieferungen des Propheten, keine eindeutigen und ausreichenden Antworten auf alle Fragen des islamischen Lebens liefern, erstellen bestimmten Rechtsschulen zugehörige Religionsgelehrte, so genannte Muftis, auf der Grundlage von Koran und Sunna so genannte Fatwas, religiöse Gutachten. Eine Fatwa bedeutet also nicht nur, wie im Westen vielfach angenommen wird, dass gegen jemanden ein Todesurteil ausgesprochen wird. Für alle Bereiche des Lebens gibt es Fatwas. Sogar im Internet werden sie verschiedentlich erbeten und veröffentlicht. Aus Fatwas hat sich auch das islamische Recht entwickelt, sie standen am Ursprung von Ehe-, Kauf-, Vertrags- oder Strafrecht. Die Rechtsgelehrten müssen in einer Rechtsfrage Übereinstimmung erzielen, und bereits vorhandene Vorschriften werden auf ähnlich gelagerte Fälle übertragen.

Es dürfte jetzt deutlich geworden sein, dass es sich bei der Scharia, dem islamischen Recht, nicht um einen herkömmlichen Gesetzestext handelt, den wir womöglich sogar als Buch erwerben und je nach Frage als Nachschlagewerk benutzen können, so wie es in den meisten Rechtssystemen der Fall ist. Es gibt demnach also auch nicht »die« Scharia für die gesamte muslimische Welt mit den immer gleichen Gesetzen und Vorschriften. Sie unterscheidet sich entsprechend den fünf großen Rechtsschulen (eine schiitische und vier sunnitische), je nach Land, und auch unter den einzelnen islamischen Rechtsgelehrten gibt es keinen allgemeinen Konsens der Auslegung, auch wenn sie eigentlich derselben Rechtsschule angehören. Lediglich in den grundsätzlichen Fragen der rituellen Verpflichtungen wie Gebet,

Fasten etc. herrscht uneingeschränkte Übereinstimmung unter den Gelehrten.

Man kann aus diesem Grunde auch nicht sagen, dass die Scharia insgesamt demokratie- und menschenrechtsfeindlich sei. Denn nicht das Gesamtwerk ist kritikwürdig, sondern einzelne Verse des Korans und ganz bestimmte Überlieferungen. Die religiösen Verpflichtungen, wie z. B. das fünfmalige Gebet am Tag, das Fasten, die Spende an Arme, verstoßen in keiner Weise gegen Menschenrechte.

Die Scharia in muslimischen Ländern

In einigen Ländern der islamischen Welt hat die Scharia weniger, in anderen hat sie mehr Einfluss auf die Gesetzgebung. Die Taliban in Afghanistan etwa haben ein ganz anderes Verständnis der Scharia und wenden sie völlig anders an als zum Beispiel Jordanien, der Iran oder Saudi-Arabien. Während einige islamische Länder die Scharia als Rechtsgrundlage ansehen und keinerlei weltliche Gesetze anerkennen, haben andere Länder eine tatsächliche Trennung zwischen den schariatischen Regelungen und der Gesetzgebung etabliert.

Die Türkei ist das einzige muslimische Land, in dem die Scharia ganz abgeschafft wurde. Jedenfalls offiziell. Ihren Einfluss auf das alltägliche Leben vor allem in ländlichen Gegenden konnte Atatürk, der Gründungsvater der türkischen Republik, allerdings nicht restlos beseitigen. Zivilrechtlich ist die Vielehe zum Beispiel in der Türkei verboten und Bigamie ist ein Straftatbestand. Dennoch werden Viel»ehen« insbesondere im Osten der Türkei in großer Zahl geschlossen. Eine der Ehefrauen wird standesamtlich geehelicht, die andere lediglich nach einem religiösen Ritual vor einem islamischen Geistlichen, einem Imam. Die türkische Regierung erlässt in regelmäßigen Abständen Amnestien für diese Art »Gesetzesumgehung«, damit die Kinder und Frauen aus diesen Ehen nicht ganz recht- und schutzlos dastehen.

In all den Ländern, in denen die Scharia die Rechtsgrundlage darstellt, ist eine extrem schlechte Situation der Frauen zu beklagen. Das ist seitens vieler Islamisten auch so gewollt, wobei sie natürlich die Lebensverhältnisse der Frauen niemals als desolat bezeichnen würden, sondern als deren Rechten und Pflichten angemessen. In Somalia und dem Sudan werden unverheiratete Frauen, die schwanger werden, oder Ehefrauen, die in Abwesenheit ihrer Ehemänner schwanger werden, durch Steinigung getötet. In Saudi-Arabien und dem Iran können sogar Frauen gesteinigt werden, die durch eine Vergewaltigung schwanger wurden.

Seit 1990 wird die Scharia in muslimischen Ländern immer wichtiger. Das hängt sicherlich auch mit der Kairoer Deklaration vom 5. August 1990 zusammen. Die Deklaration ist das islamische Gegenstück der Allgemeinen Erklärung der Menschenrechte. Sie wurde verabschiedet durch Mitgliedstaaten der Organisation der Islamischen Konferenz (OIC), einer zwischenstaatlichen internationalen Vereinigung, die am 25. September 1969 gegründet wurde. Derzeit besteht die Organisation aus 57 Staaten, in denen der Islam Staatsreligion, Religion der Bevölkerungsmehrheit oder Religion einer großen Minderheit ist.

Es mag sein, dass die Kairoer Erklärung nicht unbedingt einen Niederschlag in der nationalen Gesetzgebung oder Rechtsprechung der unterzeichnenden Länder gefunden hat. Sie gilt aber als Richtschnur, und sie gibt deutlich Aufschluss über die Lage der Menschenrechte in den betreffenden Ländern. Immerhin haben sich 45 Staatsmänner getroffen, um die Erklärung in die Welt zu setzen. Damit haben sie der westlichen Welt gegenüber demonstriert, dass sie eine eigene Definition von Menschenrechten haben.

Die Kairoer Erklärung über Menschenrechte im Islam weicht in Artikel 1 bereits derart eklatant vom Verständnis der allgemeinen Erklärung der Menschenrechte von 1948 ab, dass eine weitergehende Kommentierung eigentlich nicht nötig ist. Artikel 1 lautet:

»*a) Alle Menschen bilden eine Familie, deren Mitglieder durch die Unterwerfung unter Gott und die Abstammung von Adam verbunden sind. Alle Menschen sind gleich im Sinne der grundlegenden Menschenwürde sowie der Grundrechte und Grundpflichten, ohne jede Diskriminierung aufgrund von Rasse,*

Hautfarbe, Sprache, Geschlecht, religiösem Glauben, politischer Zugehörigkeit, sozialem Status oder anderer Erwägungen. Wahrer Glaube ist die Garantie für den Genuss solcher Würde auf dem Weg zur Vervollkommnung des Menschen.

b) *Alle Menschen sind Gottes Untertanen, und er liebt diejenigen am meisten, die seinen übrigen Untertanen am meisten nützen; niemand hat Vorrang vor einem anderen, es sei denn aufgrund der Gläubigkeit und guter Taten.«*[19]

Damit wird deutlich gemacht, dass die Scharia die einzige Rechtsgrundlage für das Zusammenleben der Gläubigen ist und der Islam der Glaube, der für den Menschen das Beste ist. Enstprechend heißt es auch in Artikel 24: »*Alle in dieser Erklärung aufgestellten Rechte und Freiheiten unterliegen der islamischen Scharia*«, und in Artikel 25: »*Die islamische Scharia ist der einzige Bezugspunkt für die Erklärung oder Erläuterung eines jeden Artikels dieser Erklärung.*«

Ohne die Scharia geht nichts. Und da gerade die Gleichberechtigung der Geschlechter, Religionsfreiheit und Säkularität die größte Kluft zwischen dem Westen und der islamischen Welt darstellen, sind diese Punkte natürlich im Sinne des Islam geregelt.

Da die Scharia die Gleichberechtigung von Mann und Frau nicht vorsieht, sondern lediglich von der Gleichwertigkeit der Geschlechter ausgeht, ist es nur konsequent, dass Gleichberechtigung nicht zu einem islamischen Menschenrecht gehört. In Artikel 6 heißt es:

»*a) Die Frau ist dem Mann in ihrer menschlichen Würde gleichgestellt und hat Rechte und Pflichten; sie genießt ein eigenständiges Bürgerrecht und finanzielle Unabhängigkeit sowie das Recht, ihren Namen und ihre Abstammung beizubehalten.*

b) *Der Ehemann ist verantwortlich für den Unterhalt und das Wohlergehen der Familie.*«

Ebenso verhält es sich mit der Religionsfreiheit. Dazu heißt es in Artikel 2:

»*Die Familie ist das Fundament der Gesellschaft und die Ehe die Basis für ihre Gründung. Männer und Frauen haben das Recht zu heiraten, und keinerlei Einschränkungen hinsichtlich Rasse, Hautfarbe oder Nationalität sollen sie daran hindern, dieses Recht auszuüben.*«

Es wird nicht gesagt, dass die Religionszugehörigkeit *kein* Ehehindernis darstellen darf. Aufgrund der Religionszugehörigkeit kann es also durchaus zu Heiratsbeschränkungen kommen. Das entspricht auch der Praxis in einigen islamischen Ländern, wo eine Heirat zwischen Muslimen und Christen oder Juden von der Konvertierung zum Islam abhängig gemacht werden kann.

Will man sich Aufschluss über die rechtliche Situation der Frau in der Scharia verschaffen, schaut man sich am besten das Familien- und Erbrecht sowie das Strafrecht an. Das Familien- und Erbrecht bildet bezeichnenderweise den Kernbereich des islamischen Rechts. Kaum ein anderes Gebiet wird in der Scharia in solcher Ausführlichkeit behandelt. Von der Eheanbahnung bis zur Auflösung der Ehe ist jedes Detail geregelt, mehrheitlich zum Nachteil der Frau. Auch wenn sich einige Vorschriften darum bemühen, der Frau eine rechtliche Absicherung in der Ehe und nach einer Scheidung zu geben, bleibt unter dem Strich ein Regelwerk übrig, das Männer eindeutig bevorzugt. So ist die Frau zum Beispiel bei strenger Auslegung der Scharia nicht berechtigt, eine Scheidung einzureichen.

Im Erbrecht ist – wie in anderen Rechtssystemen auch – die Erbfolge festgelegt, es geht um die Verteilung von Vermögen, Macht und sexuellen Freiheiten. Grundsätzlich ist vorgesehen, dass Männer und Jungen einen höheren Erbanspruch haben als Frauen und Mädchen.

Die Eheschließung führt laut der Scharia nicht nur zur Legitimierung der Sexualität zwischen den Eheleuten. Auch die Kinder, die aus dieser Verbindung hervorgehen, erhalten einen anerkannten Rechtsstatus. Gleichzeitig wird die gegenseitige Erbberechtigung begründet. Die Scharia kennt keine Gütergemeinschaft und keinen Zugewinnausgleich. Die Eheleute bilden also im wirtschaftlichen Sinne keine Einheit. So kann es passieren, dass Frauen nach einer Scheidung mittellos dastehen, weil sämtliches Vermögen (Immobilien, Wertpapiere etc.) auf den Namen des Ehemannes registriert ist. Die Kindererziehung durch die Ehefrau fällt nicht ins Gewicht. Sie kann allenfalls darauf hoffen, dass sie bei einer Trennung ihre »Abendgabe« erhält, die ihr nach einer Trennung zur Absicherung zusteht.

In den meisten islamischen Ländern sollen die Kinder bis zum Alter von fünf bis sechs Jahren bei der Mutter bleiben und dann dem Vater übergeben werden. In der Regel nehmen muslimische Männer aber für sich in Anspruch, dass das Kind, egal ob Mädchen oder Junge, nach der Scheidung zu ihnen gehört. Auch wenn sich in verschiedenen Ländern in den letzten Jahren ein Wandel vollzogen hat, werden Frauen nach der Scheidung meistens von ihren Kindern getrennt – und wenn die Männer die Kinder dazu entführen und verstecken müssen.

Natürlich hängt es entscheidend von der jeweiligen Auslegung der Scharia ab, wie die Rolle der Frau und ihre Rechte und Pflichten definiert sind. In einigen islamischen Ländern gibt es Bemühungen, Frauen nahezu gleichberechtigt zu behandeln, in anderen Ländern scheint die völlige Versklavung deren einzige Bestimmung zu sein. Eine wahre Revolution der Scharia in einem islamischen Land hat es am 10. Oktober 2003 in Marokko gegeben. An diesem Tag änderte König Mohammed VI. das Personenstandsrecht. Damit wurden die marokkanischen Frauen zumindest theoretisch zu den emanzipiertesten in der arabischen Welt. Denn der König verfügte folgende Punkte:

1.) Ehefrau und Ehemann sind gemeinsam und gleichberechtigt für Haushalt und Familie verantwortlich. Die bisherige Pflicht der Frau, dem Mann zu gehorchen, wird abgeschafft.

2.) Männer und Frauen können gleichberechtigt und aus freien Stücken eine Ehe schließen. Die Frau braucht keinen Vormund mehr, kann sich aber vertreten lassen. Die Möglichkeiten des Mannes, bis zu vier Frauen zu heiraten, werden stark eingeschränkt.

3.) Der Ehemann kann seine Frau nicht mehr ohne Weiteres verstoßen; den Frauen wird die Scheidung erleichtert. Das Aussprechen der Scheidungsformel *(talaq)* reicht nicht mehr aus, ebenso wenig wie der Vollzug der Ehescheidung vor einem Notar *(adul)*. Das Scheidungsersuchen des Mannes oder der Frau muss in jedem Fall von einem staatlichen Familiengericht autorisiert werden.

4.) Das Mindestheiratsalter für Frauen wird auf 18 Jahre heraufgesetzt. Ausnahmen sind mit richterlicher Genehmigung möglich.

5.) Kinder, die vor der Ehe (während der »Verlobungszeit«) gezeugt wurden, werden bei Eheschließung als gemeinsame Kinder anerkannt. Weigert sich ein Mann, die Vaterschaft anzuerkennen, kann er zum Vaterschaftstest gezwungen werden. Bisher war das in Marokko nicht möglich, weshalb sich viele Väter der Verantwortung für nichteheliche Kinder entzogen haben, wodurch die Zahl alleinerziehender Mütter in Marokko in die Höhe getrieben wurde.

Es wurde zudem geregelt, dass die Frau ein Recht auf respektvollen Umgang habe.[20]

Am Beispiel des Königs von Marokko wird meines Erachtens ganz besonders deutlich, dass Veränderungen der Scharia nur möglich sind, wenn muslimische Männer sich der Ungerechtigkeiten gegenüber Frauen im Islam und im islamischen Recht bewusst werden.

Auslegungssache

Ich bin als westliche Feministin der Scharia gegenüber grundsätzlich skeptisch eingestellt, auch wenn zahlreiche, durchaus ernst zu nehmende muslimische Frauen, die sich als emanzipiert bezeichnen, der Ansicht sind, dass es den muslimischen Frauen gut ginge, wenn der Islam seinem ursprünglichen Sinn entsprechend gelebt würde. Es gibt sogar Frauenrechtlerinnen in islamischen Ländern, die weder eine Säkularisierung der Gesetzgebung noch die Abschaffung der Scharia fordern, sondern lediglich die Rückkehr zum wahren, echten Islam, d. h. eine andere Interpretation des Islam. Die indonesische Frauenorganisation *Rahima* kämpft für Demokratie und gegen eine zu enge Auslegung der Scharia. Die gläubige Muslimin und Direktorin der Organisation, Farha Ciciek, und ihre Mitstreiterinnen gehören zu den Vorkämpferinnen für Frauenrechte und setzen sich für die Gleichberechtigung der Frauen im Islam ein. Sie lassen sich weder den Mund verbieten, noch entsprechen sie sonst irgendeinem Klischee der unterdrückten Frau im Islam. So stellen sie sich beispielsweise vor eine versammelte Dorfgemeinde und erklären den Männern, dass sie für die Verbreitung von Aids verantwortlich sind, wenn sie mit Prostituierten verkehren. Bei ihrem Kampf gegen eine zu enge Auslegung der Scharia geht es ihnen auch darum, dass Frauen in der Politik und den Medien zukünftig stärker vertreten sind.[21] Frauen wie diese sind fest davon überzeugt, dass Islam und Feminismus miteinander vereinbar sind und der Islam lediglich von patriarchalen und konservativen Männern zur Geisel genommen wurde – zum Schaden der Frauen.

In vielen Bereichen erleben wir heute eine islamische Reformation. Sie ist historisch so wichtig und bedeutsam, aber auch so traumatisch, wie es die christliche Reformation war. Einen wesentlichen Unterschied gibt es aber meines Erachtens: Während bei der christlichen Reformation die meisten der Anführer und Vordenker Männer waren, gibt es bei der islamischen Reformation auffallend viele Anführerinnen und Vordenkerinnen. Und zwar nicht nur in den islamischen Ländern, sondern auch im Westen.

Zu den Forscherinnen im Westen, die diese emanzipatorische Bewegung im Islam begleiten, gehört Dr. Asma Barlas vom Ithaca College im amerikanischen Bundesstaat New York. In ihrem Buch, *Believing Women in Islam: Unreading Patriarchal Interpretations of the Qur'an* (Dallas 2002) untersucht sie die männlich orientierten Sichtweisen des Korans und bietet eine eigene, antipatriarchale Interpretation an. Auch die aus Ägypten stammende niederländische Journalistin Nahed Selim gibt in ihrem Buch *Nehmt den Männern den Koran* (München 2007) viele Beispiele dafür, wie die Botschaft des Korans bewusst unvorteilhaft für die muslimischen Frauen ausgelegt wurde – und immer noch wird. Sie spricht sich ebenfalls für eine zeitgemäße Interpretationsweise des Korans aus und deckt dabei zahlreiche frauenfeindliche Aspekte auf.

Die Scharia enthält, wie auch die oben genannten Frauen bestätigen, frauenverachtende Regelungen. Die Frage ist, ob diese Regelungen veränderbar sind oder nicht und wie sie in den Koran und in die Scharia hineingeraten sind. Viele Regelungen scheinen so rückschrittlich, dass sie nicht nach modernen, liberalen Maßstäben ausgelegt werden können, wie zum Beispiel die Minderbewertung der Zeuginnenschaft einer Frau, der geringere Erbanteil für Frauen und das Züchtigungsrecht gegenüber der Frau.

Ich glaube, dass nur eine grundlegende Reform des Islam eine Gleichberechtigung der Geschlechter bringen kann. Damit meine ich, dass sich die Religionsgemeinschaft der Muslime darüber einig sein muss, dass man sich von gewissen Teilen des Korans, so wie sie der Mehrheit der Menschen bekannt sind, verabschieden muss. Dazu gehört, dass frauenfeindliche Verse heute nicht mehr gelten dürfen. Nahed Selim hat dafür einen treffenden Vergleich gefunden:

»Ich vergleiche dies mit der Einrichtung der Sklaverei. Der Koran missbilligt die Sklaverei und stärkt die Rechte der Sklaven, aber er hat sie nicht abgeschafft. In der modernen Welt existiert die Sklaverei nicht mehr, und niemand würde ihre Wiedereinführung fordern, nur weil sie im Koran steht. Das Gleiche sollte für die Situation der Frauen gelten.«[22]

Sicherlich ist nicht jede Benachteiligung von Frauen religiös oder durch die Gültigkeit der Scharia in dem jeweiligen Land begründet. Die Kultur spielt dabei eine nicht zu unterschätzende Rolle. Aber bedingt die Religion nicht die Kultur und die Kultur die Religion? Die Religionen haben im Laufe der Jahrhunderte entscheidend zur Ausbildung kultureller Gepflogenheiten beigetragen. So bildet auch die Scharia ein Fundament für die Kultur, weil die Scharia eben nicht nur ein rechtliches, sondern auch ein moralisches, sittliches Konstrukt ist.

Dies wird an verschiedenen Beispielen deutlich. So heißt es im Koran, Frauen und Männer sollten gleichermaßen Zugang zu Bildung und Wissen haben. Praktisch aber ist das in vielen Regionen muslimischer Länder gar nicht möglich, weil die kulturelle Vorstellung herrscht, dass sich Männer und Frauen weitestgehend in getrennten Räumen aufhalten sollten und junge Frauen davor zu schützen seien, mit fremden Männern zusammenzutreffen, um nicht Opfer von Gerede zu werden und ihren guten Ruf zu riskieren.[23]

Am 15. Januar 2007 schrieb die türkische Zeitung *Hürriyet*, dass in Kırıkkale (Mittelanatolien) ein Großvater seine 14-jährige Enkeltochter verlobt habe, weil die Schule, in die sie ging, geschlossen wurde. Die nächste Schule sei 18 Kilometer weit entfernt, da könne sie nicht täglich alleine hin, meinte der Großvater. Er sagte ausdrücklich, dass er sie verlobt habe, um dem Gerede vorzubeugen. Dieser Mann hat sich bei seiner Entscheidung sicher nicht auf seine Religion berufen. Doch ich wage zu behaupten, dass seine Angst vor dem Gerede über die Tugendhaftigkeit seiner Enkeltochter dem Frauenbild entspringt, das ihm als Muslim vermittelt wurde.

Von der Schließung der Schule waren bestimmt auch Jungen betroffen. Dass einem von ihnen dasselbe wie dem Mädchen passiert sei, wurde nicht berichtet. Auf einem Foto neben dem *Hürriyet*-Artikel waren neun Schülerinnen der geschlossenen Schule mit einem Plakat abgebildet, auf dem geschrieben stand: »Wir wollen in die Schule gehen, nicht zu einem Ehemann.« Für die Jungen steht es wahrscheinlich außer Frage, dass sie in den nächsten Ort zur Schule gehen. Und das ist nicht nur in der Türkei so, auch in Deutschland sind es ausschließlich die muslimischen Mädchen, die vom Schulunterricht befreit werden, nicht die Jungen.

Bei aller Kritik darf nicht übersehen werden, dass einige islamische Länder in den letzten Jahren, so wie Marokko seit Oktober 2003, durch Änderungen insbesondere im Familienrecht den Versuch unternommen haben, Benachteiligungen von Frauen zu beseitigen. Dazu gehören unter anderem Beschränkungen bei der Vielehe und das Heraufsetzen des Heiratsalters. Auch in Scheidungsverfahren und Kindschaftsangelegenheiten werden Frauen teilweise mehr Rechte zugesprochen. Doch trotz dieser Bestrebungen gibt es, selbst in modernen muslimischen Ländern, die unhinterfragte Vorstellung, dass der Mann der Frau übergeordnet sei. Sie ist das Fundament der momentan verbreiteten islamischen Ehe- und Familienordnung. Daher gilt für die überwiegende Mehrheit der Muslime, dass Männer und Frauen nicht ebenbürtig sein können.

Im islamischen Recht existiert der Grundsatz, dass Gleiches gleich und Ungleiches ungleich zu behandeln sei. Allah habe Männer und Frauen gleichwertig erschaffen, ihnen aber aus ihrer Natur heraus verschiedene Aufgaben zugewiesen. Daraus folgt, dass Frauen und Männer ihrer Natur entsprechend unterschiedliche Rechte und Pflichten besitzen (diese Argumentation ist vor allem christlich sozialisierten urdeutschen Feministinnen sehr bekannt). Daher sei es keine Ungerechtigkeit, wenn Frauen weniger Rechte hätten als Männer, da diese als Ernährer und Beschützer der Familie eine schwerere Last zu tragen hätten. Die Ungleichbehandlung diene also lediglich der Geschlechtergerechtigkeit. Es gibt sogar islamische Gelehrte, die der Ansicht sind, diese Regelung sei eine Bevorzugung der Frau. Die Frau müsse nicht arbeiten gehen und die Last der Verantwortung für die Familie tragen. Diese Auffassung ist wohl auch der Grund, warum Eva Herman mit ihrem Buch *Das Eva-Prinzip* bei vielen muslimischen Männern sehr gut ankam.

Die nach westlichen Maßstäben nicht mehr zeitgemäße Vorstellung von der gegenseitigen Verpflichtung der Geschlechter ist die Grundlage für islamische Eheverträge. Der Mann ist der Versorger, die Ehefrau die Gehorsame. Die Gehorsamspflicht der Frau wird insbesondere auf ihre sexuelle Verfügbarkeit bezogen. Der Mann kann, so die weit verbreitete Ansicht, nach Gutdünken über den Körper der Frau verfügen.

Kommt zum Beispiel einer der beiden Eheleute nicht seinen Pflichten nach, besteht nach islamischem Recht die Möglichkeit einer Scheidung. Diese ist nach strenger Auslegung der Scharia für den Ehemann eine recht unkomplizierte Angelegenheit. Er sagt dreimal: »Ich scheide dich«, und die Scheidung ist vollzogen. Mittlerweile soll es vermehrt vorkommen, dass Männer die Scheidungsformel per SMS verschicken. Drei SMS, und Mann ist die Frau los? Ein Gericht in Malaysia hatte einen solchen Fall zu entscheiden und entschied gegen den Ehemann. Die Frau hingegen hat es, sofern sie in einem Land lebt, in dem ihr die Möglichkeit der Scheidung überhaupt zugesprochen wird, je nach Gesetzeslage extrem schwer. Sie wird zum Beispiel, wenn Kinder vorhanden sind, vom Ehemann und seiner Familie mit Kindesentzug erpresst, denn bei Sorgerechtsfragen stehen die Gerichte in islamischen Ländern meist auf der Seite der Männer. Da die Gerichte meist den Frauen die Schuld zuschreiben, erhalten sie nur selten Unterhaltszahlungen und sind zukünftig von der Hilfe ihrer Familie abhängig.

Ich finde es erstaunlich, dass besonders vonseiten einiger westlicher WissenschaftlerInnen, JournalistInnen, PolitikerInnen etc. in diesem Zusammenhang oft angemerkt wird, aus westlicher Sicht möge all das nach Unterdrückung der Frau aussehen. Für die Mehrzahl der Muslime sei es dies aber nicht, auch nicht für die weiblichen. Die Musliminnen seien mit dieser Geschlechtertrennung und Rollenaufteilung einverstanden. Die meisten Missstände, mit denen Musliminnen zu kämpfen hätten, lägen in sozialen Problemen begründet; die Religion habe keinen oder nur am Rande einen Einfluss auf die Lebensbedingungen der Frauen.

Dabei sollte doch gerade den Frauen und Männern der 68er-Generation – aus dieser Ecke kommen die meisten Einwände gegen meine Positionen – noch in Erinnerung sein, dass sie oder ihre Zeitgenossen damals gegen den Mythos von der naturgegebenen Andersartigkeit, sprich Unterlegenheit, der Frau gekämpft haben. Die Frau gebiert die Kinder, daher sei sie ihrer Natur nach nährend und fürsorglich. Aus diesen unabweisbaren natürlichen Geschlechtsunterschieden leite sich eine natürliche Rollenaufteilung ab.

Im Koranvers 2 : 282 heißt es, dass die Zeugenaussage einer Frau nur halb so viel wert sei wie die eines Mannes, weil eine Frau naturgemäß emotionalen Schwankungen unterworfen sei. Sie sei nicht in der Lage, rational zu denken, allein schon wegen ihrer monatlichen Blutungen. Von einem solch schwachen, wankelmütigen Wesen dürfe kein Urteil abhängen, vor allem nicht, wenn es um Leben oder Tod gehe.

In Sure 4 : 3 heißt es über die Vielehe: »*Heiratet, was euch an Frauen gut ansteht, zwei, drei oder vier; und wenn ihr fürchtet, nicht billig zu sein,* [heiratet] *eine ... So könnt ihr am ehesten Ungerechtigkeit vermeiden.*«

Wie es trotz solcher eindeutig frauenverachtender juristischer Regelungen möglich ist, dass sogar Frauenrechtlerinnen in einigen islamischen Ländern der Ansicht sind, die Benachteiligungen würden abgeschafft, wenn der Islam nur richtig ausgelegt werden würde, ist mir ein Rätsel. Denn dass die Zeugenaussage einer Frau weniger wert sei als die eines Mannes, ist meines Erachtens keine Auslegungssache. Es ist im islamischen Recht bisher so festgeschrieben.

Daraus kann eigentlich nur folgen, sich nicht mehr mit umständlichen Interpretations- und Übersetzungsvarianten aufzuhalten, sondern in Anerkennung frauenfeindlicher Einstellungen in früheren Jahrhunderten den Koran der Moderne anzupassen.

Jede Regelung, jede Vorschrift der Scharia müsste daraufhin überprüft werden, ob sie reformiert, neu ausgelegt oder für nicht mehr gültig erklärt wird. Weil der Koran, die wichtigste Säule des islamischen Rechts, für Muslime eine »Offenbarung« darstellt und die Erklärung aller Dinge enthält (Sure 16 : 89), ist eine solche Modernisierung der Scharia zweifellos eine große und schwierige Herausforderung, aber meines Erachtens ist sie dringend geboten.

Die Strafen der Scharia sind in den meisten Fällen äußerst drakonisch. Wir dürfen aber nicht vergessen, dass sie, genau wie auch die Bibeltexte, die Zeit widerspiegeln, in der sie niedergeschrieben wurden. Der elementare Unterschied ist der, dass Bibeltexte nicht mehr eins zu eins ins Leben der Gläubigen und in die Gesetzgebung übertragen werden.

Die Strafen für so genannte Grenzvergehen sind ganz bestimmt überholt und unverhältnismäßig, wie z. B. die Sanktionen für Diebstahl (Sure 5 : 33+38): »*Dem Dieb und der Diebin trennt die Hand ab, als Vergeltung für das, was sie sich erworben haben.*«

Aber allgemeingültig und eindeutig vorgegeben sind diese Strafen im islamischen Recht nicht. Die unterschiedlichen Auslegungen der Scharia machen es möglich, dass etwa Alkoholgenuss straffrei bleibt, da der Koran für dieses Vergehen kein Strafmaß vorgibt. Nach der Überlieferung jedoch soll Mohammed gesagt haben: »*Peitscht den aus, der Wein trinkt.*« Wie viele Peitschenhiebe es allerdings für wie viel Promille gibt, darüber finden sich auch in den Überlieferungen keine genauen Angaben. So wird in dem einen Land viel gepeitscht, während in dem anderen eher symbolhaft gepeitscht wird. Je nach Land, Region, Bezirk, Richter wird bei der Vollstreckung der Strafe mit dem Stock in die Luft geschlagen oder mit dem Stock leicht der Körper berührt. Aber in vielen Fällen wird auch ausgepeitscht, bis Blut fließt und der Verurteilte ohnmächtig wird. Alles ist vorstellbar, und alles geschieht im Namen der Scharia und aus der Überzeugung heraus, deren Regeln strikt zu befolgen.

Die Regeln für das Beweisverfahren, damit es überhaupt zu einer Bestrafung kommen kann, sind ebenfalls streng. So wird z. B. verlangt, dass beim Verdacht auf Unzucht der Ehefrau vier männliche Zeugen gegen sie aussagen müssen (Vers 4 : 15):

»*Und wenn einige eurer Frauen eine Hurerei begehen, dann ruft vier von euch als Zeugen gegen sie auf; bezeugen sie es, dann schließt sie in die Häuser ein, bis der Tod sie ereilt oder Allah ihnen einen Ausweg gibt.*«

Da jedoch nicht vorgegeben wird, dass und wie die Glaubwürdigkeit der Zeugen überprüft werden soll, erlaubt also auch dieses strenge Beweisverfahren, welches Missbrauch vorbeugen sollte, ebenso viele Varianten wie die Auslegungen der einzelnen Straftatbestände und deren Strafen.

Die Ungleichbehandlung der Frauen ist ein wesentlicher Aspekt der Scharia, auch wenn es Stellen im Koran gibt, die davon sprechen, dass Frauen und Männer von Gott »*aus einem einzigen Wesen*« (Vers 4 : 1 und 39 : 6) und »*aus einer einzigen Seele*« (Vers 7 : 189) erschaffen worden seien und ihnen von Allah eine gleiche Behandlung widerfahre:

»*Wer das Rechte tut und gläubig ist, sei es Mann oder Frau, dem werden wir ein gutes Leben geben. Und wir werden gewiss denen ihren Lohn nach dem Besten ihrer Werke bemessen.*« (Vers 16 : 97)

Tatsächlich aber sieht es so aus, dass mehrheitlich Frauen von Benachteiligungen in allen Bereichen betroffen sind. Zwangsverheiratet werden überwiegend Frauen. Das Recht der Vielehe gilt nur für Männer. Dafür werden Frauen besonders hart bei Ehebruch bestraft. Männer können mit drei Worten die Scheidung aussprechen, während Frauen in einigen Ländern gar nicht erst die Möglichkeit der Scheidung eingeräumt wird. Die Kinder werden ganz selbstverständlich dem Mann zugesprochen. Und für all diese Ungerechtigkeiten lassen sich eine Stelle im Koran oder den Überlieferungen und eine entsprechende Auslegung finden. Wo der Koran sich nicht äußert, äußern sich Gelehrte oder selbsternannte Gelehrte des Islam. So ist zum Beispiel zu der Frage, ob eine Frau mehrere Männer haben darf, im Koran nichts zu finden. Beim Deutschsprachigen Muslimkreis Karlsruhe, der eine Broschüre mit dem Titel *25 Fragen zur Frau im Islam*[24] herausgegeben hat, heißt es dazu:

»*Warum kann eine muslimische Frau nicht mehrere Männer heiraten? Der Islam ist die Religion der natürlichen Veranlagung des Menschen. Die Heirat von Frauen mit mehreren Männern ist allge-*

mein eine nur selten vorkommende Praxis. Daher kann man davon ausgehen, dass es auch nicht der Natur der Frau entspricht, gleichzeitig mit mehreren Männern verheiratet zu sein. So spricht sich auch der Islam dagegen aus. Ein wichtiger Grund liegt darin, dass der Mann verpflichtet ist, für seine Kinder zu sorgen (…). Bei mehreren Männern besteht die Gefahr, dass die Vaterschaft nicht eindeutig nachgewiesen werden kann. Dies kann dazu führen, dass sie sich entweder um die Kinder streiten oder aus der Verantwortung ziehen. Außerdem ist es nicht praktikabel, dass mehrere Männer als Familienoberhaupt fungieren.«

Die Vielehe sei Frauen im Unterschied zu Männern also nicht erlaubt, weil der Islam die Religion der Naturgesetze sei und es der Natur der Frau widerspreche, mehrere Männer zu haben. Selbstverständlich gibt es auch hier wieder Stimmen, die aus dem Koran noch etwas anderes herauslesen, nämlich dass die Vielweiberei der Männer verboten sei. Aber gegen eine solche Auslegung steht nun mal die Realität, und die sieht so aus, dass viele muslimische Männer mehrere Ehefrauen haben, in manchen arabischen Ländern sogar mehr als vier.

Die Scharia in Deutschland

In Deutschland wie in der säkularen westlichen Welt überhaupt ist die Bigamie verboten. Doch der Westen ist mit dieser muslimischen Praxis der Polygynie ebenso konfrontiert wie mit dem Schächten von Opfertieren und dem Kopftuchgebot für Musliminnen. Europa steht vor der Frage, ob und wie dieses Recht des muslimischen Mannes mit den säkularen, aufgeklärten, zivilen und rechtsstaatlichen Prinzipien zu vereinen ist bzw. ob und wo der Religionsfreiheit Grenzen gesetzt werden müssen.

Es dürfte nur wenig bekannt sein, dass es in Deutschland bereits Fälle von Vielehen gibt, die auf Umwegen unter anderem über das Sozialsystem und über Asylverfahren staatliche Akzeptanz gefunden haben. Es stellte sich zum Beispiel die Frage, wie mit einem Asylbewerber verfahren werden sollte, der als politisch Verfolgter nach Deutschland gekommen war und seine beiden »Ehefrauen« zusammen mit den Kindern von beiden Frauen mitgebracht hatte. Beiden Frauen wurde derselbe Aufenthaltsstatus erteilt, beide Frauen mussten über eine Familienversicherung krankenversichert werden. Die Krankenkassen wurden noch bis vor Kurzem gerichtlich dazu verpflichtet, beide Frauen zu versichern. Das bedeutet eine rechtliche Anerkennung der Vielweiberei. Der Ehemann muss nicht, wie der Koran es verlangt, aus eigener Kraft in der Lage sein, für mehrere Frauen zu sorgen. Das übernimmt das deutsche Sozialsystem. Das deutsche Rechtssystem unterstützt seine Auslegung des Korans.

Hier liegt zugegebenermaßen eine aus humanitären Gründen schwierige Situation vor. Soll eine der Frauen mit ihren Kindern abgeschoben werden? Sollen ihre Kinder nicht krankenversichert werden, soll eine der Frauen keine Hilfe zum Lebensunterhalt bekommen? Das kann auch nicht die Lösung sein. Für die bereits hier lebenden Menschen können wir keine andere Lösung finden als die bisherige Praxis. Wir können jedoch für die Zukunft gesetzlich bestimmen, dass eine Zuwanderung mit mehreren Frauen nicht möglich ist. Das wäre ein deutliches Signal, dass Deutschland die Vielweiberei nicht durch die Hintertür toleriert. Für Asylbewerber, die in ihren Herkunftsländern verfolgt werden, muss es bei einer humanitären Lösung bleiben.

In unserer Gesellschaft gibt es eine Gruppe von Menschen, die abgeschottet in ihrer eigenen Welt nach ihren eigenen Gesetzen leben wollen. Es reicht ihnen nicht aus, sich räumlich, äußerlich und im Alltag von der Mehrheitsgesellschaft abzugrenzen, sie wollen sich auch der Rechtsordnung der Mehrheitsgesellschaft entziehen. Wie schon geschildert, ist die Scharia dabei nicht nur die gesetzliche Grundlage für klar abgesteckte Rechtsgebiete, wie wir es von unserem deutschen Rechtssystem kennen. Sie regelt zudem religiöse und Alltagsfragen, also das ganze Leben der Muslime. Sie ist Pflichtenlehre und Sanktionsapparat: Ein Muslim, der fünfmal am Tag betet, eine Großfamilie, die eine Scheidung zu verhindern versucht, ein Ehemann, der sich in seiner Ehre verletzt sieht – sie alle berufen sich auf die Scharia. Das sind Belege dafür, dass die Scharia auch in Deutschland gilt.

Gerade im Familienrecht gibt es auch in Europa immer wieder Überlegungen – von einzelnen muslimischen Gruppierungen hinter vorgehaltener Hand vorgetragen –, die Scharia einzuführen. So könnten zum Beispiel Familienstreitigkeiten vor einem islamischen Schlichtungsgericht vorverhandelt oder gelöst werden. Das würde bedeuten, dass ein Scheidungsverfahren nicht vollständig vor einem deutschen Gericht verhandelt würde, sondern teilweise ausgelagert in einer islamischen Institution, die nach den Vorschriften des Islam zunächst um den Fortbestand der Ehe bemüht wäre. Und nach den überwiegend frauenfeindlichen Regelungen des islamischen Familienrechts würden Frauen sich vor einem religiösen Tribunal für ihr Verhalten in der Ehe rechtfertigen müssen – ohne Anwalt natürlich. Bisher äußert sich in Deutschland keine Organisation oder Gemeinde offen zu dem Wunsch nach partieller Einführung der Scharia. Das mag auch mit der zu erwartenden Gegenwehr zu tun haben.

Die Scharia steht für eine vollständige Islamisierung der Gesellschaft, die einhergeht mit der Benachteiligung von Frauen und Minderheiten. Die Forderung nach Einführung des islamischen Rechts, die im Zuge der weltweiten Islamisierungswelle von muslimischer Seite immer selbstbewusster geäußert wird, zielt in allererster Linie darauf ab, das islamische Ehe- und Familienrecht sowie das Erbrecht einzuführen.

Die meisten Muslime bezeichnen das deutsche Familienrecht als frauenfreundlich und männerfeindlich. Ich habe oft von Verfahrensgegnern gehört, dass das deutsche Recht die Frauen schütze und die Männer benachteilige. Sie werten die Gleichbehandlung der Geschlechter nach deutschem Recht als Unrecht, als Ungleichbehandlung des Mannes gegenüber den Frauen. Mit schariarechtlichen Korrekturen des deutschen Familienrechts für in Deutschland lebende Muslime würden wir allerdings die Gleichberechtigung der Geschlechter vor dem Gesetz aufheben.

Manchmal kommen deutsche Gerichte nicht umhin, gerade in familienrechtlichen Verfahren schariarechtliche Tatsachen zu akzeptieren, weil sie nach dem internationalen Privatrecht dazu verpflichtet sind. Je nach der Staatsangehörigkeit der Verfahrensbeteiligten muss ein Scheidungsverfahren zum Beispiel eventuell nach Schariarecht entschieden werden, weil in dem betreffenden Land die Scharia gilt. Dies ist heute schon Praxis in Deutschland.[25]

Wenn das fremde Recht jedoch in eklatantem Widerspruch zu unserem Rechtssystem steht, wird seine Anwendung abgelehnt. Dieser Fall wäre etwa gegeben, wenn ein Ehemann seine Frau einfach von heute auf morgen verstoßen würde. Hätte aber das Ehepaar zuvor eine gewisse Zeit getrennt gelebt, würden deutsche Gerichte nicht umhinkommen, die Verstoßung als rechtens zu bestätigen.

Ich bin der Auffassung, dass die Scharia selbst in ihrer liberalsten Auslegung mit unserer Verfassung nicht in Einklang steht. Denn sie ist eine religiöse Rechtsordnung, die sämtliche Lebensbereiche des Menschen zu regeln beansprucht und als Gesetzgeber einzig und allein Allah anerkennt. Eine solche Rechtsordnung verschließt sich jeder Säkularisierung. Sie darf sich in Deutschland und Europa nicht etablieren, indem ihr in Teilen Gültigkeit für muslimische Mitbürger zugestanden wird. Die Linie der Säkularisierung muss auch für den Islam zwischen Religion und Politik verlaufen.

Würde die Scharia – wenn auch nur in Teilbereichen – in Deutschland eingeführt werden, würden die Muslime das natürlich als ein Zeichen von Akzeptanz werten. Sie erhielten damit die offizielle Erlaubnis, sich von der allgemein gültigen Rechtsordnung zu verabschieden und eine islamische Parallelgesellschaft mit eigenen Gesetzen zu begründen. Das ist meiner Ansicht nach auch ganz klar das Ziel derjenigen Muslime, die die Anwendung der Scharia in Deutschland und in anderen demokratischen Ländern fordern.

Indem das islamische Recht Allah als alleinigen Gesetzgeber begreift, ist ein Prinzip zum Ausdruck gebracht, das mit dem zentralen rechtsstaatlichen Grundsatz, dass nämlich Gesetze von Menschen gemacht und veränderbar sind, nicht vereinbar ist. Diesen Aspekt betonen auch viele Islamgegner und -kritiker, die der Auffassung sind, der Islam sei nicht reformierbar. Wenn das Volk oder dessen Vertreter den Gesetzgeber nicht von besseren und der Zeit angemessenen Gesetzen überzeugen können, weil Allah als Gesetzgeber für den Menschen nicht erreichbar ist, dann sind die Gesetze auf immer unwandelbar und unumstößlich.[26]

Religion darf nicht die Grundlage für allgemeingültige Gesetze oder die Rechtssprechung sein. Nasr Hamid Abu Zaid hat dies sehr treffend formuliert:

»Der Koran ist eine religiöse Autorität, aber nicht der Bezugsrahmen etwa für die Erkenntnisse der Geschichte oder der Physik. Doch verstärkt sich heute die Tendenz zu meinen, der Koran enthalte bereits alle Wahrheiten, die die Vernunft je erkannt hat oder erkennen wird. Das ist gefährlich – gefährlich für die Vernunft und das Bewusstsein der Muslime –, denn es führt zu zweierlei: Zum einem wird die Bedeutung der menschlichen Vernunft herabgesetzt und damit die Rückständigkeit zementiert, und zum anderen verwandelt sich der Koran aus einem Offenbarungstext in einen politischen, wirtschaftlichen oder juristischen Traktat. Dadurch aber verliert der Koran etwas Wesentliches, nämlich seine spezifisch religiöse, spirituelle und in einem allgemeinen Sinne ethische Dimension.«[27]

Sexualität im Islam

Der Stellenwert der Sexualität im Leben jedes Einzelnen, sowohl in psychischer wie in physischer Hinsicht, und die Folgen einer unterdrückten Sexualität sind im aufgeklärten Westen bekannt und ausgiebig offen diskutiert. Die islamische Welt verbietet ihren Gläubigen diese Offenheit bisher. Eine freie, selbstbestimmte Sexualität von Frauen, so wie sie bei Christinnen und Jüdinnen vorzufinden ist, ist in der islamischen Welt noch so unvorstellbar wie der Wunsch des Papstes, Vater zu werden.

Die Sexualität ist der zentrale Punkt, um den es bei der Geschlechtertrennung geht. Und zwar nahezu in allen Religionen und Kulturen. So ist eines der Hauptansinnen einer patriarchalischen Gesellschaft die Unterdrückung und Kontrolle der weiblichen Sexualität. Die Unterprivilegierung von Frauen wird beim Thema Sexualität am offensichtlichsten.

Wenn die Frauen ihre Rolle spielen und den Spielregeln folgen, die von den Männern bestimmt werden, dann wird ihnen ein Lebensrecht zuerkannt. Das heißt allerdings nicht, dass sie auch am Leben teilhaben dürfen. Denn die Teilhabe am gesellschaftlichen Leben ist lediglich den Männern vorbehalten.

Mit der Forderung nach sexueller Selbstbestimmung für Frauen treffen wir die Urangst aller Patriarchen, so auch all derjenigen Muslime, die aus dem Koran die Anleitung zur sexuellen Unterdrückung der Frauen herauslesen. Natürlich, die Menschheitsgeschichte ist geprägt von der sexuellen Ausbeutung und Benachteiligung der Frauen. Das ist keine Besonderheit der Muslime. Sie sind aber für mich in diesem Buch die Hauptakteure. Und die eine oder andere Religion oder Kultur hat ja inzwischen auch schon große Schritte in Richtung Gleichberechtigung der Geschlechter getan. Manche dagegen lahmen und hinken hinterher. Oder wenden einer

Entwicklung gar den Rücken zu und laufen zurück ins 7. Jahrhundert, in dem der Prophet Mohammed gelebt und geliebt hat. Dessen Einstellung zum Leben und zur Sexualität bestimmt das Dasein von Millionen von Muslimen noch zu Beginn des dritten Jahrtausends, als hätten sich der Mensch und seine Lebensumstände 14 Jahrhunderte lang nicht verändert.

Die muslimische Welt ist einerseits extrem sexualfeindlich, andererseits hochgradig sexualisiert: Ihr Verhältnis zur Sexualität ist von Doppelmoral gekennzeichnet. Auf der einen Seite ist alles Sexuelle schambesetzt und tabuisiert, wird unterdrückt, bekämpft und kontrolliert, auf der anderen Seite leben Männer ihre mit dem Islam nicht unbedingt immer vereinbaren Gelüste aus. So ist etwa der Analverkehr unter Muslimen sehr verbreitet und der Besuch bei einer Hure sogar ein Beweis von hoher männlicher Potenz.

Jeder Versuch, Liebe, Erotik und Genuss mit Sexualität in Verbindung zu bringen, wird voller Verachtung abgelehnt. Unter alledem leiden aber die Frauen am meisten. Ich will hier selbstverständlich nicht behaupten, dass es allen muslimischen Frauen schlecht gehe und keine von ihnen ihre Sexualität genieße. Nein, ich spreche von den Frauen, denen einzig als Ehefrau, Hausfrau und Mutter eine Existenzberechtigung zuerkannt wird. Ich spreche von den Frauen, die von ihrem familiären und sozialen Umfeld gerade in punkto Sexualität extrem kontrolliert und beschränkt werden, indem sie stets an ihre Pflicht erinnert werden, als gottgefällige Musliminnen sittsam und ehrbar zu sein und ihre Rolle als Tochter, Ehefrau, Mutter tadellos und uneingeschränkt zu erfüllen.

Die moderne, westliche Frau, die natürlich ebenfalls in den genannten Kategorien Ehefrau, Hausfrau und Mutter wiederzufinden ist, hat selbstverständlich auch ihre Probleme mit dem Thema Sexualität. Die amerikanischen Fernsehserien *Sex and the City* oder *Desperate Housewives* können darüber Auskunft geben. Das Sexualleben zahlreicher vor allem muslimischer Frauen in Deutschland und der westlichen Welt insgesamt ist jedoch nicht annähernd mit dem der Frauen von z. B. *Sex and the City* vergleichbar. Wir reden hier von Frauen, für die es wirklich keinerlei sexuelle Selbstbestimmung gibt und in deren Welt bereits ein Blick, den eine Frau einem

Mann angeblich zuwirft, als sexuelle Verfehlung gilt und mit dem Tod bestraft werden kann. Selbstverständlich heißt es auch in diesem Zusammenhang häufig, der problematische Umgang vieler Muslime mit der Sexualität habe nichts mit dem Islam zu tun, sondern hänge von den sozialen Verhältnissen und dem Bildungsstand ab. Ich finde diese Position wirklich erstaunlich, da der Islam doch für sich beansprucht, den bestimmenden Einfluss auf das gesamte Leben der Muslime zu haben.

In keinem anderen Bereich ist die Kluft zwischen der Mehrheits- und der Minderheitengesellschaft, zwischen den verschiedenen Religionen und Kulturen so groß wie beim Thema Sexualität. Die Integration wird einen Riesenschritt vorankommen, wenn das Tabu, über Sexualität zu sprechen, gebrochen ist.

Wir sollten endlich anfangen, offen und klar über das Verbot und die Sanktionierung von freier, selbstbestimmter Sexualität unter Muslimen und über die unterschiedlichen Rechte und Pflichten der Geschlechter zu reden. Wir würden dann sehr schnell feststellen, dass es auch bei orthodoxen Muslimen im Endeffekt darauf hinausläuft, dass die Männer sich nehmen dürfen, was sie wollen, dass es ihnen erlaubt ist, Spaß zu haben, während die Frauen zu gehorchen und dem Mann Lust zu bereiten haben bzw. ihm und seiner Sippe vor allem männliche Nachkommen gebären sollen, ohne dass sie selbst Lust und Freude beim Sex empfinden dürfen.

Ich gehöre in Sachen Sexualität ganz bestimmt zu den privilegierten (muslimischen) Frauen. Ich beanspruche für mich, meine Sexualität mit der größtmöglichen Freiheit zu leben. Dabei lasse ich mich, wie jeder andere aufgeklärte Mensch, so weit es geht, von eigenen Wünschen und Bedürfnissen leiten. Und ich glaube, dass ich gerade aus diesem Grund von vielen Muslimen Ablehnung erfahre. Denn ich gelte als unmoralische, sündige Frau, von der man die eigenen Frauen und Töchter fernhalten muss.

Als Sibel Kekilli auf der Podiumsdiskussion über häusliche Gewalt ihre Ansichten vortrug, haben die Männer, die die Schauspielerin ausbuhten, ihr meines Erachtens nicht richtig zugehört. Diese Männer haben in Sibel Kekilli vor allem eine ehemalige Pornodarstellerin gesehen. Sie waren aufgrund ihrer Fantasien kaum in der Lage, sich auf das zu konzentrieren, was sie gesagt hat, und haben vor allem das herausgehört, was ihrer Meinung nach den Islam beleidigte. Dabei waren Sibel Kekillis Ausführungen differenziert und klug. Für die entrüsteten Herren jedoch war es ungeheuerlich, dass eine Person, die in ihren Augen eine Sexdienerin ist, es wagt, über den Islam und den heiligen Koran zu sprechen. Welch eine Blasphemie! Für sehr viele türkische Mädchen aber ist Sibel Kekilli ein Vorbild geworden, genau wie wir Frauenrechtlerinnen. Für viele gläubige Muslime dagegen sind wir Unpersonen. Sie wünschen uns den Tod, weil wir sexuelle Freiheit leben und damit ihre (Doppel-)Moral und ihre Sittenvorstellungen gefährden.

Abgesehen von kulturellen Prägungen und dem spezifischen Verständnis von Ehre und Schande, orientiert sich das Verhältnis der gläubigen Muslime zur Sexualität vor allem am Vorbild Mohammeds und seiner Frauen. Der beste Muslim lebt nicht nur wie der Prophet und seine Frauen, sondern er liebt auch wie der Prophet und seine Frauen. Darüber aber, wie der Prophet tatsächlich gelebt und geliebt hat, gibt es keine wirklich unumstrittenen Belege und keine einhellige Meinung. Auch was das Thema Sexualität angeht, lassen die Überlieferungen des Lebens Mohammeds vielerlei Interpretationen zu. Das ist mit dem Koran nicht anders. Da das islamische Gesetz und die islamische Ethik jedoch alle Bereiche des Lebens regeln, mussten sich die Theologen und Juristen wohl oder übel auch mit der Sexualität beschäftigen. Die Bemühungen der verschiedenen Rechtsschulen führten, wie es nicht anders zu erwarten war, nicht zu einer eindeutigen und einheitlichen Auslegung und Klärung.

Dass Religion und Sexualität in einem gewissen Zusammenhang stehen, ist die wohl wichtigste Aussage, auf die sich die Exegeten einigen können. Den direkten, strikten Bezug der Sexualität auf Gott forderte zum Beispiel der namhafte und sehr einflussreiche islamische Theoretiker Abu Hamid Muhammed Al-Gazali (gest. 1111):

»*Es ist eine löbliche Sitte, die Beiwohnung mit der Anrufung des Namens Gottes zu beginnen. Dann soll man den ersten Vers der 112. Sure zitieren, darauf ›Gott ist groß‹ (All hu akbar) und ›es gibt keinen Gott außer Allah‹ sagen. Außerdem sollte man ein kurzes Gebet sprechen, nämlich: ›Mein Gott, lass es eine gute Nachkommenschaft werden, wenn du beschlossen hast, eine solche aus meinen Lenden hervorgehen zu lassen.‹ Kurz vor dem Höhepunkt soll der Mann für sich sagen (Sure 25 : 56): ›Gelobt sei Gott, der aus dem Wasser (= Samen) einen Menschen geschaffen und ihn zu Bluts- und angeheirateten Verwandten hat werden lassen.‹«*[28]

Dem ehelichen Geschlechtsverkehr wird die Rolle eines religiösen Aktes eingeräumt, eine Auffassung, die sich auch in dem berühmten Buch *40 Hadite* des muslimischen Gelehrten Yahia bin Sharaful-Deen An-Nawawi (1233–1277) wiederfindet, in dem Mohammed mit den Worten zitiert wird: »*... das Beiwohnen eines jeden von euch ist ein Almosen ...*«[29] Das nur zur Erinnerung, Almosengeben ist eine der fünf Säulen des Islam und die Pflicht eines jeden Muslims.

All das klingt mithin auch eher nach religiöser Pflicht als nach befriedigender Sexualität. Dennoch wird behauptet, der Islam enthalte eine positive Haltung zur Sexualität und fordere, auf die sexuellen Bedürfnisse der Frau Rücksicht zu nehmen. Ich kann davon nichts entdecken. Im Gegenteil, mir scheint, dass der Islam der Sexualität eine schmutzige, unreine Seite zuweist. Sie verursacht so etwas wie rituelle Unreinheit, und so wird von Muslimen gefordert, sich nach sexuellen Handlungen durch eine Ganzkörperwaschung wieder zu reinigen. Und zwar nicht aus hygienischen, sondern allein aus religiösen Gründen. Es soll durchaus fromme Muslime geben, die sich unmittelbar nach dem Akt waschen.

Am Wochenende wird in vielen muslimischen Familien besonders viel Aufhebens um das Baden gemacht. Mit der Zeit bekommen die Kinder mit, dass die Eltern wahrscheinlich in der Nacht zuvor Sex miteinander hatten. Geredet wird darüber aber nicht.

Wie in anderen Religionen auch, gilt die Frau während ihrer Menstruation als unrein, ebenso nach der Geburt eines Kindes (40 Tage). Sie darf in dieser Zeit nicht beten und fasten. Und der Ehemann darf ihr in dieser Zeit nicht beiwohnen. In Vers 2 : 222 heißt es: »*Enthaltet euch daher eurer Weiber während der Reinigung und nahet ihnen nicht eher, als bis sie rein sind. Sind sie jedoch rein, so suchet sie heim, wie Allah es euch geboten hat.*«

Nach dem Geschlechtsakt gilt der Mann ebenfalls als unrein. Ein gläubiger Muslim soll sich während des Geschlechtsverkehrs nicht Richtung Mekka neigen. Verboten ist der Verkehr auch nach Sonnenaufgang und vor Sonnenuntergang während der Fastenzeit sowie auf der Pilgerfahrt. Das alles spricht dafür, dass Sexualität eher als etwas Unanständiges, Schlechtes gewertet wird.

In die gleiche Richtung weisen höchst umstrittene islamische Vorschriften über den Umgang mit Nacktheit. Sogar Eheleuten sei es nicht erlaubt, sich voreinander mit unverhüllten Geschlechtsteilen zu zeigen. Scheich Raschad Hassan Chalil, ehemaliger Dekan der Fakultät für Islamisches Recht an der renommierten Kairoer Al-Azhar-Universität, hat Anfang 2006 eine öffentliche Debatte über erlaubte und unerlaubte Sexualpraktiken ausgelöst. Er hat eine Fatwa erklärt, wonach eine Ehe ungültig wird, wenn sich die Partner beim Akt ganz ausziehen.[30] Die Scham geht so weit, dass sich auch Frauen unter sich, etwa im orientalischen Dampfbad, dem Hamam, voreinander bedecken. Ich habe im Hamam, sowohl in Deutschland als auch in der Türkei, selten muslimische Frauen gesehen, die ganz nackt waren. Das war so, als ich noch als Kind in Istanbul regelmäßig in einen Hamam ging, weil wir kein Badezimmer hatten, und das ist noch heute so.

Der Islam beansprucht einen umfassenden Einfluss auch auf das Sexualleben der Gläubigen. Das Wort *nikah*, was im Türkischen »Heirat« bedeutet, kommt aus dem Arabischen und steht dort sowohl für »Beischlaf« als auch für die »Ehe« und »Heirat«. Der Koran erlaubt somit streng genommen weder für den Mann noch für die Frau eine freie, selbstbestimmte Sexualität. Mohammed soll gesagt habe: »*Ihr jungen Männer, wer von euch die Pflichten der Ehe erfüllen kann, der heirate. Das hilft besser, den Blick zu senken und die Keuschheit zu wahren.*«[31] Für junge Frauen gibt es keine ähnliche Anweisung. Ich habe zum Beispiel auch nie gehört, dass der Hadith eine Lösung für die aufgestaute Libido einer Muslimin anbietet. Bei Männern wird hingegen auf die Möglichkeit der Masturbation hingewiesen, die ausdrücklich erlaubt wird, wenn der Mann vor lauter Gelüsten nicht mal mehr beten kann. Dass dies auch für die Frau gilt, findet sich weder im Koran noch in den Überlieferungen.

Aber nicht nur die genüssliche, sondern auch die negative Seite der Sexualität wird viel mehr in Bezug auf den Mann erwähnt als auf die Frau. Der Mann ist vor dem lockenden Weib zu schützen, damit er seinen Glauben und seine religiösen Pflichten nicht vernachlässigt. Nun sind auch muslimische Männer nicht per se davor gefeit, dass fremde Frauen sie reizen. In solch einem Fall wird ihnen empfohlen, nach Hause zu gehen und Befriedigung bei ihren Frauen zu suchen. Dass sie ihre Frauen fragen sollen, ob diese auch gerade Lust auf Sex haben, wird nicht erwähnt. Was im Zweifel bedeutet, dass sie nicht gefragt werden müssen. Die Ehefrau ist der »rettende Hafen« für den triebhaften Ehemann. Ganz nach dem Motto aus (fast) modernen Zeiten: »Appetit holt Mann sich draußen, gegessen wird zu Hause.«

Es wird immer wieder behauptet, dass im Islam sowohl Männer als auch Frauen Anspruch auf befriedigende Sexualität hätten. Eine Frau könne wegen sexueller Vernachlässigung sogar die Scheidung einreichen. In Vers 30:21 finden sich zwar Hinweise darauf, dass zwischen Mann und Frau gegenseitige Liebe und Zuneigung herrschen sollen – »... *Er hat zwischen euch Liebe und Barmherzigkeit gesetzt.* ...« –, aber kein Hinweis darauf, dass die Ehefrau den Ehemann auffordern könne, mit ihr Sex zu haben, weil sie gerade von einem fremden Mann gereizt wurde.

Dennoch wird die Sexualität im Islam nicht nur als etwas Negatives gesehen. Der Koran spricht davon, dass den Gläubigen im Paradies sexuelle Wonnen erwarten, die um einiges großartiger sind als die im Diesseits. In Sure 55:56–58 heißt es:

»Darin (in den Gärten) befinden sich, die Augen niedergeschlagen, weibliche Wesen, die vor ihnen (den Männern im Paradies, denen sie nunmehr als Gattinnen zugewiesen werden) weder Mensch noch Dschinn entjungfert hat. Welche von den Wohltaten eures Herrn wollt ihr denn leugnen? Sie sind so strahlend schön, wie wenn sie Hyazinth und Korallen wären.«

Es gibt keine einzige Stelle im Koran, die Frauen auch nur ansatzweise irgendwelche paradiesischen Freuden sexueller Art in Aussicht stellt. Natürlich werden auch die gläubigen Frauen ins Paradies aufgenommen, und dort erhalten sie für ihre Gottgefälligkeit auf Erden Belohnungen. Zahlreiche Verse sprechen von den schönen Dingen, die ein gläubiger Mensch zu erwarten hat (36:56; 13:23; 57:12; 33:35.73; 48:5; 9:72; 16:97 und 4:124). Aber männliche Huris – so heißen die wunderschönen Jungfrauen – erwarten sie nicht.

Wenn es also oft heißt, die Sexualität würde im Islam grundsätzlich bejaht und als natürliches Bedürfnis aller Menschen anerkannt, so stimmt das schon in der Theorie nicht – von der Praxis ganz zu schweigen. Auch Judentum und Christentum sind keine frauenfreundlichen Religionen. Aber diese beiden Religionen sind inzwischen eingebettet in eine säkulare Welt, ihre Schriften und Überlieferungen werden unter Berücksichtigung der historischen Gegebenheiten ihrer Entstehung interpretiert und sind für die meisten Christen und Juden nicht mehr im Wortlaut bindend, wie es der Koran für die Mehrheit der Muslime nach wie vor ist. Der Islam befindet sich erst auf der Schwelle zu diesem Wandel.

Im Islam steht dem Mann das grundsätzliche, auch sexuelle Bestimmungs- und Verfügungsrecht über die Frau zu, das er mit Abschluss des Ehevertrags erwirbt. Er übernimmt damit die Pflicht, seine Ehefrau materiell zu versorgen. Diese ist im Gegenzug ihrem Mann zu Gehorsam auch in sexueller Hinsicht verpflichtet. Bei Auflehnung darf er sie ermahnen, maßregeln, züchtigen (die Übersetzungen sind, gerade was das Züchtigungsrecht des Mannes anbelangt, vielfältig und umstritten) und mit dem Entzug des ehelichen Verkehrs bestrafen (Sure 4 : 34).

Der Jungfräulichkeitswahn

Von muslimischen Mädchen und Frauen werden Keuschheit und Unberührtheit erwartet. Das sind höchste, nur für das weibliche Geschlecht geltende Tugenden. Diese Erwartungen zu enttäuschen ist für Musliminnen fast unmöglich, weil sie durch die Erziehung tief verwurzelt und verinnerlicht sind.

In der islamischen Welt wird von Mädchen und Frauen verlangt, dass sie als Jungfrauen in eine Ehe eintreten. Es herrscht ein regelrechter, fast unumstößlicher Jungfräulichkeitskult und -wahn, der von der Mehrzahl der Theologen vehement unterstützt und genährt wird. Ich habe den Eindruck, dass die Jungfräulichkeitspflicht eine der bestbewachten muslimischen Bastionen ist, die in Abgrenzung zur christlich-jüdischen Welt mit allen Kräften verteidigt wird. Natürlich ist sehr vielen Urdeutschen bekannt, dass die Jungfräulichkeit der Mädchen in der Parallelwelt der Muslime eine riesengroße Rolle spielt. Aber ich glaube, dass sich die wenigsten Urdeutschen wirklich bewusst machen, welche Kluft zwischen den Kulturen und Religionen gerade in Bezug auf den muslimischen Jungfrauenwahn besteht.

Eine urdeutsche Lehrerin oder ein Lehrer spricht selten muslimische Eltern auf deren Angst an, ihre Tochter könnte auf einer Klassenfahrt entjungfert werden. Das ist den meisten viel zu intim. Die Angst vor der Reaktion der muslimischen Eltern ist zu groß. Man könnte sie ja in ihren Gefühlen verletzen. Dabei sollte doch genau darüber, über das Thema Jungfräulichkeit gesprochen werden. Warum haben muslimische Eltern Angst davor, dass ihre Töchter in den deutschen Schulen »verdorben« werden könnten? Es geht ihnen dabei um nichts anderes als um das Thema Sex.

Kaum erreicht ein muslimisches Mädchen die Pubertät, schon ist sie in Gefahr, ihre Jungfräulichkeit zu verlieren. Einige Eltern entwickeln ihre Ängste bereits, wenn die Tochter noch ein kleines Kind ist. Deshalb darf manch ein muslimisches Mädchen zum Beispiel nicht Fahrrad fahren. Denn durch den Sattel könnte es ja entjungfert werden. Mit dem ständigen Hinweis, sie könnten beim Spielen, Toben oder Fahrradfahren ihre Jungfräulichkeit verlieren, erfahren muslimische Mädchen von früh an eine ungeheure Sexualisierung – zu der auch das Kopftuch beiträgt, das mittlerweile schon Sechsjährigen umgebunden wird, damit sie ihre Reize bedecken. Auf diese Weise ist die Sexualität in vielen muslimischen Familien direkt oder indirekt ununterbrochen Thema. Der Alltag eines heranwachsenden Mädchens wird von dem obersten Gebot bestimmt, alles zu unterlassen, was ihr Jungfernhäutchen und ihren guten Ruf beschädigen könnte. Sonst nämlich wäre sie für den Verlust der Familienehre verantwortlich und müsste bestraft werden. Das intakte Jungfernhäutchen, welches nur in der Hochzeitsnacht durch den Ehemann zerstört werden darf, ist das zentrale Beweismittel für ein moralisch einwandfreies Leben vor der Ehe.

Eine Frau würde verdorben werden, wenn sie vor der Ehe sexuelle Erfahrungen sammeln würde. Die Vorstellung, sie könnte ja

Gefallen daran finden und ihren späteren, von der Familie ausgesuchten Ehemann im Vergleich für einen schlechten Liebhaber halten, schwingt in dieser Haltung mit. Hier ist ein primitiver, kulturell-religiös unterfütterter und gestützter Männlichkeitswahn am Werk: die Angst, ein anderer Mann könne besser im Bett sein. Auch die Vorstellung, seine Frau könnte nach ihm einen besseren Liebhaber haben, kann einem muslimischen Macho den Verstand rauben – und ihn im Extremfall zu einem Mord treiben.

Sehr früh und derart tief wird muslimischen Mädchen die Jungfräulichkeitspflicht eingeimpft, dass der offene Tabubruch sehr selten vorkommt. Wenn doch, dann findet dieser Tabubruch heimlich statt. Es ist die wichtigste Sache im Leben eines gläubigen muslimischen Mädchens, unberührt in die Ehe zu gehen. Ihre Jungfräulichkeit wird durch das blutbefleckte weiße Bettlaken bewiesen, welches in der Hochzeitsnacht als Beweismittel herausgereicht wird. In einigen Regionen im Osten der Türkei wird das Bettlaken heute noch wie eine Fahne an einen Mast gehängt, damit das ganze Dorf Bescheid weiß.

Auch im heutigen modernen Europa ist es in traditionellen muslimischen Familien üblich, dass in der Hochzeitsnacht eine oder mehrere Verwandte in der Wohnung der Brautleute oder in einer benachbarten Wohnung auf das blutige Tuch warten. Dadurch wird deutlich, dass die Entjungferung keine private intime, sondern eine öffentliche Angelegenheit ist.

Eine junge Frau, die aus einer solchen Familie stammt, hat vor der Hochzeitsnacht weder einen Mann berührt, noch sich berühren lassen. Nun soll sie in der Hochzeitsnacht quasi öffentlich mit dem Bräutigam Sex haben. Ihre Sexualität wird zu einem Allgemeingut. Ich habe unzählige Geschichten darüber gehört, wie nach einer Weile jemand an die Tür des Brautzimmers klopfte und fragte: »Seid ihr noch nicht fertig? Wir wollen auch ins Bett.« In Ostanatolien gibt es auch den Brauch, dass der Bräutigam nach der Entjungferung stolz aus dem Zimmer und vor das Haus tritt und mit dem Gewehr in die Luft schießt. Die Frau liegt währenddessen im Bett und schämt sich zu Tode. Nur der Beweis ihrer vormaligen Jungfräulichkeit, von der auf ein keusches und sittliches Verhalten vor der Ehe geschlossen wird, gewährleistet die Ehre der Frau.

Der Jungfräulichkeitswahn macht die Frau zu einem Handelsobjekt, zu einer Ware. Sie hat keine eigene Sexualität. In der Hochzeitsnacht wird die Ware geprüft. Ist sie gut, darf sie bleiben, ist sie schlecht, muss sie gehen. Eine Braut mit Rückgaberecht also.

Es gibt sogar modern und selbstbewusst wirkende junge Deutschländerinnen, die in Deutschland ein Gymnasium besuchen oder besucht haben, deutsche Freunde besitzen und vordergründig ein freizügiges Leben führen, die die Jungfräulichkeitspflicht vor der Ehe nicht offen infrage stellen. Der Widerstand gegen sie findet, wenn überhaupt, im Stillen statt. Durchaus nicht alle Musliminnen befolgen nämlich tatsächlich das Verbot, keinen vorehelichen Geschlechtsverkehr zu haben. Das gerissene Jungfernhäutchen wird dann allerdings vor der Hochzeit »repariert«, das heißt von einem Arzt wieder zusammengenäht – eine Praxis, die stark zunimmt.

Die weibliche Sexualität religiös und gesellschaftlich zu kontrollieren und zu unterdrücken bedeutet eben nicht, dass sie nicht existiert. Nicht jeder voreheliche Geschlechtsverkehr ist erzwungen, und nicht jede außereheliche Schwangerschaft ist ein Ergebnis erzwungenen Geschlechtsverkehrs. Ich würde sogar behaupten, dass die Mehrzahl der muslimischen Frauen, die vorehelichen Sex haben, ihn freiwillig hat. Nicht nur die verbreitete Praxis der Jungfernhäutchenwiederherstellung, sondern auch die heimlichen Abtreibungen, die Musliminnen vornehmen lassen, zeugen von dem Doppelleben, das viele von ihnen in sexueller Hinsicht führen. Ich meine nicht nur die illegalen Abtreibungen in islamischen Ländern, sondern auch die Schwangerschaftsabbrüche, die in Europa lebende muslimische Frauen zwar legal, aber ohne das Wissen ihrer Familien vornehmen lassen. Hierzu gibt es weder Zahlenmaterial noch aussagekräftige Studien. Spricht man aber mit Gynäkologen oder Gynäkologinnen, so berichten sie von jungen Musliminnen, mitunter nicht älter als 13 Jahre (in islamischen Ländern sind sie meist weitaus jünger als in Europa), die zu ihnen in die Praxis kommen, um ihre Schwangerschaft heimlich abbrechen zu lassen. Der Arzt oder die Ärztin ist hier in einem starken Gewissenskonflikt. Wenn die Familien von der Schwangerschaft erfahren, kann es den Tod für die Mädchen oder Frauen bedeuten. Andererseits macht sich ein Arzt strafbar, wenn er ohne Erlaubnis der Eltern bei Minderjährigen eine Abtreibung durchführt.

Aber was bleibt den jungen Frauen und den Ärzten denn übrig, als die Familien zu hintergehen, wenn sich die Tradition des Jungfrauenwahns nicht ändert? Wenn es nicht endlich ein Ende hat, dass vor- bzw. außerehelicher Geschlechtsverkehr als Sünde oder gar Straftatbestand angesehen wird? Es kann nicht sein, dass sich im 21. Jahrhundert in der muslimischen Welt immer noch die Ideologie der Jungfräulichkeit mit solcher Kraft hält. Es kann nicht sein, dass die Ehe den einzig erlaubten Rahmen für Sexualität darstellen soll. Die Lebenswirklichkeit der Menschen hat sich weit von dieser Tradition entfernt. Auch der Islam muss diese Realität akzeptieren, um den fragwürdigen, für die Frauen nicht ungefährlichen Konsequenzen einer heimlich gelebten Sexualität, wie Jungfernhäutchenreparaturen und Abtreibungen, entgegenzuwirken.

Geschlechtertrennung

Im Islam herrscht weitestgehend die Auffassung vor, ein Ausleben der weiblichen Sexualität schade dem sozialen Gefüge, vor allem dann, wenn Männer von ihr dominiert würden, wenn zum Beispiel die Ehefrau im Bett zu aktiv sei oder überhaupt ein eigenständiges sexuelles Verlangen zeige. Die Männer müssen vor einer aktiven weiblichen Sexualität geschützt werden. Dies geschieht am besten dadurch, dass die Geschlechter räumlich voneinander getrennt werden und die Frauen so wenig wie möglich das Haus verlassen.

Es ist daher nur allzu konsequent, wenn Frauen vom öffentlichen Leben ausgeschlossen und in die begrenzte häusliche Sphäre verwiesen werden. Und es ist auch nur allzu konsequent, wenn bei *Milli Görüş*, einem der größten islamischen Verbände in Deutschland, Männer und Frauen in separaten Räumen arbeiten (so haben sie es jedenfalls in einer Dokumentation im deutschen Fernsehen selbst berichtet).

Die Geschlechtertrennung erstreckt sich über den öffentlichen, religiösen wie auch den privaten Bereich. Für strenggläubige Familien ist es obligatorisch, in ihren Wohnungen separate Männer- und Frauenräume einzurichten.

Natürlich ist auch die Köperhaltung beim muslimischen Gebet ein Problem. Sie ist eins der wichtigsten Argumente orthodoxer Muslime gegen das gemischtgeschlechtliche Beten. Kaum einer Frau dürfte es gefallen, so die häufige Begründung, wenn hinter ihr ein Mann auf dem Boden kniet und mit seinem Kopf fast ihren Hintern berührt. Es wäre aber doch durchaus denkbar, dass Männer und Frauen im selben Raum, aber nebeneinander beten.

Die Geschlechtertrennung wird allerdings nicht nur sexuell begründet, sondern auch mit der geschlechtsspezifischen Aufgabenteilung. Der Mann habe, wie es der Koranvers 4 : 34 festlegt, für den Unterhalt zu sorgen und müsse deshalb in die Öffentlichkeit, während es der Frau obliege, das Haus in Ordnung zu halten. Daraus ergebe sich eine natürliche Hierarchie der Geschlechter sowie die oberste Entscheidungsgewalt für den Mann.

Eine solche Geschlechtertrennung kennt das Christentum nicht. Auch wenn die Bibel sowohl im Gottesdienst (1. Kor 11,3 ff.) als auch in der Ehe (Eph 5,22 f.) eine gewisse Unterordnung der Frau verlangt und sicher viele andere Bibelstellen anzuführen wären, aus denen eine Benachteiligung der Frau herauszulesen ist, so enthalten doch das Alte wie das Neue Testament die Vorstellung, dass sich Männer und Frauen in der Öffentlichkeit begegnen, miteinander arbeiten und gemeinsam Gottesdienste feiern. Hier besteht ein fundamentaler Unterschied zwischen Islam und Christentum.

Männliche Sexualität

Im Grunde wird dem muslimischen Mann von seiner Religion bescheinigt, dass er seine sexuellen Triebe nicht kontrollieren kann. Wären die Frauen nicht verhüllt, würde er von ihnen sexuell gereizt werden. Er wäre selbst an seinem Arbeitsplatz nicht in der

Lage, die Finger von seinen Kolleginnen zu lassen. Allen Frauen, mit denen er nicht verwandt ist, würde er nachstellen, und sogar in der Moschee könnte er seine Triebe nicht zügeln und würde von seinem Glauben abgelenkt werden.

Doch es gibt auch muslimische Männer, die sich selbst als Herr ihrer Triebe sehen und sich sehr wohl in der Lage fühlen, sie eigenverantwortlich zu kontrollieren, ohne dass die Frauen sich verschleiern müssen. Sie betrachten sich nicht als kopflose Geschöpfe, die von der bösen unverhüllten, sexuell verführerischen Frau um den Verstand gebracht werden. Diese muslimischen Männer schämen sich für ihre Geschlechtsgenossen, und zwar zu Recht. Auch sie haben ebenso wie die meisten Frauen einen schweren Stand in der patriarchalischen Welt des Islam, da sie oftmals nicht als »echte Männer« angesehen werden. Diese Männer brauchen unsere Unterstützung ebenso wie die Frauen.

Für das Verständnis der männlichen Sexualität im Islam spielt meines Erachtens die Koransure 2 : 223 eine besonders hervorzuhebende Rolle. Natürlich existieren auch von ihr wieder zahlreiche Übersetzungen. Doch alle enthalten sie im Kern die gleiche Aussage: »*Eure Frauen sind für euch ein Saatfeld / ein Acker. Geht zu eurem Saatfeld / Acker, wo immer ihr wollt.*« Unmissverständlich wird in dieser Sure die Auffassung zum Ausdruck gebracht, dass die Ehemänner zu ihren Ehefrauen gehen und sexuellen Gehorsam verlangen können, wann und wo es ihnen gefällt. Die Passage »*wo immer ihr wollt*« wird von manchen Exegeten so interpretiert, dass beim Koitus jegliche Stellung erlaubt sei, solange es zumindest theoretisch zu einer Befruchtung (Stichwort Saatfeld) kommen kann.

Nach dieser Deutung wäre der Analverkehr verboten. Das wird von einigen Rechtsgelehrten auch so gesehen. Auf dieses Verbot beriefen sich auch einige meiner Mandantinnen, die von ihren Männern zum Analverkehr gezwungen worden waren. Eine Frau erzählte mir, dass ihr dies sogar in der Hochzeitsnacht widerfahren sei. Sie war daraufhin ohnmächtig geworden. Vor der Heirat hatte sie noch nie ein männliches Geschlechtsorgan gesehen, und nun sollte sie nach der Entjungferung, die sie irgendwie hinter sich gebracht hatte, auch noch eine anale Penetration über sich ergehen lassen.

Diese bei muslimischen Männern verbreitete Sexualpraxis des Analverkehrs muss man in Verbindung mit den religiösen Keuschheitsgeboten, dem Jungfräulichkeitswahn, der strengen Geschlechtertrennung und den dadurch häufig verursachten homosexuellen Erfahrungen und Neigungen sehen. Man schaue sich nur die Verhältnisse in Pakistan an. Betsy Udink schreibt in ihrem Buch *Allah & Eva* sehr eindrücklich über dieses Thema:

»*Pädophilie, Knabenprostitution, Knabenkonkubinat, Homosexualität: verboten im Islam, natürlich, wie es in allen Offenbarungsreligionen verboten ist. Aber er kommt vor, der Geschlechtsverkehr mit Jungen, und zwar in großem Maßstab. Gerade durch die ›Apartheid der Geschlechter‹, durch den Ehrbegriff der Männer, der an die Jungfräulichkeit und Sittsamkeit ihrer Frauen gebunden ist, und durch den Konkurrenzkampf zwischen Männern und Jungen darum, wer die meisten Erektionen pro Tag hat und am häufigsten einen Orgasmus hat, denken Männer und Jungen den ganzen Tag an Sex. (…) Der einzige Sex, an den man problemlos herankommt, ist derjenige mit Jungen. (…) Kein Getue mit Jungfernhäutchen, keine unerwünschten Schwangerschaften, keine Familienehre, die verletzt wird, wegen der gekämpft werden muss …*«[32]

In Gesprächen mit Ärzten und Ärztinnen erfuhr ich, dass immer wieder muslimische Frauen mit zum Teil erheblichen Verletzungen zu ihnen kämen, die ihnen durch Analverkehr zugefügt worden seien, meist durch die eigenen Ehemänner. Ich habe während meiner Arbeit als Anwältin viele muslimische Frauen erlebt, die unter den Sexualpraktiken litten, die ihre Männer ihnen abverlangten, und sich deshalb scheiden lassen wollten. Sie wollten aber in den allermeisten Fällen nicht, dass ihre peinlichen und demütigenden Erfahrungen in den Scheidungsantrag aufgenommen wurden. Einige Frauen berichteten, sie hätten versucht, ihre Männer vom Analverkehr abzuhalten, indem sie darauf hinwiesen, dass er unislamisch sei. Doch davon ließ sich kein Mann beeindrucken.

Eine Frau, die sich gegen Analverkehr zur Wehr setzt oder es versucht, hat es besonders schwer, Verbündete oder Hilfe innerhalb der Familie zu finden. Wer von nicht sexualisierter häuslicher Gewalt betroffen ist, kann darüber offener reden und erhält vielleicht

Unterstützung von einzelnen Familienmitgliedern. Wer aber von sexualisierter Gewalt und unerwünschten Sexualpraktiken betroffen ist, kann nicht auf Hilfe seitens der Familie hoffen. Denn mit wem kann eine muslimische Frau schon darüber sprechen?

Ein weiterer Aspekt der sexuellen Doppelmoral sind die Bordellbesuche muslimischer Männer, auch in Deutschland. Ich denke dabei nicht an die in muslimischen Ländern weit verbreitete »Entjungferung« von Jungen, die von einem nahen männlichen Verwandten in ein Bordell mitgenommen werden, damit sie erste sexuelle Erfahrungen sammeln. Nein, ich denke an die verheirateten Männer, die ihre Frauen zu Hause einschließen, damit sie anständig bleiben und nicht von einem anderen Mann angesehen werden, und die dann in ein Bordell gehen. Auch hierzu gibt es keine Studien und Zahlen, aber von Prostituierten sowie von Muslimen, die sich selbst Sex kaufen, habe ich mir erzählen lassen, dass Bordelle von muslimischen Männern stark frequentiert werden. Die Wünsche der muslimischen Männer, berichten Sexarbeiterinnen, seien teilweise derart extrem, dass viele Prostituierte muslimische Männer als Kunden ablehnen würden.

Nun kann man natürlich sagen, dass es nicht richtig sei, das Sexualverhalten mancher muslimischer Männer mit dem Islam in Verbindung zu bringen. Es gebe eben Männer mit besonderen Sexwünschen, und das seien keineswegs immer gläubige Muslime. So einfach ist es aber meines Erachtens nicht. Eine durch die Religion stark reglementierte Sexualität, die jungen Menschen keinen Raum für sexuelle Erfahrungen bietet, drängt sie geradezu in solche Nischen. Es ist eher falsch, den Zusammenhang zwischen religiösen Vorschriften, Zwängen, religiös geschürten Ängsten und bestimmten Sexualpraktiken ganz zu leugnen. Es wäre in meinen Augen wichtig, nicht nur Politik und Religion zu trennen, sondern auch die Sexualität von religiösen Einflüssen zu befreien, um zu einer freien, selbstbestimmten Sexualität zu gelangen.

Wenn der Mann von seiner mehr oder weniger religiösen Umgebung ständig damit konfrontiert wird, sich von der fremden Frau als Verführerin fernzuhalten, sich nur auf seine Ehefrau zu konzentrieren, und als ein Triebwesen dargestellt wird, entstehen automatisch eine frauenverachtende Haltung und regelrechte

Angst vor Frauen, die sich in der Domestizierung der Frau, dem Jungfrauenkult, der Geschlechtertrennung und der Sexualisierung von kleinen Mädchen widerspiegelt. Der so konditionierte muslimische Mann denkt über seine Geschlechtsgenossen und deren Sexualverhalten nicht besonders gut. Er sieht in jedem anderen Mann einen potenziellen Lustmolch, der sich bei jeder sich bietenden Gelegenheit über Frauen hermacht.

Diese Männer müssen in ihrer gesamten Lebenswirklichkeit wahrgenommen werden. Aus einem muslimischen Kulturkreis kommend und somit islamisch sozialisiert, können sie nicht von ihrer Religion unabhängig betrachtet werden. Zumal diese Sorte Männer sich in Bezug auf ihre Frauen selbst gerne von den ungläubigen Männern abgrenzt, die meist nicht als ganze Kerle gelten. Emotionale Zuwendung zwischen den Geschlechtern stellt für sie eine Schwäche dar, die die Autorität und Herrschaft des Mannes über die Frau untergraben könnte. Werden zwischen Eheleuten doch einmal Zärtlichkeiten ausgetauscht, dann nur im stillen Kämmerlein. Kinder erleben daher kaum, dass ihre Eltern einen liebe- und lustvollen Umgang miteinander pflegen. Ich will keine Werbung für zügellose, offene Sexualität machen. Da mag jeder nach seiner Fasson glücklich werden. Nein, ich will nur darauf hinweisen, welch verheerendes Geschlechterverhältnis unter vielen Muslimen vorherrscht und an die Kinder weitergereicht wird.

Die Vielehe

Auf die Frage, warum nur Männer mehrere Partnerinnen haben dürfen, Frauen sich dagegen mit einem Ehemann begnügen müssen, antwortet der Deutschsprachige Muslimkreis Karlsruhe mit dem bereits zitierten Zirkelschluss, der im Heftchen *25 Fragen zur Frau im Islam* nachzulesen ist (auch im Internet). Dort heißt es, der Islam sei die Religion der natürlichen Veranlagung des Menschen. Dass eine Frau mehrere Männer heirate, sei eine im Allgemeinen nur selten vorkommende Praxis. Daher könne man davon ausgehen, dass es auch nicht der Natur der Frau entspreche, gleichzeitig mit mehreren Männern verheiratet zu sein. Eine ziemlich logische und klare Argumentation. Nun sagen andere Verbände stets, wenn ich bei Veranstaltungen auf diesen Muslimkreis und die oben genannte Schrift hinweise, bei dieser Vereinigung handele es sich lediglich um einen unbedeutenden Zusammenschluss verwirrter Studenten. Dabei haben die größeren Verbände natürlich auch keine bessere Erklärung dafür, dass Frauen anders als Männer nicht mehrere Sexualpartner haben dürfen. Der Islam sehe das nicht vor, heißt es meist ganz lapidar. Und dem Mann seien mehrere Frauen doch nur dann erlaubt, wenn er alle Ehefrauen sowohl materiell als auch immateriell gleich behandeln würde.

Die Legitimierung der männlichen Polygamie im Islam sowie die Pflicht, alle Frauen gleich zu behandeln, basiert auf der Koransure 4 : 3: »… *dann heiratet von den Frauen, was euch beliebt, zwei, drei oder vier. Wenn ihr aber fürchtet, so viele nicht gerecht zu behandeln, dann nur eine.*«

Es ist inzwischen eher eine Seltenheit, dass ein muslimischer Mann, wie vom Koran erlaubt, vier Frauen ehelicht, denn schließlich bedarf es einiger finanzieller Mittel, um die Frauen und die zu erwartenden Kinder zu versorgen. Polygynie ist also auch ein Privileg der Reichen. Sie ist daher sehr oft in der Oberschicht der Golfstaaten anzutreffen. In der Türkei wird Polygynie meist im Osten der Türkei praktiziert. Vor allem unter Kurden ist sie noch weit verbreitet. Von den mehrheitlich islamischen Ländern haben die Türkei, Tunesien und Bosnien das von der Religion verbriefte Recht des Mannes auf mehr als eine Frau aufgehoben, was natürlich nicht heißt, dass es dort nicht mehr zur Anwendung kommt.

Früher stand es einem muslimischen Mann frei, zusätzlich zu seinen vier Ehefrauen noch mit seinen Sklavinnen geschlechtlich zu verkehren. Dafür lassen sich sowohl im Koran als auch im Hadith Quellen finden. Deren Anzahl war selbstverständlich nicht limitiert. So ist es auch zu erklären, dass historischen Berichten, Märchen und Legenden zufolge etwa die osmanischen Sultane in ihrem Harem manchmal 100 und mehr Frauen hatten. Darunter waren aber immer nur vier rechtmäßige Ehefrauen, der Rest waren Sklavinnen. Ob sich aus dieser Tradition die Bordellbesuche muslimischer Männer erklären lassen? Schließlich sind Prostituierte Sexdienerinnen und in den Augen von einigen Männern ganz sicher mit Sklavinnen zu vergleichen.

Die muslimische Welt kennt viele namhafte Vorbilder für die Polygynie und Promiskuität. Kaum ein Herrscher oder mächtiger Mann lebte monogam. Das wohl bekannteste Bespiel ist der Prophet selbst.

Auch diejenigen gläubigen Muslime, die für sich die Polygynie ablehnen bzw. aus den verschiedensten Gründen nicht leben wollen oder können, üben kaum je Kritik an der im Koran festgeschriebenen Möglichkeit, sondern erklären und entschuldigen sie historisch. Vielweiberei sei zu Zeiten des Propheten eine Notwendigkeit zum Schutz der Frauen gewesen. Es habe damals, so lautet die geschichtlich nicht belegbare Mär, zu viele Frauen und zu wenig Männer gegeben, und da nur verheiratete Frauen vor Vergewaltigungen geschützt gewesen seien, hätten die Männer eben mehrere Frauen geheiratet. Die Polygynie sei damals also nur eine Schutz- und Hilfsmaßnahme für die Frauen gewesen.

Mohammed soll bis zum Tod seiner ersten Frau Hadidscha (619) in einer monogamen Ehe gelebt haben. Dafür kann es mehrere Erklärungen geben. Möglich ist z. B., dass die viel ältere Hadidscha sich aufgrund ihrer Position als Handelsfrau genügend Respekt verschaffen konnte, um ihren Mann von einer Heirat mit anderen Frauen abzuhalten. Wie sonst lässt sich erklären, dass Mohammed, wie überliefert ist, nach dem Tod Hadidschas weitere 13 Frauen geehelicht hat, und zwar zeitweilig bis zu acht gleichzeitig? Ich frage mich, ob also der erwähnte Frauenüberschuss erst nach Hadidschas Tod aufgetreten ist. Denn warum sonst hat Mohammed nicht schon während der Ehe mit Hadidscha zusätzliche Frauen geheiratet, um sie vor Vergewaltigungen zu schützen? Die historische Erklärung der Polygynie als Schutzmaßnahme für Frauen hinkt und scheint mir vorgeschoben, um die Frauenverachtung, die in der Vielweiberei steckt, wie sie in der muslimischen Welt praktiziert wird, nicht anzuerkennen.

Mohammed besitzt aufgrund seines Prophetseins natürlich ohnehin eine Sonderstellung, die im Koran durch eine Offenbarung bestätigt wird. In Sure 33 : 50 heißt es:

»Prophet! Wir haben dir zur Ehe erlaubt: deine bisherigen Gattinnen, denen du ihren Lohn gegeben hast; was du (an Sklavinnen) besitzt, die von Gott (als Beute) zugewiesen wurden, die Töchter deiner Onkeln und Tanten väterlicher- und mütterlicherseits, die mit dir ausgewandert sind; weiters eine jede gläubige Frau, wenn sie sich dem Propheten schenkt und er sie heiraten will. Das gilt in Sonderheit für dich im Gegensatz zu den anderen Gläubigen.«

Die Sexualität im Leben Mohammeds ist kein Tabu. Es wird sogar davon berichtet, dass er während des Liebesspiels mit seiner Lieblingsfrau Aischa, die neun Jahre alt gewesen sein soll, als er sie heiratete, nicht selten Offenbarungen von Gott erhalten habe. Allah habe, so heißt es verschiedentlich, Mohammed die Potenz von 30 normalen Männern geschenkt. Deshalb habe er manchmal mit all seinen acht Ehefrauen in einer Nacht verkehrt.

Die Ausführlichkeit und Offenheit, mit der in den Überlieferungen über das Sexualleben Mohammeds gesprochen wird, macht einen großen Unterschied zwischen dem Islam und dem Christentum aus. Wie es Jesus mit der Sexualität hielt, spielt in der christlichen Überlieferung nicht die geringste Rolle. Anders als Mohammed ist Jesus kein nachzuahmendes Vorbild in sexuellen Fragen.

Unter den Gläubigen wird Mohammed als ein liebvoller Ehemann und Verehrer der Frauen gesehen. Seine Hochachtung vor Frauen zeige sich in zwei viel zitierten Aussprüchen: *»Der Beste unter ter Euch ist der, der seiner Frau am besten ist«* und *»Lieb wurden mir gemacht von Eurer Welt drei Dinge: die Frauen, die Wohlgerüche und das Gebet als Augentrost«.*

Der Prophet hat aber nicht nur gute Worte für die Frauen übrig. So lautet eine Überlieferung:

»›Oh ihr Gemeinschaft der Frauen, gebt Almosen und bittet viel um Vergebung, denn ich sehe, dass ihr die Mehrheit der Höllenbewohner bildet.‹ Eine beredte Frau unter ihnen sagte: ›Wieso, o Gesandter Gottes, bilden wir die Mehrheit der Höllenbewohner?‹ Er sagte: ›Ihr flucht viel und seid undankbar gegen euren Lebensgenossen. Und ich habe festgestellt, dass es unter denen, die Mangel an Verstand und Religion leiden, keine gibt, die lästiger für die Verständigen sind als ihr.«[33]

Der Prophet hatte offenbar ein relativ lustvolles Sexualleben. Und da der Prophet in allen Lebensbereichen nachgeahmt werden soll, kamen und kommen muslimische Rechtsgelehrte und Theologen nicht umhin, sich auch mit dem Thema Sexualität intensiv zu beschäftigen. Der Koran liefert aber keine direkten Quellen, und die Überlieferungen sind teilweise sehr widersprüchlich.

So ist etwa zur Frage der Empfängnisverhütung von »kein Problem« bis »schlimmstes Vergehen« so ziemlich jede Auffassung vertreten. Ebenso verhält es sich beim Thema Schwangerschaftsabbruch. Und so verhält es sich auch beim Thema Polygynie. Tatsache aber ist, dass sie in der muslimischen Welt unter Berufung auf Mohammed und den Islam praktiziert wird.

Die Zeitehe

Eine andere Tradition, aus der die Privilegierung der männlichen Sexualität sehr deutlich wird, ist die Zeitehe (arabisch: *Mut'a*-Ehe = »Genussehe«, persisch: *Sighe*). Sie wird für einen begrenzten Zeitraum geschlossen, der nur eine Stunde, aber auch mehrere Jahre umfassen kann. Die Frau wird während der Ehe finanziell unterstützt, um ihren Lebensunterhalt zu sichern oder zumindest dazu beizutragen; sie hat aber keinerlei weitere Ansprüche, etwa auf Unterkunft oder, falls ein Kind gezeugt wird, Unterhaltszahlungen. Die Schiiten sind der Ansicht, dass die Zeitehe im Islam erlaubt und durch die Sure 4 : 24 legitimiert sei:

»Und (verwehrt sind euch) verheiratete Frauen außer denen, die ihr von Rechts wegen besitzt. Dies ist Allahs Vorschrift für euch. Und erlaubt ist euch außer diesem, dass ihr mit eurem Geld Frauen begehrt, zur Ehe und nicht zur Hurerei. Und gebt denen, die ihr genossen habt, ihre Brautgabe. Dies ist eine Vorschrift; doch soll es keine Sünde sein, wenn ihr über die Vorschrift hinaus miteinander eine Übereinkunft trefft.«[34]

Die Sunniten dagegen betrachten die Zeitehe als eine Form der Prostitution und lehnen sie mehrheitlich ab; in Saudi-Arabien wird sie mit dem Tod für alle Beteiligten bestraft.

Hier bekommen wir wieder einmal sehr anschaulich vor Augen

geführt, wie unterschiedlich die einzelnen Ausrichtungen des Islam den Koran und die Überlieferungen interpretieren: Für die einen ist die Zeitehe vom Koran erlaubter Genuss, für die anderen ein mit der Todesstrafe zu ahndendes Verbrechen. Da fällt es natürlich sehr schwer, von »dem Islam« zu sprechen.

Die Zeitehe ist eine Möglichkeit, um einerseits Prostitution durch die Hintertür zu erlauben sowie andererseits Sexualität außerhalb der Ehe zu leben. Viele junge gläubige Muslime nutzen die Möglichkeit der Zeitehe, um voreheliche Erfahrungen zu sammeln. Auch für alleinstehende, geschiedene Frauen stellt sie eine legitimierte Art dar, sexuelle Kontakte zu haben. Sie genießt zurzeit im Iran eine ungeheure Popularität.

Ich habe von mehreren Personen gehört, auch von solchen, die eigene Erfahrungen damit hatten, dass die Zeitehe durchaus auch in Berlin unter Sunniten praktiziert werde und sich wachsender Beliebtheit erfreue. Es gibt keine Studien, keine Zahlen, keine Statistiken. Es soll Hodschas geben, die für 60 bis 80 Euro eine Zeitehe schließen. So können auf die Spitze getrieben auch strenggläubige Muslime legal einen One-Night-Stand praktizieren. Sie müssen nur – zuweilen mitten in der Nacht – einen Geistlichen finden, der sie für ein paar Stunden traut. Besonders beliebt, so wird erzählt, seien Zeiträume von drei bis sechs Monaten, als Probezeit, bevor sich ein Paar zu einer echten Ehe entschließt. Die Lust sucht und findet ihren Weg. Der bezahlte Sex auch. In jedem Fall aber halte ich es für einen Gipfel der Bigotterie, wenn muslimische Geistliche solche »Ehen auf Zeit« absegnen.

Man könnte in der Zeitehe vielleicht etwas Positives sehen, wenn sie für beide Geschlechter eine Möglichkeit zur sexuellen Selbstfindung darstellen würde, indem sie besonders frommen Muslimen außerehelichen Geschlechtsverkehr erlaubt. So ist es aber nicht. Die Frauen, die im Iran zum Beispiel eine Zeitehe eingehen, haben in der Regel wirtschaftliche Gründe. Die meisten sind geschieden, mit Kindern und ohne eigenes Einkommen. Der Zeitehe-Vertrag bietet ihnen finanzielle Sicherheit. Die Zeitehe legalisiert den männlichen Seitensprung. Ein Schiit kann neben den ihm zugestandenen vier Ehefrauen so viele Zeitehen eingehen, wie er mag, wohingegen Frauen nur einen Mann auf Dauer oder Zeit ehelichen dürfen.

Homosexualität

Die Mehrheit der islamischen Rechtsgelehrten und Theologen sieht in der Homosexualität ein Verbrechen, das zu bestrafen ist. In Sure 4 : 16 heißt es:

»Und wenn zwei von euch (Männern) es begehen, dann fügt ihnen Übel zu. Wenn sie (aber) umkehren und sich bessern, dann lasset ab von ihnen; denn Allah ist gnädig und barmherzig.«

Das Verbot der männlichen Homosexualität ist ungewöhnlich eindeutig im Koran formuliert. So heißt es in Sure 26 : 165–166:

»Wollt ihr euch denn mit Menschen männlichen Geschlechts abgeben und darüber vernachlässigen, was euer Herr euch in euren Gattinnen geschaffen hat? Nein, ihr seid verbrecherische Leute!«

Selbst wenn es ein paar wenige Koranexegeten geben mag, die die gleichgeschlechtliche Liebe für mit dem Islam vereinbar halten, so stößt sie in der muslimisch geprägten Welt auf die allergrößte Ablehnung. Je nach Region und Land kann das Ausleben von Homosexualität lebensgefährlich sein. In einigen Ländern wie dem Iran steht darauf die Todesstrafe.

Unter Berufung auf Heilige Schriften und Traditionen werden Homosexuelle nahezu in jeder Religion ausgegrenzt, kriminalisiert und diskriminiert. Für religiös geprägte Homosexuelle führt das häufig zu einem starken Gewissenskonflikt. Denn auch sie benötigen und suchen die Akzeptanz ihrer Religionsgemeinschaft. Die extrem homophobe Haltung religiöser Gruppen und Kirchen führt verständlicherweise dazu, dass sich homosexuelle Menschen von ihnen fernhalten oder unfreiwillig atheistisch leben. Nur wenige schaffen, was Irshad Manji erreicht hat. Die 1968 in Uganda geborene Journalistin ist eine der wenigen offen lesbischen Frauen in der muslimischen Welt, die ihre Stimme laut für einen friedlichen Islam erheben. Die Mehrheit der homosexuellen gläubigen Muslime lebt ihre sexuelle Neigung versteckt aus. Einigkeit bei allen Religionen besteht in der Argumentation, dass Homosexualität die Institution der Ehe und Familie gefährde. Während aber in der säkularen, christlich geprägten westlichen Welt homosexuelle Beziehungen immer mehr Bedeutung und Anerkennung erlangen, insbesondere auch rechtliche Anerkennung, sind islamische Gesellschaften noch weit davon entfernt.

Die unterschiedliche Akzeptanz von Homosexualität in der urdeutschen Gesellschaft und der Parallelgesellschaft der konservativen bis fundamentalistischen Muslime ist ein weiteres Thema, das unser friedliches Zusammenleben in einer gemeinsamen Gesellschaft verhindert. Wir dürfen bei der Debatte nicht vergessen, dass Homosexualität weltweit noch keine »Normalität« darstellt. In sehr vielen Ländern ist sie gesetzlich verboten. Es handelt sich also nicht um ein Relikt aus einer Vorzeit, dessen Reformierung man vergessen oder vernachlässigt hat.

In den Großstädten Europas hingegen haben Homosexuelle sich immer größere Freiräume erkämpft und gesellschaftliche Akzeptanz etabliert. Eingetragene Partnerschaften und Homo-Ehen habe rechtliche Anerkennung in Europa gefunden. Noch ist nicht alles erreicht. Aber wir sind schon sehr weit. So weit, dass der regierende Bürgermeister von Berlin offen sagen kann: »Ich bin schwul, und das ist gut so.« Das ist noch unvorstellbar für einen Politiker in der Türkei oder einem anderen muslimischen Land. Die Stimmung und politische Atmosphäre im »Herkunftsland« prägt und beeinflusst die meisten Menschen in der Migration. So auch beim Thema Homosexualität. Unter jungendlichen Deutschländern ist »schwul« ein Schimpfwort. Kaum etwas ist für sie so ekelerregend wie die Vorstellung von schwuler Sexualität.

Immer wieder erleben Schwule in Berlin tätliche Angriffe von Deutschländern. Seit Jahren wird in der Szene über die extrem hohe Aggressivität von Deutschländern gegenüber Schwulen diskutiert. Und die Diskussion leidet unter derselben Krankheit wie die Integrationsdebatte insgesamt. Darf man die besondere Aggressivität von muslimischen Jugendlichen gegenüber Schwulen und Lesben benennen? Sind sie überhaupt besonders aggressiv? Führt das nicht zu Vorurteilen und Fremdenfeindlichkeit? Ist das eine rassistische Hetze, wenn wir sagen, dass muslimische Jugendliche besonders häufig zu Angriffen auf Schwule neigen? Ja, wir müssen alles offen benennen, und nein, es führt nicht zu mehr Fremdenfeindlichkeit und es ist keine rassistische Hetze.

Homophobie ist kein islamisches Phänomen. Aber aktuell haben wir in dieser Hinsicht die meisten Probleme mit muslimischen Jugendlichen. Da ist es schon eine Frage der Verantwortung, sich mit diesen Jugendlichen auseinanderzusetzen. Es ist zynisch, einem Schwulen zu sagen, dass es sicher nicht kulturell oder religiös bedingt sei, sondern bloß Ausdruck einer ganz individuellen Abneigung, wenn ihm ein muslimischer Jugendlicher einen Faustschlag ins Gesicht verpasst hat. Und er möge doch deshalb bitte nicht sauer auf den Islam werden.

Mit einer Stillhalte- und Verharmlosungspolitik ist weder der schwul-lesbischen Szene noch den muslimischen Jugendlichen gedient. Auch hier sind wir mit einer Wertedebatte konfrontiert und mit einem Menschenbild, das durch Religion geprägt wird.

Sexueller Missbrauch

Sexueller Missbrauch gilt auch in der muslimischen Welt als schlimmes Vergehen. Dennoch kommt er vor. Darüber offen zu sprechen kann momentan, wo jeder neue Tabubruch als zusätzliche »Kränkung« und »Beleidigung« des Islam angesehen wird, lebensgefährlich sein. Es könnte ja sein, dass ähnlich wie bei der häuslichen Gewalt plötzlich belegt würde, dass unter muslimischen Migranten häufiger Fälle von sexuellem Missbrauch zu beklagen seien als bei den christlichen Urdeutschen. Sexueller Missbrauch ist eins der größten Tabus in der Parallelgesellschaft. Nur unter Fachleuten wird überhaupt darüber diskutiert. Es fällt auf, dass europaweit Veranstaltungen zu diesem Thema selten von hochrangigen Personen aus der Politik besucht werden. Es fällt auch auf, dass in der gesamten Debatte über Integration Politiker und Politikerinnen viel über Zwangsheirat, Ehrenmorde und häusliche Gewalt in Familien mit Migrationshintergrund, also Deutschländern, sprechen, der sexuelle Missbrauch an Kindern jedoch völlig ausgeblendet wird oder nur am Rande Erwähnung findet. Mag sein, dass es daran liegt, dass die Mehrheitsgesellschaft an diesem Thema selbst noch schwer zu beißen hat, mag auch sein, dass man Angst davor hat, den so genannten Dialog der Kulturen und Religionen zu gefährden. Aber wie lange sollen die Opfer noch auf Hilfe warten?

Eine deutschländische Frauenärztin, die seit mehr als zehn Jahren eine eigene Praxis führt, erzählte mir, dass sie versucht habe, im Sommer 2006 mit Plakaten und Broschüren in türkischer Sprache auf das Thema aufmerksam zu machen. Sie wurde daraufhin von dem Ehemann einer Patientin bedroht. Er habe eine Pistole, sagte er, und werde sie niederschießen, wenn seine Frau und seine Tochter noch einmal zu ihr kämen und sie die Plakate und Broschüren nicht entfernt habe. Die Plakate und Broschüren wurden daraufhin entfernt. Doch die Gynäkologin schloss sich mit anderen Ärztinnen zusammen und leistet nun im Hinter- bzw. Untergrund Aufklärungsarbeit.

Aus lauter Angst, die Minderheiten nun auch noch mit diesem Thema zu kränken, schaut die Mehrheitsgesellschaft weg. Nicht dass die Maßnahmen in Bezug auf deutsche Kinder entschiedener wären. Aber das Tabu ist hier wenigstens gebrochen. Ich schreibe auch diese Zeilen wirklich mit großer Sorge, weil ich nicht weiß, wer sich wieder auf den Schlips getreten fühlen wird. Aber kein anderes Thema nimmt mich so mit wie dieses, weil ich weiß, was in einigen muslimischen Familien alles passiert und wie schwer es ist, sexuellen Missbrauch im Interesse der Opfer öffentlich zu machen. Ich höre von Ärzten und Sozialarbeitern, und natürlich habe ich es auch von meinen Mandantinnen gehört, wie weit verbreitet sexueller Missbrauch auch in der Parallelgesellschaft ist.

Bei einer Veranstaltung des Goethe-Instituts in Ankara zum türkischen Strafgesetzbuch im Oktober 2003 hielt der in Istanbul lehrende Mediziner Fatih Yavuz einen Vortrag über sexuellen Missbrauch in der Türkei. Er nannte Zahlen, die mit denen in Europa vergleichbar sind. Jedoch erwähnte er eine Besonderheit in der Türkei: In der Altersgruppe unter 15 Jahren seien auffällig mehr Jungen von sexuellem Missbrauch betroffen, danach seien es deutlich mehr Mädchen. Yavuz erklärte, dass der Jungfräulichkeitswahn, so makaber das sei, Mädchen, unter 15 Jahren vor sexuellem Missbrauch schütze. Natürlich gilt der Jungfräulichkeitswahn auch für ältere Mädchen. Es scheint Yavuz zufolge jedoch so zu sein, dass muslimische Mädchen, je älter, das heißt fraulicher, sie werden, umso weniger sakrosankt sind. Vielleicht auch ein Indiz für die Verachtung von Frauen? Hinzu kommt meiner Ansicht nach auch der einfachere Zugang zu den Jungen. Mädchen befinden sich dagegen eher unter Obhut und Kontrolle.

Umfangreiche Untersuchungen über sexuellen Missbrauch bei Deutschländern sind mir bisher nicht bekannt. Dabei wäre es für die Integrationsdebatte von immenser Bedeutung, auch dieses Thema näher zu beleuchten. Nicht zuletzt, weil aus der Parallelgesellschaft immer wieder das Argument zu hören ist, die Urdeutschen sollten sich mit der Kritik an Islam und Muslimen mal schön zurückhalten, immerhin sei nachgewiesen, dass jedes dritte urdeutsche Kind sexuell missbraucht werde. Wie hoch die Zahlen tatsächlich sind, wissen wir nicht. Genauso wie bei häuslicher Gewalt und Zwangsverheiratungen spielt sich viel im Dunkelfeld ab.

Es ist sehr einfach zu sagen: »Kümmert euch erst mal um den sexuellen Missbrauch in eurer Kultur, statt uns Ehrenmorde und Zwangsheirat vorzuwerfen.« Und was geschieht mit den Kindern in der Parallelgesellschaft, die von sexuellem Missbrauch betroffen sind? Sie haben weder in der Parallelwelt noch in der Mehrheitsgesellschaft eine Lobby. Ihr Leid wird ignoriert. Diesen Kindern kann niemand verübeln, wenn sie sich mit der Mehrheitsgesellschaft nicht identifizieren können. Denn Kinder, die von einer Gesellschaft nicht vor Übergriffen geschützt werden, sehen später keinen Grund, sich zu integrieren. Auch hier ist die Mehrheitsgesellschaft in der Verantwortung.

Islamisches Frauenbild und westliche Gesellschaft

»Ein Mann befindet sich nie allein mit einer Frau, ohne dass nicht der Teufel sich als Dritter zu ihnen gesellt«, heißt es im Hadith, und das glaubt wohl auch, ohne dass sie sich dessen bewusst sein wird, die

Mehrzahl der muslimischen Ehemänner. Diesem Ausspruch zufolge kommt es zwangsläufig auch zwischen wildfremden Menschen zu sexuellen Handlungen, wenn sie nicht strikt voneinander getrennt werden. Ich kann mich sehr gut daran erinnern und erlebe es unter meinen Verwandten und Bekannten auch heute noch, dass Männer und Frauen, die nicht miteinander verheiratet sind, auf keinen Fall nebeneinander sitzen und schon gar nicht einander berühren dürfen. Ohne dass es ausgesprochen wurde, wurde die Sitzordnung so gestaltet, dass keine Frau neben einem »fremden« Mann saß.

Natürlich geht die Initiative einer sexuellen Handlung stets von der Frau aus. Denn sie ist die Verführerin, der der Mann hilflos ausgeliefert ist. Man kann sich unschwer vorstellen, wie Muslime mit einer solchen Auffassung auf die Männer und Frauen westlicher Gesellschaften schauen, die ihre sexuelle Revolution bereits hinter sich haben und stolz sind auf die Errungenschaften der modernen Zeit. Und zu diesen gehört eben auch, dass sexuelle Freizügigkeit nicht unbedingt heißt, dass Frauen jederzeit und für jeden verfügbar sind.

Deutsche Lehrerinnen und überhaupt viele deutsche Frauen werden immer wieder mit dem sexistischen Frauenbild muslimischer Jugendlicher und Männer konfrontiert. Und dieser Sexismus unterscheidet sich von dem urdeutscher Männer schon allein darin, dass sich ein gewisser Rassismus hinzugesellt. Auf ihren rüden Umgang mit urdeutschen Frauen angesprochen, antworten die meisten dieser Jugendlichen und Männer: »Das sind doch *nur* Deutsche. Das sind doch sowieso alles Huren.«

Ich habe den Eindruck, dass die Ursachen für die Verachtung, die westlichen Frauen von muslimischen Jungen und Männern in Form von sexistischen Beleidigungen und Beschimpfungen entgegengebracht wird, in der Integrationsdebatte bisher noch nicht angemessen thematisiert worden sind. Wir reden zwar über die Kränkungen, die Frauen teilweise erfahren, aber wir reden nicht offen über den Ursprung der Verachtung gegenüber der freien westlichen Lebensweise.

Die Kränkungen der Muslime, so zum Beispiel beim Karikaturenstreit, und die Kränkung muslimischer Frauen, die wegen ihres

Kopftuchs misstrauisch angeschaut und ablehnend behandelt werden, sind aber immer wieder Thema. Die Beleidigungen und Kränkungen hingegen, die deutsche Frauen, Atheistinnen und säkulare Musliminnen erfahren, werden dezent ausgeblendet. Und wir reden noch weniger über die religions- und kulturspezifische Dimension dieser Verachtung. Mir wird immer wieder vorgeworfen, ich würde sogar den Sexismus ethnisieren. Man muss sich aber doch fragen, warum man in der U-Bahn oder auf dem Spielplatz türkische Jungen, die oft nicht älter als sechs Jahre alt sind, auf Türkisch oder Deutsch Sprüche wie »Ich ficke die Fotze deiner Mutter« rufen hört, während einem so etwas von deutschen Kindern allenfalls zu Ohren kommt, wenn sie in ihrem Kiez in die Gemeinschaft der türkischen, kurdischen oder arabischen Kinder integriert sind. Ich finde, dass manch einer es sich in der Integrationsdebatte reichlich leicht macht, wenn er alles auf soziale Probleme dieser Kinder und Jugendlichen schiebt und ihre religiöse und kulturelle Prägung außer Acht lässt. Nur das offene und ehrliche Gespräch ohne falsche Tabus und Denkblockaden kann zu einem Dialog führen, aus dem Lösungen entstehen.

Erst wenn wir offen über das Verständnis von Sexualität und das Geschlechterverhältnis im Islam sprechen, werden wir einen großen Schritt in Richtung Dialog der Religionen und Kulturen machen. Eines der größten Versäumnisse der Multikultis ist meiner Ansicht nach, dass sie dieses Thema in der Integrationsdebatte nach wie vor und immer wieder ausblenden, obwohl sie selbst meistenteils durch die sexuelle Revolution geprägt sind und von ihr profitieren.

Mag sein, dass urdeutsche Männer nicht unbedingt ein großes Interesse an der sexuellen Befreiung der muslimischen Frau entwickeln müssen. Was aber ist mit den urdeutschen Feministinnen, die zum Beispiel im Kopftuch ein Zeichen der Emanzipation sehen, die meisten Zwangsehen als arrangierte Ehen betrachten und ebenso wenig wie ihre männlichen Multikulti-Kollegen von der unterdrückten Sexualität der Frauen im Islam Notiz nehmen wollen? Was ist das für eine Sperre im Kopf dieser Frauen, wenn sie die katholische Kirche immer wieder wegen ihrer Sexual- und Frauenfeindlichkeit kritisieren, um im gleichen Atemzug den Islam zu

schützen? Was ist mit der sexuellen Selbstbestimmung, die hart erkämpft wurde? Gilt sie tatsächlich nur für sexuell befreite Christinnen? Ist es nicht hochgradig frauenfeindlich, wenn unter dem
Deckmantel der Religionsfreiheit Frauenunterdrückung hingenommen wird?

Religion

Die Debatte darüber, wie die Integration von Muslimen und das friedliche Zusammenleben mit ihnen in Deutschland und überhaupt in Europa gestaltet werden können, lässt sich meines Erachtens nicht führen, ohne über die zentrale Rolle der Religion nachzudenken. Es gilt, sich bewusst zu machen, welch unterschiedliche Bedeutungen der Religion in der Mehrheits- und in der Minderheitengesellschaft zukommen, und es ist zu diskutieren, ob und wie diese Auffassungen miteinander zu vereinen sind. Letztlich stellt sich die Frage nach der Integrierbarkeit und Demokratiefähigkeit nicht nur des Islam, sondern der Religionen insgesamt. Deshalb schürt die Diskussion über den Islam durchaus auch Ängste in der katholischen und protestantischen Kirche, wird Religiosität allgemein plötzlich weltweit zu einem Thema. Ein Blick in die USA etwa zeigt uns, dass Religiosität nicht nur in islamischen Ländern bestimmte politische Verhältnisse schafft und beeinflusst.

Deutschland ist ein säkularer Staat, in dem Religionsfreiheit herrscht und der Glaube jedermanns Privatsache ist. In der deutschen Mehrheitsgesellschaft spielt Religiosität keine zentrale Rolle mehr. Religiöse, spirituelle Bedürfnisse sind nicht mehr notwendig an das Christentum gebunden. Das belegt unter anderem die aktuelle 15. Shell-Jugendstudie von 2006. Ihr zufolge glauben 30 Prozent der 15- bis 25-jährigen Deutschen an einen persönlichen Gott, 19 Prozent an eine überirdische Macht. 23 Prozent der jungen Deutschen wissen nicht so richtig, ob und woran sie glauben sollen, 28 Prozent glauben weder an einen Gott noch an eine höhere Macht. Dass es bei den Erwachsenen nicht wesentlich anders auszusehen scheint, zeigt die Zahl der Kirchenaustritte, die die katholische wie die protestantische Kirche zu beklagen haben – im

Jahr 2004 sind 141 567 Menschen aus der Evangelischen Kirche und 101 252 aus der Katholischen Kirche ausgetreten.[35]

Anders als die christliche Religion für einen Urdeutschen ist der Islam, in welcher Ausprägung auch immer, im Leben eines Muslim ständig präsent. Ein Muslim kann nicht einfach sagen, ich trete aus dem Islam aus. Nicht nur, dass es kein kirchenähnliches Institut gibt, dem gegenüber er das erklären könnte, es würde vor allem dem umfassenden Geltungsanspruch des Islam widersprechen. Die Abwendung vom Islam wird in einigen Ländern sogar mit dem Tod bestraft.

Um ein friedliches Zusammenleben der Religionen möglich zu machen, wird in den Köpfen der Muslime ein Bewusstseinswandel stattfinden müssen. In Vers 2 : 256 des Korans heißt es zwar: »*Es gibt keinen Zwang im Glauben.*« Im Widerspruch dazu stehen aber zahlreiche andere Verse, die die Abwendung vom Islam, also im Verständnis gläubiger Muslime den Abfall vom Glauben (Apostasie), verdammen. Der Koran spricht z. B. im Vers 2 : 217 von der Hölle als Strafe:

»... *Diejenigen, die nachgeben, vom Glauben abkommen und als Ungläubige sterben, denen werden im Diesseits und im Jenseits keine guten Werke nützen. Sie sind Bewohner der Hölle, wo sie ewig verweilen werden.*«

Auch Vers 16 : 106–107 nimmt sich dieses Themas an:

»*Auf diejenigen, die nach Annahme des Glaubens Gott leugnen und den Unglauben gern annehmen – ausgenommen die, die dazu gezwungen werden und den rechten Glauben sicher im Herzen haben – wird Gottes Zorn kommen, und sie werden schwer bestraft werden.*«

Die Abwendung vom Islam ist keine Privatsache, wie bei Christen, die sich entscheiden, aus der Kirche auszutreten; sie wird als Angriff auf die Gemeinschaft gewertet. Menschen in der islamischen Welt werden als Muslime geboren und sterben als Muslime, ohne die Möglichkeit zu haben, eine eigenständige Entscheidung über ihren Glauben zu treffen.

Selbst wenn jemand ausdrücklich erklärt, kein Muslim mehr zu sein, macht es diese »Zwangsmitgliedschaft« fast unmöglich, gänzlich frei von religiösem Denken und Einfluss in der muslimischen Welt zu leben. Weil der Islam sämtliche Lebensbereiche bestimmt, ist auch im Alltag die ständige Begegnung mit der Religion unausweichlich. Dies gilt nicht nur für das Leben in einem muslimischen Land. Auch in Europa kann ein Mensch, der in der muslimischen Gemeinschaft leben möchte und in ihr nach Anerkennung strebt, sich religiösen Einflüssen kaum entziehen.

Jemand, der sich seiner muslimischen Umwelt gegenüber als Atheist erklärt, wird je nach persönlicher Beziehung und dem Grad an Religiosität verdammt, verachtet, belächelt oder einfach in seinen Aussagen ignoriert. Dennoch ist es aufgrund der Struktur des Islam möglich, »stillschweigend« Atheist zu sein. Da der Islam weitestgehend Auslegungssache ist, muss man nicht zwingend fünfmal am Tag beten und regelmäßig fasten, und der Besuch der Moschee ist nicht gleichzusetzen mit dem sonntäglichen Kirchgang, sondern ebenfalls fakultativ. Mangels einer z. B. mit der katholischen Kirche vergleichbaren Institution und aufgrund der vielfältigen Übersetzungen und Auslegungen des Korans und der Überlieferungen gibt es viele Facetten muslimischen Lebens. In den meisten muslimischen Familien würde ein Atheist gar nicht auffallen. Um keine Probleme mit der Familie zu bekommen, wird ein »heimlicher Atheist« einfach schweigen. Ich bin mir sicher, dass es eine große Anzahl solcher Menschen in den islamischen Ländern gibt, genauso wie in Deutschland.

Wer sich öffentlich vom Islam ab- und einer anderen Religion zuwendet, hat es hingegen schwer. Er muss sich aus seinem familiären und gesellschaftlichen Umfeld lösen, und das ist kein einfacher Schritt.

Der Islam in Deutschland

Auf eine große Anfrage der Grünen im April 2007 gab die Bundesregierung die Zahl der in Deutschland lebenden Muslime mit 3,1 bis 3,4 Millionen an. Diese Zahl variiert je nachdem, wer die Zählung vornimmt. Zur Feststellung dieser Zahl wurden – wie allgemein üblich – Einwanderungsstatistiken herangezogen. Mangels anderer statistischer Grundlagen wird also von der Herkunft auf die Religion geschlossen. Damit werden aus allen Türken, Marokkanern, Bosniern und Iranern Muslime. Mangels Registrierungspflicht in einer islamischen Institution und mangels Pflicht zum Gebet in der Moschee (Muslime können überall beten, wo es »rein« ist) können keine gesicherten Daten über das religiöse Leben von Muslimen erhoben werden.

Es fehlt also an empirischer Forschung, die zum Themenkomplex Religiosität unter Deutschländern aussagekräftiges Material liefern könnte. Daher lassen sich darüber nur sehr allgemeine Aussagen treffen. Laut eines Berichts der Bundeszentrale für politische Bildung scheint etwa ein Drittel der in Deutschland lebenden Muslime im engeren Sinne »sehr religiös« zu sein.[36] Das bedeutet, dass sie die religiösen Vorschriften beachten müssen, wie das tägliche rituelle Gebet, das Fasten, den Moscheebesuch zum Freitagsgebet und die Bekleidungs- und Speisegebote. Ein weiteres Drittel fällt unter die Bezeichnung »Kulturmuslime«, umfasst also Menschen, die zwar als Muslime geboren wurden, aber ihre Religion eher selten oder gar nicht praktizieren. Ein so genanntes unentschiedenes Drittel wird in der Kategorie »säkularistisch orientiert« eingeordnet.

Auch wenn über Art und Ausmaß der Religiosität bei Deutschländern bislang nur wenig gesicherte Kenntnisse vorliegen, lässt sich gleichwohl feststellen, dass sich die islamischen Gemeinden zurzeit über Zuwachs nicht beschweren können. Durch hohe Geburtenzahlen und den anhaltenden Zuzug von Familienangehörigen aus den Ursprungsländern nimmt die Zahl der muslimischen Bewohner in Deutschland stetig zu. Auch konvertieren inzwischen immer mehr Urdeutsche zum Islam. Das Islam-Archiv in Soest hat mit finanzieller Unterstützung durch das Bundesinnenministerium eine Untersuchung durchgeführt, der zufolge im Zeitraum von Juli 2004 bis Juni 2005 rund 4000 Menschen zum Islam konvertiert sind. Im Vergleich zum Vorjahreszeitraum hat sich die Zahl vervierfacht. Besonders auffällig ist laut dieser Untersuchung, dass nicht mehr vorrangig Frauen zum Islam übertreten, weil sie einen Muslim geheiratet haben, sondern Männer und Frauen aus freien Stücken und vielfältigen Gründen und Motiven im Islam eine Alternative sehen.[37]

Ich bin mir ziemlich sicher, dass die öffentliche Diskussion und Wahrnehmung des Islam viel zu solch einem Schritt beiträgt. Wer grundsätzlich religiös ist und sich mit dem Islam beschäftigt, kann in der islamischen Religion bzw. Religionsgemeinschaft durchaus mehr Geborgenheit entdecken als im Christentum. Die viel beschworene Gemeinschaft der Gläubigen scheint im Islam noch zu funktionieren. Sie erscheint als eine Alternative zur immer individualistischer werdenden westlichen Gesellschaft.

Man muss in dem Anwachsen der muslimischen Bevölkerung in Deutschland und in ganz Europa nicht per se eine Bedrohung für die westlichen Werte sehen. Die Frage ist, welcher Islam sich in der westlichen Welt ausbreitet, denn der Islam ist eine sehr heterogene Religion. In Deutschland leben vor allem Sunniten und Schiiten, unter Letzteren hauptsächlich Zwölferschiiten (Imamiten) aus dem Iran, dem Libanon, dem Irak und anderen Ländern, des Weiteren Aleviten, eine mehrheitlich aus der Türkei stammende Gemeinschaft, die sich als mal mehr, mal weniger muslimisch bezeichnet, und die vor allem aus Pakistan stammenden Ahmadis. Daneben gibt es noch kleinere Gruppen anderer islamischer Ausrichtungen (z. B. Zaiditen und Ismailiten).[38]

Der Islam kennt keine den christlichen Kirchen vergleichbare Institution, der alle Muslime angehören. Als einzige Organisationsformen der muslimischen Gläubigen existieren auch in Deutschland verschiedene Islamverbände und Moscheegemeinden. Vier der größten islamischen Verbände in Deutschland haben sich im April 2007 zum Koordinierungsrat der Muslime in Deutschland (KRM) zusammengeschlossen. Dazu gehören der Zentralrat der Muslime in Deutschland (ZDM), die Türkisch-Islamische Union der Anstalt für Religion (DITIB), der Islamrat für die Bundesrepublik Deutschland und der Verband der Islamischen Kulturzentren (VIKZ). Letzterem wird eine Nähe zu dem europaweit aktiven türkisch-islamischen Verband Milli Görüş nachgesagt. Wie viele Kenner der Szene gehe auch ich davon aus, dass die vier Verbände des Koordinierungsrates überwiegend die Gruppe von Menschen vertreten, die in die Moscheen gehen. In den meisten dieser Islamverbände überwiegen strengreligiöse Tendenzen. Einige kämpfen vehement gegen das Kopftuchverbot für Lehrerinnen, andere für konfessionellen Islamunterricht an den Schulen sowie indirekt für getrenntgeschlechtliche Klassen. So unterstützen sie Eltern bei der Durchsetzung von Unterrichtsbefreiungen, z. B. vom Schwimmunterricht, Sexualkundeunterricht, von Klassenfahrten etc.

Die fundamentalistischen Muslime und ihre Vereinigungen haben einen zunehmenden Einfluss. Sie werden immer mächtiger in den Gemeinden, die angesichts von Arbeitslosigkeit und sozialen Problemen eine wichtige Anlaufstelle sind, weil sie Trost und eine Identität versprechen. Eine große Anzahl von Muslimen ist in keiner Weise in die deutsche Gesellschaft integriert und lebt unter sozial schlechten Bedingungen. Aus dem Gefühl des sozialen und kulturellen Ausgeschlossenseins heraus greifen viele Deutschländer zu den Identitätsangeboten, die die Religion liefert. Dies geschieht sowohl als Reaktion auf die Ausgrenzung durch die Mehrheitsgesellschaft als auch mit der Absicht, sich von der Mehrheitsgesellschaft abzugrenzen und gegen sie zu behaupten. Gerade den perspektiv- und ziellosen Jugendlichen der dritten und vierten Einwanderergeneration verschafft die Hinwendung zum Islam ein existenzielles Gefühl von Zugehörigkeit und Identität. Dabei schafft die Religion natürlich keine echte soziale Perspektive.

Da, wo der Staat nicht mehr hilft, wo zum Beispiel Gelder im sozialen Bereich gestrichen, wo Jugendeinrichtungen geschlossen werden, bieten sich islamische Vereinigungen und Moscheegemeinden als Anlaufstellen und Hoffnungsträger an. Sie nutzen die Gunst der Stunde, erweitern ihre Angebote, gehen auf die sozialen Probleme der Menschen ein. Und dies nicht selten mithilfe fundamentalistischer Kräfte aus der Türkei, mit denen Islamverbände in Deutschland und Europa bestens vernetzt sind.

Es ist ein großer Irrtum zu glauben, dass uns in Deutschland die Entwicklungen in der Türkei nichts angingen. Die ohnehin konservative türkisch-kurdische Gemeinschaft in Deutschland orientiert sich bereitwillig an der Islamisierung der Türkei. In dem seit Kemal Atatürk laizistischen Land, in dem eine strikte Trennung von Staat und Religion existiert oder existieren sollte, sind Tendenzen einer Islamisierung mittlerweile unverkennbar.

Ministerpräsident Recep Tayyip Erdoğan ist ein gläubiger Muslim und von Beruf Imam. Tatsächlich hat Erdoğan Reformen in der Türkei in Gang gesetzt und umgesetzt, die vordergründig im Widerspruch zu einer Islamisierung stehen. Seine Anhängerschaft rekrutiert sich auch nicht mehr nur aus strenggläubigen Muslimen, sondern auch aus modernen jungen Menschen, die kein Kopftuch tragen und nicht tiefreligiös leben. Erdoğan versteht es, den jungen Menschen eine Hoffnung auf eine bessere Zukunft zu geben. Er hat das Land aus einer wirtschaftlichen Dauerkrise geholt und vielen Menschen zu Arbeit verholfen. So hat es die islamistische Partei Erdoğans tatsächlich geschafft, eine Demokratisierung des Landes in Gang zu setzen und den Blick Richtung Europa zu lenken.

Wenn es in der Türkei keine Trennung von Staat und Kirche mehr gibt, kann der Einfluss des Islam ungestört wachsen. Auch der des Islam in Deutschland.

Die Religionsfreiheit ist in Europa ein Grundrecht. In Deutschland gehört sie zu den höchsten Rechtsgütern des Grundgesetzes. Was unter Religionsfreiheit zu verstehen ist, darüber herrschen in den westlichen, von der christlich-jüdischen Tradition sowie von der Aufklärung geprägten Ländern und in der islamischen Welt aber völlig unterschiedliche Vorstellungen. Während in Ersteren Religionsfreiheit im Sinne von Toleranz gegenüber anderen Glaubensrichtungen verstanden wird und der Blick für sowie der Respekt vor dem anderen im Mittelpunkt stehen, geht es in muslimischen Gesellschaften um die größtmögliche Durchsetzung der eigenen Religion. Nun könnte man sagen, dass eine solche Haltung ein natürlicher Reflex von Minderheiten sei, die in die Mehrheitsgesellschaft nicht integriert sind, wie es für die Muslime in Deutschland und anderen Einwanderungsländern der Fall ist. Ich meine jedoch, dass ein solcher Absolutismus für den Islam grundlegend ist.

Die rückwärtsgewandten Islamisten in der Türkei und Europa beeinflussen und stärken sich gegenseitig. Ihre Vernetzung funktioniert um etliches besser als die der säkularen und moderaten Muslime. Man sieht es deutlich an den in Deutschland organisierten Muslimen. Die meisten Islamverbände vertreten einen fundamentalistischen, strengen Islam, und sie sind in irgendeiner Form mit den Herkunftsländern verbunden.

Das Islambild in Deutschland

Seit den Anschlägen vom 11. September 2001 gilt der Islam als Bedrohung für die westliche Welt, steht er für radikale Intoleranz und Terror. Nach einer im Mai 2006 veröffentlichten Umfrage des Instituts für Demoskopie Allensbach hat sich die Stimmung der Urdeutschen gegenüber dem Islam in den letzten Jahren deutlich verschlechtert und hat die Angst vor Terroranschlägen zugenommen.[39] Zwei Drittel der befragten Personen sind der Ansicht, dass ein friedliches Zusammenleben mit der islamischen Welt in Zukunft nicht möglich sein werde. 61 Prozent glauben nicht, dass das Christentum und der Islam friedlich nebeneinander existieren können. 65 Prozent rechnen mit zukünftigen Konflikten zwischen der westlichen und der muslimischen Welt. Auf die Frage, was für sie den Islam charakterisiere, antworteten 91 Prozent der Befragten »Benachteiligung der Frau«, 83 Prozent denken an Fanatismus und Radikalität, und 81 Prozent verbinden mit dem Islam das starre Festhalten an althergebrachten Glaubensgrundsätzen. Jeweils fast 70 Prozent fallen Gewaltbereitschaft sowie Rache und Vergeltung ein. Bei der Allensbach-Umfrage von Ende 2004 waren es bei den oben genannten Fragen zur Einschätzung des Islam noch jeweils durchschnittlich zehn Prozentpunkte weniger.

Das Christentum kommt dagegen in der Bewertung wesentlich besser weg: 80 Prozent der Befragten denken bei dieser Religion zuerst an Nächstenliebe, jeweils 71 Prozent an die Achtung der Menschenrechte sowie an Wohltätigkeit. Trotzdem aber fällen die Befragten kein pauschales Urteil gegen den Islam. 66 Prozent halten ihn nicht per se für bedrohlich, sondern glauben, dass lediglich von einzelnen radikalen Anhängern eine Gefahr ausgehe. Bei der Frage, ob das Recht auf freie Religionsausübung eingeschränkt werden sollte, um radikale islamistische Tendenzen zu unterbinden, besteht fast eine Pattsituation: 40 Prozent der Befragten sprachen sich dafür aus, 41 Prozent dagegen.

Einige islamische Verbände in Deutschland sehen in diesen Zahlen einen Beweis für die wachsende Islamophobie der Urdeutschen, für die sie den deutschen Staat verantwortlich machen, der den Muslimen die Gleichbehandlung verweigere. Sie ignorieren, wie differenziert die Aussagen über den Islam ausfallen. Den Vorwurf seitens dieser Islamverbände, Verachtung gegenüber dem Islam würde die gegenwärtige deutsche Politik bestimmen, halte ich für falsch und gänzlich ungerechtfertigt. Das Gegenteil scheint mir der Fall zu sein. Ich habe den Eindruck, dass der Islam und seine Verbände vom Staat mit Vorschusslorbeeren bedacht werden und eine unüberlegte und kritiklose Bevorzugung gegenüber anderen Religionen erfahren. Auf die Problematik der Parallelgesellschaften und der fehlenden Integration der Muslime glaubt der Staat mit einer institutionellen Aufwertung des Islam reagieren zu müssen. Aber wie soll man eine Religion institutionalisieren, die keine Institution kennt? Den Ersten, die sich melden, oder denen, die am lautesten brüllen, den Zuschlag geben?

Parteien und auch Kirchen richten das Amt von »Islambeauftragten« ein, Islamunterricht soll und wird auch schon teilweise in die Lehrpläne der Schulen integriert, und das ZDF hat das Internetportal *Forum am Freitag* eingerichtet, in dem jeden Freitag ein Muslim zu Wort kommt. Das alles geschieht ganz sicher nicht aus der Motivation heraus, den Islam zu bekämpfen, sondern ist der Versuch, ihn zu integrieren.

Bundestagsabgeordnete wie der Grüne Hans-Christian Ströbele haben gefordert, einen oder mehrere gesetzliche islamische Feiertage einzuführen, um so religiösem Fanatismus zu begegnen. Ströbele nannte seine Idee eines islamischen Feiertags,[40] sowohl eine Anregung zur Diskussion als auch Provokation.

Unschuldige Menschen wurden von fundamentalistischen Muslimen getötet, wegen ein paar Mohammed-Karikaturen brannten Fahnen und wurden Morddrohungen ausgestoßen, und der Zorn der Fanatiker soll mit dem Geschenk eines gesetzlichen islamischen Feiertags besänftigt werden? Das ist für mich ein Kniefall und vorauseilender Gehorsam gegenüber religiösem Fundamentalismus. Warum gibt es eigentlich noch keinen gesetzlichen jüdischen Feiertag in Deutschland? Warum fordert man nicht einen Tag, an dem das gesamte Land des unermesslichen Leides gedenkt, das den Juden während des Nationalsozialismus von den Deutschen zugefügt wurde? Und was ist mit dem offenen Antisemitismus vieler Muslime, nicht nur im Nahen Osten? Da wird mit zweierlei Maß gemessen. Wäre es nicht längst überfällig, dass wir wöchentlich einen Rabbiner oder eine Rabbinerin für einige Minuten im Fernsehen sehen, damit der jüdische Glaube nicht immer nur – als fragwürdiger Wiedergutmachungsversuch – in der Vergangenheitsform dargestellt wird? Dann hätte ich auch überhaupt kein Problem damit, dass der Islam ebenfalls einen Platz in den Medien erhielte und seine eigentlichen Glaubensinhalte vermittelt würden, von denen in der deutschen Gesellschaft wegen seiner völligen Politisierung so wenig bekannt ist.

Die fragwürdige Bevorzugung des Islam zeigt sich sehr deutlich auch in der deutschen Rechtsprechung, durch die selbst noch so abstruse Auslegungen des Korans Akzeptanz erhalten. Wie sehr sich deutsche Gerichte dabei mitunter argumentativ verbiegen, um dem Recht auf Religionsfreiheit Geltung zu verschaffen, beweist die Entscheidung des Oberverwaltungsgerichts Münster vom 17. Januar 2002[41]. Im Eilverfahren entschied das Gericht, dass eine muslimische Schülerin der 10. Klasse von der Teilnahme an einer Klassenfahrt zu befreien sei, da die islamischen Glaubensvorschriften ihr verbieten würden, ohne Begleitung zu reisen. In dem Beschluss heißt es:

»*Nach der eidesstattlichen Versicherung ist überwiegend wahrscheinlich, dass die Antragstellerin von den gesehenen Zwängen und den Ängsten so geprägt ist, dass sie ohne eine nach ihren maßgeblichen religiösen Vorstellungen geeignete Begleitperson nicht an der Klassenfahrt teilnehmen kann. Diese durch Zwänge und Ängste gekennzeichnete Situation bei der Klassenfahrt ist der bereits Krankheitswert besitzenden Situation einer partiell psychisch Behinderten vergleichbar, die behinderungsbedingt nur mit einer Begleitperson reisen kann. Es spricht Überwiegendes dafür, dass die geschilderten Zwänge und Ängste auch bei der Antragstellerin bereits Krankheitswert erreichen, so dass sie i. S. von § 9 I NWASchO begründet verhindert ist, an der Klassenfahrt teilzunehmen.*«

Handelt es sich beim Islam nun um eine Krankheit oder um eine Religion?

Im Frühjahr 2007 hat eine Familienrichterin dem Antrag auf eine vorzeitige, so genannte Härtefallscheidung, also eine Scheidung vor

Ablauf des Trennungsjahres, nicht stattgeben wollen und dies im Vorfeld per Verfügung der Anwältin der Antragstellerin mitgeteilt. Antragstellerin war eine aus Nordafrika stammende muslimische Deutsche, die von ihrem Ehemann geprügelt und massiv bedroht wurde. Die betroffene Ehefrau hatte zunächst, nachdem sie wegen fortdauernder Gewalt die eheliche Wohnung verlassen hatte, allen juristischen Beistand erhalten. Ihr war das alleinige Nutzungsrecht der ehelichen Wohnung zugesprochen worden, und die Richterin hatte gegenüber dem Ehemann zudem ein Annäherungsverbot nach dem Gewaltschutzgesetz ausgesprochen. Dem Antrag auf Härtefallscheidung mochte die Richterin indes nicht stattgeben. Sie hielt es für zumutbar, dass die Frau, die ja nicht mehr mit dem gewalttätigen Mann zusammenleben musste, das gesetzlich vorgeschriebene Trennungsjahr abwarte. Sie berief sich in der Erklärung ihres Standpunkts auf das im Koran, Vers 4 : 34, festgeschriebene Züchtigungsrecht und fügte hinzu, dass eine Frau, die einen Muslim heirate, von vornherein wisse, dass der Islam dem Mann das Recht zuerkenne, seine Frau zu züchtigen. Die Antragstellerin hatte sich von der Härtefallscheidung erhofft, von dem Ehemann eher in Ruhe gelassen zu werden, der sie nach wie vor bedrohte. Die formale Scheidung kann diesen Effekt tatsächlich haben und muslimische Männer davon abhalten, die betroffenen Frauen weiter zu belästigen. So ist auch meine Erfahrung.

Zu solch absurden Urteilen und Verfügungen wie in diesem Fall kann es meiner Meinung nach nur kommen, weil in Deutschland der Umgang mit Minderheiten aufgrund der unbewältigten Vergangenheit nachhaltig gestört ist bzw. weil die Einstellung zum Zusammenleben von verschiedenen Religionen, Kulturen und Ethnien sehr unreflektiert ist. Es gibt leider auch zu diesem Punkt, zu Rechtsprechung und »Migrantenthemen«, zum schleichenden Einzug der Scharia in das deutsche Rechtssystem, bisher keinerlei Untersuchungen. Parallel zu der Niederschrift dieses Buches bemühe ich mich daher um Unterstützung für eine Rechtsprechungsanalyse und sammle selbst Fälle, um zu zeigen, dass der muslimische Hintergrund eines Angeklagten oder sonstiger Verfahrensbeteiligter die juristische Entscheidungsfindung wesentlich beeinflusst und entweder zu einer negativeren oder positiveren Bewertung des Falles führt. Juristische

Entscheidungen dürfen aber nicht von der Religionszugehörigkeit abhängen. Die Rechte und Gesetze der Bundesrepublik Deutschland gelten in gleicher Weise für alle Menschen, seien sie nun Christen, Juden oder Muslime. Es kann nicht sein, dass Menschenrechtsverletzungen mit Hinweis auf das Recht auf freie Religionsausübung gerechtfertigt werden. Auch nicht, wenn es nur vereinzelt vorkommt.

Deutschland ist ein säkularer, kein laizistischer Staat. Hier herrscht keine strikte, sondern eine so genannte hinkende Trennung zwischen Staat und Religion, was sich etwa darin zeigt, dass der Staat die Kirchensteuer einzieht oder in der Schule konfessioneller Religionsunterricht stattfindet. Diese nicht völlige und klare Trennung zwischen Staat und Religion ist der Grund dafür, dass es in Deutschland, im Unterschied zum laizistischen Frankreich, zu einer rechtlichen Anerkennung islamischer Gebote in Form von Gerichtsurteilen kommt, wie etwa bei der Befreiung vom Sportunterricht und Klassenfahrten oder dem Schächten von Tieren. Ich sehe in Deutschland die gefährliche Entwicklung, dass unter dem Deckmantel der Religions- und Glaubensfreiheit schleichend und sozusagen mit gerichtlicher Genehmigung das islamische Recht und damit eine autoritäre, archaisch-patriarchalische Parallelgesellschaft etabliert wird, die den modernen, aufgeklärten Prinzipien von Rechtsstaatlichkeit diametral entgegensteht und diese Schritt für Schritt aushöhlt.

Die staatliche Neutralität gegenüber Religionen darf nicht so weit gehen, dass Grund- und Menschenrechtsverletzungen im Namen der Religions- und Glaubensfreiheit hingenommen werden. Jede Religion ist auf ihre Grundrechtsfestigkeit zu überprüfen. Der freien Glaubensausübung und -verbreitung sind durch die Grundrechte klare Grenzen zu setzen.

Urdeutsche können nicht einfach sagen, Zwangsheirat, Ehrenmorde, Gewalt gegen Frauen und Mädchen, Befreiungen vom Schulunterricht oder auch das Schächten von Tieren seien nun mal islamische Traditionen und Gepflogenheiten, die einen nichts angingen. Denn diese Traditionen und Gepflogenheiten werden in der deutschen Gesellschaft praktiziert, und die Menschen, die sie praktizieren, und diejenigen, die sie erleiden, sind zu einem großen Teil deutsche Staatsangehörige. Die vielfach falsch verstandene Toleranz der deutschen Gesellschaft fördert und stärkt in extremer

Weise die bereits existierenden Parallelgesellschaften sowie den Zulauf zu fundamentalistischen Glaubensgemeinschaften.

Die konservativen islamischen Verbände, die sich stets auf das Toleranzgebot der Verfassung berufen, wenn sie ihre Rechte als Glaubensgemeinschaft gegenüber dem deutschen Staat einfordern, räumen ihren Kindern und Frauen ein gleiches Maß an Toleranz und Entwicklungsmöglichkeiten nicht ein, von der Toleranz gegenüber anderen Religionen ganz zu schweigen. So soll es etwa Lehrer in einem Verband geben, die ihre Schüler und Schülerinnen auffordern, nicht zu den Festen der »Ungläubigen« zu gehen.

Ich habe grundsätzlich Bedenken gegenüber den islamischen Verbänden, weil die meisten von ihnen eine Politik der kollektiven Identität verfolgen. Der Einzelne wird letztendlich nicht als Individuum, sondern als Teil einer Gemeinschaft auf- und wahrgenommen und hat sich ihr unterzuordnen. Nur wer sich diesem Diktat unterwirft, kann in den Gemeinden der muslimischen Verbände existieren. Natürlich sind Religionsgemeinschaften immer auf das Kollektiv ausgerichtet, das liegt in der Natur der Sache. Es herrscht jedoch in den verschiedenen Religionen eine unterschiedliche Akzeptanz des Individuums. Und im Islam sind, egal, welche Ausrichtung der Konservativen man sich auch ansieht, der Einzelne und sein Wille nicht viel wert. Allein die Gemeinschaft zählt. Ich meine, dass dieser absolute Kollektivismus bereits die Tendenz zur Menschenrechtsverletzung in sich trägt, dass er einen Angriff auf die Würde des Menschen und sein Recht auf freie Persönlichkeitsentwicklung enthält. Zwangsverheiratungen und Ehrenmorde sind seine impliziten logischen Folgen.

Die Stellung der Frau im Islam

Islamverbände, die eine auf kollektive Identität zielende Politik vertreten, repräsentieren einen fundamentalistischen, vordemokratischen Islam, der besonders die Menschenrechte der Frauen und Mädchen verletzt. Auf ihre sehr bizarren Vorstellungen zur

Rolle der Frau antworten sie selten offen. Stattdessen wiederholen sie gebetsmühlenartig, im Islam seien Frauen und Männer gleichwertig und nur derjenige sei ein guter Muslim, der seine Frau gut behandle. Dass in dieser Auffassung bereits eine Diskriminierung steckt, merken sie wohl nicht einmal. Die Forderung, dass eine Muslimin ihren Ehemann gut behandeln solle, findet sich nicht im Koran. Eine Frau ist dann eine gute Muslimin, wenn sie ihrem Ehemann gegenüber gehorsam und unterwürfig ist. Als Lohn bleiben ihr Schläge erspart.

Die Sozialordnung des Islam ist gegen das Selbstbestimmungsrecht der Frau gerichtet. Das unterscheidet ihn allerdings nicht von den anderen großen Schriftreligionen, die auch unter dem starken Einfluss patriarchalischer Tradition stehen.

Gott sei Dank schützt das staatliche Grundrecht auf Gleichbehandlung der Geschlechter die deutschen Frauen davor, dass die Kirche sie wieder auf ihre »natürlichen Aufgaben« verpflichtet.

Dieses staatliche Grundrecht schützt jedoch muslimische Frauen kaum, selbst wenn sie deutsche Staatsbürgerinnen sind. Nur so ist zu erklären, dass es einer Familienrichterin einfällt, sich bei der Ablehnung einer Härtefallscheidung für eine Muslimin auf das islamische Züchtigungsrecht zu berufen und dabei auch noch den Koranvers 4 : 34 zu zitieren.

Unter Feministinnen besteht Konsens, dass die Auffassung von der naturgegebenen Unterlegenheit der Frau abzulehnen sei, egal welcher Religion sie entstammt. Uneinigkeit herrscht jedoch in der Beurteilung der Konsequenzen. Unweigerlich stoßen wir auf die Frage nach der »Freiwilligkeit« der Religionsausübung und die Frage danach, wo der Staat Grenzen setzend einzugreifen hat. Inwieweit entspringt die Zustimmung zum islamischen Geschlechterbild und dessen Folgen, zu einer Glaubenspraxis, die das eigene Leben extrem beschränkt und teilweise sogar bedroht, einer eigenen Wahl, einem eigenen Willen? Viele Musliminnen, und es werden immer mehr, wollen ein Kopftuch tragen und verteidigen die Verhüllung scheinbar selbstbewusst mit ihrer Zugehörigkeit zum Islam. Viele stimmen arrangierten Ehen zu und verwehren sich gegen die Unterstellung, zur Heirat gezwungen worden zu sein. Und es sind nicht wenige Musliminnen, die Schläge für ein legitimes

Mittel zur Bestrafung ungehorsamer Frauen halten und sogar Ehrenmorde in bestimmten Fällen als unerlässlich ansehen.

Bei der Frage der »Freiwilligkeit« wird immer wieder übersehen, dass die meisten der (fundamentalistischen) Muslime nach wie vor einer Stammeskultur und einem Gemeinschaftsdenken unterworfen sind und nicht zuvorderst als Individuen zu denken und zu handeln gelernt haben. Freiwilligkeit kann sich meiner Ansicht nach nur dort entwickeln, wo die Freiheit des Individuums gelehrt wird. Daran mangelt es in den meisten islamischen Zusammenhängen, egal ob in Koranschulen oder Moscheen. Der Einzelne hat den Regeln der Gemeinschaft zu folgen, nur in diesem vorgegebenen Rahmen erhält er »Freiraum«.

Ich sehe da sektenähnliche Strukturen, in die sich jeder Einzelne angeblich »freiwillig« einfügt. Und ich sehe eine starke Abschottung hin zur Mehrheitsgesellschaft, die gerade auf das Individuum und die Freiheit des Einzelnen ausgerichtet ist.

Die Politik hat inzwischen erkannt, dass der Islam in der deutschen Gesellschaft eine nicht mehr zu leugnende Rolle spielen wird und dass sie auf die Zunahme der muslimischen Bevölkerung sowie die Gefahr der sich bildenden Parallelgesellschaften schleunigst reagieren muss. Aus diesem Bewusstsein heraus, das für mich einem Eingeständnis des Scheiterns der bisherigen Integrationspolitik gleichkommt, hat die Bundesregierung die Deutsche Islamkonferenz ins Leben gerufen, die am 27. September 2006 unter Vorsitz von Innenminister Wolfgang Schäuble eröffnet wurde und nun regelmäßig tagen soll. Ihr Ziel ist die Integration des Islam in Deutschland. Dazu wurden Arbeitsgruppen gegründet, die einen Maßnahmenkatalog für alle Lebensbereiche und Alltagsfragen erarbeiten sollen.

Die Islamkonferenz

Die Islamkonferenz setzt sich aus 15 Vertretern aus Bund und Ländern sowie 15 geladenen Gästen von muslimischer Seite zusammen. Zu diesen letzten gehören Vertreter von fünf islamischen Verbänden sowie zehn Einzelpersonen, darunter auch Necla Kelek und ich. Dass mit uns zwei Frauenrechtlerinnen und so genannte Islamkritikerinnen dabei sind, war den meisten Herren von den Verbänden von Anbeginn ein Dorn im Auge. Schon im Vorfeld erklärten sie uns zu Nichtmuslimen und versuchten uns das Recht streitig zu machen, überhaupt über den Islam zu sprechen.

Die Frage, wer die Muslime in Deutschland nach außen vertritt und als Ansprechpartner für die Politik fungiert, ist in der Tat ein Problem und wird noch lange für Diskussionen sorgen. Der Islam ist, wie schon geschildert, eine sehr heterogene Religion mit vielen verschiedenen Strömungen. Er ist nicht so organisiert wie das Christentum und das Judentum, die durch eine hierarchische Ordnung innerhalb der Glaubensgemeinschaft Instanzen besitzen, die sie nach außen repräsentieren können.

Viele der in Deutschland lebenden Muslime sind gläubig und praktizieren ihre Religion. Aber nur maximal 15 Prozent sind in einem islamischen Verband organisiert. Dennoch erwecken viele auf der Islamkonferenz vertretenen Verbände den Anschein, für die Mehrheit der Muslime in Deutschland sprechen zu können.

Auch Vertreter des KRM, des 2007 gegründeten Koordinierungsrats der Muslime in Deutschland, sitzen mit am Tisch. Dieser Zusammenschluss beansprucht für sich die Vertretung von Muslimen in Deutschland und sieht sich als legitimer Ansprechpartner der Politik. Dabei ist es ja gerade eine Besonderheit des Islam, dass es zwischen Allah und dem Menschen keine Institution gibt. Der Glaube findet im Herzen eines jeden Einzelnen statt. Deshalb haben die meisten Menschen z. B. auch im Iran kein Problem damit, eine Art Doppelleben zu führen. Zu ihrem Glauben und ihrer Religiosität befragt, wird die Mehrheit von ihnen sagen, dass sie gläubige Muslime seien, und die Sittenwächter belächeln. Der Islam wird derart vielfältig gelebt, dass ein barbusiges Partygirl in einer Mittelmeer-Touristenmetropole der Türkei genauso fromm sein kann wie eine Kopftuchträgerin in Berlin, die sich einerseits erotisch kleidet und andererseits die ehrenhafte Kopfbedeckung wählt, und beide können sich in ihrer Gläubigkeit in nichts von einer Frau unterscheiden, die im Iran im Tschador drei Schritte hinter ihrem Ehemann herläuft.

Diese Besonderheit ignorieren viele Verbände und Moscheegemeinden, wenn sie sich zu Wächtern der Religion aufspielen. Die große Vielfalt innerhalb des Islam kommt in den meisten großen islamischen Verbänden nicht vor. Natürlich muss nicht jeder Verband alle Strömungen und Ausrichtungen des Islam vertreten und natürlich hat in der Demokratie der konservative Islam genauso seinen Platz wie der gemäßigte und liberale Islam. Nur kann keine Vereinigung, die nicht alle Richtungen des Islam berücksichtigt und respektiert, für sich beanspruchen, alle Muslime zu vertreten.

Die dem Koordinierungsrat beigetretene Türkisch-Islamische Union (DITIB) ist dem staatlichen Amt für Religionsangelegenheiten in der Türkei angebunden. Die DITIB galt bisher als gemäßigte Organisation. Der Verband läuft durch den Beitritt zum KRM Gefahr, als »säkularer« Vertreter des Islam unglaubwürdig zu werden – jedenfalls in den Augen eines großen Teils seiner Anhänger, die sich ihm ja gerade wegen der Ferne zu den anderen Verbänden angeschlossen haben dürften. Die DITIB wurde stets als der Verband angesehen, der den Einflüssen des türkisch-islamischen Verbands Milli Görüş am fernsten ist. Die Nähe bzw. Ferne zu Milli Görüş ist gleichsam ein Gradmesser für den Fundamentalismus, der in einem islamischen Verband herrscht.

Die meisten der zum Islamgipfel geladenen islamischen Verbände vertreten einen streng religiösen, konservativen Islam, auch wenn sich ihre Vertreter, wie auf dem Gipfel schon geschehen, gegen das Attribut »konservativ« zur Wehr setzen. Dabei liefern sie selbst genug Gründe, um sie so zu bezeichnen. So rühmen einige die Befreiung vor allem von Mädchen vom Sport-, Schwimm- und Sexualkundeunterricht als ihren Verdienst und drohen, den Glauben an den deutschen Rechtsstaat zu verlieren, sollte den Muslimen diese Errungenschaft wieder genommen werden.

Ich habe, offen gesagt, große Zweifel an der Demokratietreue solcher Herren in den Reihen der islamischen Verbände, die die Ungleichbehandlung von muslimischen Schülerinnen als Erfolg preisen. Mir scheint, dass sie Demokratie nur dort akzeptieren können, wo ihnen größtmögliche Freiheit in der Religionsausübung zugestanden wird.

Es ist europaweit ein Problem, dass nur eine mehrheitlich streng-gläubige, konservative Minderheit der Muslime überhaupt in Ver-bänden organisiert ist und dass diese keinesfalls repräsentativen In-teressenvertretungen die einzigen Ansprechpartner für die Politik darstellen.[42] Angesichts dieses Missstandes wurde am 28. Februar 2007 in Deutschland der Zentralrat der Exmuslime gegründet. In ihm haben sich Menschen zusammengeschlossen, die aufgrund ih-rer Herkunft aus einem so genannten muslimischen Land gemein-hin der »Gruppe der Muslime« zugerechnet werden, obwohl sie nicht oder nicht mehr religiös sind. Der Zentralrat der Exmuslime wehrt sich dagegen, dass einzelne muslimische Organisationen den Anspruch erheben, die Interessen aller Muslime in Deutschland zu vertreten, und will die Position der bislang in keinem Verband or-ganisierten säkularen und Exmuslime stärken. Außerdem hat sich in Frankfurt am Main eine kleine Gruppe säkularer Muslime gebil-det, um ebenfalls als Gegengewicht zu den islamischen Verbänden aufzutreten.

Solche Zusammenschlüsse säkularer Muslime begrüße ich sehr. Sie sind schon deshalb wichtig, weil der Eindruck, der KRM vertrete alle Muslime in Deutschland, dessen Forderung, vom deutschen Staat als öffentlich-rechtliche Körperschaft anerkannt zu werden und damit einen der katholischen und protestantischen Kirche ver-gleichbaren Status zu erlangen, Nachdruck verleiht. Und mit einer solchen Anerkennung wäre der KRM dann berechtigt, ohne große baurechtliche Hürden Moscheen zu errichten oder wie die christ-lichen Kirchen Steuern einzuziehen. Und der KRM würde tatsäch-lich für alle Muslime sprechen dürfen. Diese Debatte über die An-erkennung des KRM als öffentlich-rechtliche Körperschaft hat gerade erst begonnen und wird uns wohl noch viele Jahre beglei-ten. Auf der Islamkonferenz werden wir uns intensiv damit zu be-schäftigen haben.

Nur eine Organisation, die tatsächlich alle Ausrichtungen und Facetten des Islam anerkennt, öffentlich respektvoll behandelt und es schafft, sie unter ein Dach zu bringen, kann als Vertretung aller Muslime in Betracht kommen. In meinen Augen kann das nur ein von den Muslimen demokratisch gewähltes Gremium sein. Dazu müssten sich alle Menschen in Deutschland, die sich zum Islam bekennen, registrieren lassen und an Wahlen zu solch einem Gremium teilnehmen. Den Islam nur durch Moscheebesucher und deren Vorsteher repräsentieren zu lassen wäre in etwa so, als würde man nur Stadionbesucher als Fußballfans gelten lassen. Die meisten Fußballfans sitzen aber zu Hause vor dem Fernseher und sind zutiefst davon überzeugt, nicht weniger treu zu sein als die Fans im Stadion.

Ein paar Worte zum Thema Moscheen. Die Moschee ist meines Erachtens als sozialer Treffpunkt von größerer Bedeutung denn als Religionsstätte. Ich finde es daher befremdlich, dass die Diskussion in Deutschland so verläuft, als ob die Muslime ihre Religion nicht ausüben könnten, solange ihnen nicht große Moscheen zur Verfügung stehen. Mit den Streitigkeiten über die Moscheebauten in Deutschland wird ein falsches Bild vom Sinngehalt der Moscheen vermittelt. Moscheen werden hauptsächlich von Männern besucht, die dort einen konservativen Islam praktizieren. Denn während z. B. ein Ehepaar zu Hause durchaus nebeneinander oder in einem Zimmer beten kann – und das tun tatsächlich einige mir bekannte Personen –, ist dies in der Moschee unmöglich.

Ich will damit nicht sagen, dass ich gegen Moscheebauten bin. Nein, es ist erfreulich, dass es in Deutschland endlich schöne Moscheen gibt, damit auch die islamische Architektur sich zeigen kann. Aber die aktuell diskutierten und in Bau befindlichen Großmoscheen werden meines Erachtens Orte zur Manifestierung der Parallelgesellschaft werden. Die Muslime werden in diesen Zentren über kurz oder lang alles anbieten, was Muslime benötigen, und sie werden dies ihrer Ansicht nach im Einklang mit hochmoralischen und sittlichen Kriterien tun. Dazu werden auch erklärte oder indirekte Maßnahmen gehören, die zur Geschlechtertrennung führen. Heute ist in Einkaufszentren in Ballungsgebieten häufig zu beobachten, wie sich muslimische Mütter und Kinder in kleineren und größeren Grüppchen treffen und bei einem Eis sitzen, während die Männer in der Moschee Gespräche führen. Wenn sich in den Moscheen der Zukunft alles unter einem Dach befindet, müssen sich die Paare räumlich nicht mehr trennen und die Kontrolle ist einfacher. Ein Kontakt mit der urdeutschen Umgebung wird nahezu unmöglich. Die Muslime bleiben unter sich.

Der Islamgipfel ist sicherlich ein historisches Zeichen und ein Meilenstein in der Debatte um die Integration des Islam in Europa, wenn ich es auch problematisch und nicht gerade integrationsfördernd finde, dass islamische Verbände aufgrund fehlender anderer muslimischer Organisationen vom deutschen Staat gestärkt werden. Grundsätzlich ist es natürlich auch nicht ohne Widerspruch und Gefahr, wenn ein säkularer Staat mit einer Religion verhandelt, denn der Glaube gehört in den privaten Bereich, und in den hat sich der Staat eigentlich nicht einzumischen. Aber im Falle des Islam mischen sich eben politische und religiöse Inhalte. Deshalb kommt dem Islam eine Schlüsselfunktion in der Integrationsfrage zu, und deshalb kann und darf sich der deutsche Staat nicht heraushalten. Das gilt nicht nur für Deutschland, sondern für alle europäischen Staaten.

Im Interesse einer einheitlichen Lösung bei der Integration der Muslime und des Islam in Europa bin ich unbedingt dafür, einen europäischen Islamgipfel ins Leben zu rufen. Grundsätzlich müssen wir eine Strategie entwickeln, um mit allen Strömungen des Islam in einen Dialog einzutreten und – im Falle Deutschlands – das Verhältnis dieser Religion zum deutschen Staat auf der Grundlage des Grundgesetzes demokratisch zu gestalten.

Eine Reform des Islam?

Jeder soll nach seiner Fasson und mit seiner Religion glücklich werden – diese Forderung ist in Zeiten des politischen Islam verantwortungslos. Wir müssen uns in Deutschland und Europa intensiv mit der Frage beschäftigen, was wir unter Religionsfreiheit verstehen und wo ihr Grenzen zu setzen sind. Ich will nicht den Islam als solchen an den Pranger stellen, sondern die fundamentalistischen, demokratie- und frauenfeindlichen islamischen Kräfte, die sich gegen jede Historisierung und Modernisierung ihrer Religion wehren und im 21. Jahrhundert wieder mittelalterliche Zustände zu etablieren trachten. Dagegen arbeite ich.

Das bedeutet nicht, dass ich persönlich mit dem Islam nichts zu tun haben möchte. Ich glaube, das ginge auch gar nicht. Da der Islam auch meine Erziehung geprägt hat, komme ich nicht umhin, mich mit ihm zu beschäftigen. Natürlich könnte ich mich wie die Mitglieder des Zentralrats der Exmuslime öffentlich vom Glauben abwenden. Das würde aber meiner inneren Haltung widersprechen. Ich wende mich gegen die menschenverachtenden und speziell die frauenverachtenden Vorschriften des Islam. Ich habe nicht mit dem Islam gebrochen, obwohl das manche behaupten.

Der Islam hat eine Tradition in meiner Familie. So, wie das wohl in den allermeisten muslimischen Familien passiert, erkannte ich einfach irgendwann, dass wir Muslime sind. Keiner meiner Verwandten hat sich hingesetzt und mir erklärt: »Seyran, wir sind Muslime und wir tun dieses und lassen jenes.« Meine Eltern haben nur die Grundschule besucht. Sie hatten niemals Religionsunterricht und haben auch nicht an Korankursen teilgenommen. Sie haben mir vorgelebt, was ihrer innersten Überzeugung nach muslimisch ist. Dazu gehört das muslimische Glaubensbekenntnis: »El Hamdullah Müslümanim.« Das ist eine Mischung aus Arabisch und Türkisch und kann übersetzt werden mit: »Danke, Gott, ich bin eine Muslimin.« Mir wurde nachdrücklich erklärt, dass ich auf die Frage, ob ich Muslimin sei, unbedingt so antworten müsse. Mir wurde zwar keine Strafe angedroht, wenn ich es nicht täte, aber die Aufforderung dazu war so stark und beeindruckend, dass ich ahnte, ich dürfe nicht anders antworten.

Das Bekenntnis zum Islam ist die grundlegende Pflicht unter den fünf Pflichten des Islam. Danach kommen die anderen vier Pflichten. In den Überlieferungen heißt es dazu:

»Der Islam besteht darin, dass du bezeugst: Es gibt keinen Gott außer Gott, und Mohammed ist der Gesandte Gottes; dass du das Gebet verrichtest, die Abgabe entrichtest, den Ramadan fastest, die Wallfahrt zum Bethaus (in Mekka) vollziehst, wenn du dazu imstande bist.«

Als ich klein war, haben meine Eltern nicht fünfmal am Tag gebetet. Das hätten sie wegen der Schichtarbeit in der Fabrik gar nicht geschafft; außerdem mussten sie sich um uns fünf Kinder kümmern. Aber sie haben, sooft es ging, gefastet und zum Opferfest immer ein Opfertier schlachten lassen oder Geld gespendet. Mein Vater ging hin und wieder zum Freitagsgebet in die Moschee, meist nur an Feiertagen. Die Politisierung der Muslime in den Moscheen gefiel ihm nicht. Im Alter, jetzt, sind sie frommer geworden. Sie beten fünfmal am Tag, und sie waren in Mekka. Sie fasten aber aus gesundheitlichen Gründen nicht, was für meinen Vater sehr schwer ist.

Mein Vater hat bereits einen Schlaganfall und einen Herzinfarkt hinter sich. Obwohl es eine Anordnung in den Überlieferungen gibt, wonach Kranke nicht fasten dürfen, sagte ihm ein Imam in der Türkei, wo mein Vater inzwischen lebt, während der Fastenzeit: »Du fastest nicht, weil ein Arzt dir gesagt hat, dass du zu krank dafür bist. Wieso fragst du einen Arzt, wieso fragst du nicht Allah?« Als mir mein Vater das erzählte, wurde ich wütend. Ich sagte ihm, der Imam solle doch einen Termin bei Allah vereinbaren, damit alle Kranken sich noch einmal von ihm untersuchen lassen können.

Mein Vater litt, weil ihm dieser Imam ein schlechtes Gewissen eingeredet hatte. So kannte ich den Islam, der in den Moscheen gepredigt wurde. Er macht den Menschen ein schlechtes Gewissen. Der Islam, den mir meine Eltern beigebracht haben, ist ein anderer. Er besagt, dass ich im Herzen mit mir und Allah im Reinen sein muss. Meine Eltern haben uns Kinder nie gezwungen, zu beten oder zu fasten. Sie haben mir beigebracht, dass es keinen Zwang im Islam gibt. So wurde in unserer Familie ein sehr freier Islam gelebt, wie in vielen anderen Familien auch. Je älter meine Verwandten werden, desto mehr von ihnen beten fünfmal am Tag. Manchmal, wenn wir große Familientreffen bei meinen Eltern in der Türkei veranstalten, wird es ganz plötzlich unruhig, weil einige Familienmitglieder sich zum Gebet vorbereiten müssen; die Badezimmer sind mit einem Mal alle belegt, man steht Schlange, und dann wird es wieder ganz ruhig im Haus. Die Betenden werden von den nicht Betenden nicht gestört. Eine Ruhe kehrt ein, die zur Besinnung aller führt.

So ist es auch, wenn meine Eltern im Winter zu mir nach Berlin kommen und bei mir wohnen. Sie beten fünfmal am Tag. Alle anderen in der Wohnung teilen diesen Rhythmus und die Atmosphäre. Meine Tochter betet manchmal mit, das sagt sie jedenfalls.

Sie setzt sich dazu und schaut Opa, Oma oder Tante einfach nur zu. Und sie ist erstaunlich ruhig dabei. Das Gebet hat, wie in allen anderen Religionen, eine Ausstrahlung von Ruhe und Kraft, die mich beeindruckt. Auch ich bete, auf meine Weise. Und ich glaube daran, dass mir der Islam das erlaubt.

Weil das Gebet hauptsächlich in den privaten Räumen stattfindet und eben nicht in der Moschee und weil man fünfmal am Tag gemeinsam betet – oder die anderen in Ruhe beten lässt –, haben Muslime eine andere Art der Begegnung mit dem Gebet als Christen. Und ich glaube, dass diese Atmosphäre, die meine betenden Eltern in unsere Räume bringen, im Christentum oder Judentum im Privaten nicht gegeben ist.

In meiner Familie wird ein Islam gelebt, der in unsere Zeit passt. In ihm können alle Fähigkeiten und Möglichkeiten des Einzelnen gelebt werden, ohne Zwang. Meine Eltern beten für uns immer mit, sagen sie. Wir fühlen uns damit wohl und behütet. Der Islam, der sich öffentlich präsentiert, entspricht nicht meinem Bild und Verständnis vom Islam. Meine Eltern haben mich in meinem Glauben nicht bevormundet und mir beigebracht, dass ich für meine Religiosität allein verantwortlich bin. Individualismus und Islam müssen einander also nicht ausschließen. Menschen, die den Islam institutionalisieren, was weder gewünscht noch gefordert ist, erklären mir oft – wenn auch indirekt –, dass ich keine gute Muslimin sei. Andere meinen, ihre Frömmigkeit demonstrieren zu müssen. In meiner Familie wurde mir beigebracht, dass man seinen Glauben nicht zur Schau stellt. Du musst deinen Glauben nicht anderen Menschen, sondern Allah zeigen, und das ist eine ganz private Angelegenheit.

Dieser Tradition in meiner Familie fühle ich mich verbunden. Mein Islam ist ein ganz persönlicher. Offenbarungsreligionen, so wie sie praktiziert werden, sind generell nicht meine Sache. Mein Islam ist friedlich, toleriert andere Menschen, kennt Nächstenliebe. In meinem Islam gibt es keine Geschlechtertrennung. Diese alte, patriarchalische Struktur und Tradition sind in meinem Islam abgeschafft.

Die spirituelle, durchaus friedliche Seite des Islam wird aktuell durch seine extreme Politisierung unterdrückt. Der Weg zur Reformierung des Islam muss meines Erachtens notwendigerweise über seine Entpolitisierung führen. Jede Religion ist mit einer Demokratie vereinbar, sofern sie sich der Demokratie verpflichtet. Meiner Auffassung nach bedeutet Demokratie unter anderem, dass ein Einfluss der Religion auf die Politik ausgeschlossen wird und es reine Privatsache ist, welchem Glauben man anhängt. Das gilt dem orthodoxen Islam zufolge aber gerade nicht. Er weist eindeutig demokratiefeindliche und in einzelnen Moscheegemeinden sektenähnliche Strukturen auf. Der Islam muss sich seiner politischen Dimension entledigen. Um sich in Europa Anerkennung zu verschaffen, muss er sich auf die spirituelle Dimension beschränken und den Anspruch aufgeben, die einzig wahre Religion und als solche ebenso Staatsreligion wie Gesetzesgrundlage zu sein. Ich vertrete daher die Ansicht, dass Muslime, die sich eine islamische Gesellschaftsordnung wünschen, wenn auch »nur« für ihre Parallelgesellschaft, Deutschland bzw. Europa besser verlassen und in ein islamisches Land ziehen sollten.

Ich meine, dass wir den Koran nicht nur den fundamentalistischen Männern aus der Hand nehmen müssen, wie einige Feministinnen fordern, sondern auch den fundamentalistischen Frauen. Das bedeutet natürlich nicht, dass wir keinen konservativen Islam akzeptieren dürfen. Nein, zu einer Demokratie gehört, dass wir mit Menschen in einer Gesellschaft friedlich zusammenleben, die mit uns nicht in allen Fragen des Lebens einer Meinung sind. Zu einer Demokratie gehört es aber auch, dass dieser Freiheit Grenzen gesetzt sind. Unser Grundgesetz, unsere Verfassung setzt diese Grenzen.

Ich bin nicht der Ansicht, dass wir in Deutschland durch eine staatliche Anerkennung des KRM als Körperschaft des öffentlichen Rechts die Voraussetzung dafür schaffen, dass Menschen, die dem Islam angehören, auf Augenhöhe begegnet wird. Wichtiger erscheint mir die Anerkennung und Integration im Alltag. Österreich ist ein Beispiel dafür, dass es mit der staatlichen Anerkennung allein nicht getan ist. Es ist das einzige Land in Europa, in dem der Islam eine rechtliche Gleichstellung mit dem Christentum und Judentum erfahren hat. Seit 1912 genießen Muslime religiöse Gleichbehandlung per Gesetz. Das heißt aber nicht, dass in Österreich keine Probleme existieren würden. Dort gibt es dieselben Schwierigkeiten wie in anderen europäischen Ländern auch. Auch in Österreich ist der Islam keineswegs integriert, denn es wurde auch hier niemals die Tatsache berücksichtigt, dass es sich bei ihm um eine sehr heterogene Religion mit vielen verschiedenen Strömungen handelt. Auch in Österreich sind, wie überall sonst in Europa, hauptsächlich die konservativen Muslime organisiert.

Die Islamische Glaubensgemeinschaft in Österreich ist Ansprechpartner für Staat und Regierung in allen den Islam betreffenden Fragen und gehört wie die katholische, die evangelische, die orthodoxen Kirchen sowie die jüdischen Gemeinden dem Ökumenischen Rat der Kirchen in Österreich an. Sie vertritt aber nur einen Teil der rund 300 000 Muslime in Österreich. Die säkularen Muslime und Reformbefürworter treten gar nicht in Erscheinung oder kämpfen auf verlorenem Posten. Nach außen präsent sind nur die konservativen Muslime. Den anderen wird meist sogar das Muslimsein abgesprochen – wie in Deutschland auch.

Dass sich die Muslime gegenseitig bekämpfen und sich nicht in ihrer jeweiligen Glaubensausrichtung anerkennen, ist ein zentrales Problem, das die Muslime zunächst einmal unter sich klären müssen, bevor sie sich mit einer (Selbst-)Definition des Islam und des Muslimseins nach außen wenden können. Der unumgängliche innerislamische Dialog, über den einzig der Weg zu einer Reform des Islam führen kann, findet nun ansatzweise auf dem Islamgipfel statt. Hier können sich die unterschiedlichen muslimischen Fronten begegnen. Eine solche Konferenz ist, denke ich, zurzeit eine viel sinnvollere Maßnahme, als einen islamischen Dachverband, der nur einen Teil der Muslime vertritt, zur Körperschaft des öffentlichen Rechts zu erklären.

Bevor aber nicht allseits klar ist, dass der Islam nicht nur reformierbar ist, sondern auch reformiert werden muss, braucht man meiner Meinung nach über seine staatsrechtliche Anerkennung gar nicht erst zu diskutieren. Dass der Islam nicht reformierbar sei, sagen die Orthodoxen, die Fundamentalisten, aber auch einige Islamkritiker. Ich sage, wenn das Christentum reformiert werden konnte, kann auch der Islam reformiert werden. Die Scharia sei unveränderbar, meinen die einen. Sie müsse nur richtig ausgelegt werden, sagen die anderen, dann hätten wir auch eine indirekte Reform des Islam. In der Tat, die Frage nach der Reformierbarkeit des Islam zielt im Kern auf die Scharia. Wenn die islamische Rechtsordnung nicht veränderbar ist, dann ist das Geschlechterbild, dann ist die Position der Frau im Islam ebenfalls nicht veränderbar.

Ich bin aber der festen Überzeugung, dass die Scharia reformierbar ist, und damit der Islam. Damit meine ich, dass die Glaubensgemeinschaft der Muslime sich von Geboten, Verboten und Strafen, die im 7. Jahrhundert vielleicht ihre Existenzberechtigung hatten, nun aber überholt und menschenverachtend sind, verabschieden muss.

Entscheidend ist, dass der Islam zeitgemäß ausgelegt wird und die Zeitbedingtheit seiner so genannten Urschriften anerkannt wird. Diese Aufgabe obliegt den Islamgelehrten und Theoretikern, die als Autoritäten fungieren und großen Einfluss unter den Muslimen haben. Warum sollte der Islam sich einer historischen Deutung verweigern? Schließlich gab es in allen Zeiten und immer wieder islamische Religionskritiker, die sich der Vernunft verschrieben. Ich sehe keine Besonderheit im Islam, die eine Reform unmöglich macht. Schon aus ganz pragmatischen Gründen denke ich so. Der Islam wird schließlich nicht mit einem Mal aufhören zu existieren, und das ist auch nicht das Ziel. Als demokratisch denkender Mensch kann und will ich nur fordern, dass der Islam in Deutschland sich dem deutschen Grundgesetz und den allgemeinen Menschenrechten anpasst.

Die meisten Muslime können überhaupt nicht überprüfen, welcher Islam und welche Auslegung ihnen vermittelt werden. Meiner Meinung nach hat die zum Teil menschen- und frauenverachtende Praxis des Islam viel damit zu tun, dass nur wenige Muslime den Koran tatsächlich lesen können und sich daher auch nur wenige an der Diskussion über den Koran beteiligen können. Nur wenigen Muslimen ist der Islam in seiner Urschrift verständlich und nachvollziehbar, Abermillionen von Gläubigen müssen blindlings und unmündig auf die Deutungen von Imamen vertrauen, die nahezu ausschließlich die patriarchalischen Inhalte weitergeben. Daher haben auch nur wenige Menschen überhaupt begriffen, was der Papst in seiner Regensburger Rede gesagt hat und worin die Beleidigung des Islam bestanden haben soll. Es reicht für viele Muslime aus, wenn die beiden Wörter »Islam« und »Kritik« in einem Satz erwähnt werden, um eine Abwehrhaltung einzunehmen.

Was wir brauchen, ist ein islamischer Luther. Wobei es wahrscheinlich nicht einem einzigen Menschen vorbehalten sein wird, den Islam zu reformieren, es werden viele Männer und Frauen gemeinsam daran arbeiten müssen. Und im Gegensatz zur Reform des Christentums werden die Frauen die treibenden Kräfte sein.

Meines Erachtens muss die Integration des Islam neben der sozialen Integration der Einwanderer als eine eigene, zentrale Aufgabe begriffen werden. Der Islam muss Thema in der Kinder- und Jugendarbeit, der Sozialarbeit und Seelsorge, in Gremien auf kommunaler, Landes- und Bundesebene sowie in den Medien werden. Eine solche Beteiligung ist im Interesse einer Politik geboten, die die moderaten und nicht die fundamentalistischen Kräfte im Islam stärken will.

Dazu gehört meines Erachtens auch die Einführung eines allgemeinen Religionsunterrichts. Ich bin entschieden dagegen, dass unsere Kinder in der Schule konfessionellen Religionsunterricht erhalten. Es sollte unser Ziel sein, mündige, selbstständige Bürgerinnen und Bürger heranzuziehen, die sich zu gegebener Zeit selbst für oder gegen einen Glauben entscheiden können. Es kann nicht sein, dass Eltern unter Missachtung individueller Persönlichkeitsrechte, die auch Minderjährigen zustehen, ihren Kindern die eigene Religion aufzwingen. Und der Umgang mit den eigenen Kindern sagt meines Erachtens auch viel über die Fähigkeit zur Toleranz gegenüber anderen Menschen und Andersgläubigen.

Abgesehen von einer Öffnung des Religionsunterrichts müssen junge Muslime sozial und beruflich besser integriert werden, damit sie nicht mangels Orientierung Opfer fundamentalistischer Bewegungen werden. Ein allgemeiner Religionsunterricht, in dem alle Weltreligionen vermittelt werden, könnte für muslimische Kinder die Chance bieten, sich nicht nur mit dem Christentum und dem Judentum auseinanderzusetzen, sondern auch die eigene Religion in all ihren Facetten kennenzulernen. Dabei muss den Kindern auch die psychologische Seite des Glaubens nahegebracht werden, damit sie befähigt werden, ohne Manipulation eine Entscheidung zu treffen. Denn Religion kann aus psychologischer Sicht durchaus als eine Zwangsneurose betrachtet werden. Sinn und Unsinn aller diesbezüglichen Ansichten und Theorien zu vermitteln liegt in der Verantwortung des Staates, denn Eltern manipulieren ihre Kinder, ob sie wollen oder nicht, bewusst oder unbewusst – auch ich. Zu glauben oder nicht zu glauben, beides ist ein Menschenrecht. Das muss den Kindern in der Schule vermittelt werden.

Bildung

Bildung bringt den meisten Menschen Freiheit, Freiheit des Denkens und Handelns. Bildung verschafft Respekt und Achtung. Bildung bietet Chancen, die sich einem ungebildeten Menschen niemals eröffnen würden. Nur derjenige kann sich kritisch mit sich und seiner Umwelt auseinandersetzen, der über eine umfangreiche Bildung verfügt – womit natürlich nicht nur die Schulbildung gemeint ist. Ich bin fest davon überzeugt, dass allein derjenige, der Bildung aufgeschlossen gegenübersteht und bereit ist, sich geistig zu bewegen, sich weiterentwickeln kann.

Es gibt einen nicht zu leugnenden Zusammenhang zwischen Bildungsgrad und Fundamentalismus. Menschen mit geringer Bildung stehen meist Traditionen und Wertvorstellungen ihrer Kultur und Religion sehr viel unwissender und unkritischer gegenüber als Gebildete. Im schlimmsten Fall führt der Mangel an Bildung sogar zur bedingungslosen Übernahme von Praktiken, die in offensichtlicher Weise Menschenrechte missachten.

Bildung bedeutet, Fragen zu stellen, Dinge in Zweifel zu ziehen und Antworten zu suchen. Bildung bedeutet zu streiten und aus anderen Meinungen zu lernen, Bildung bedeutet zuzuhören und Positionen zu überdenken. Bildung bedeutet eine intellektuelle Auseinandersetzung mit sich und seiner Umgebung. Eine alte türkische Weisheit sagt: »Du musst dich nicht dafür schämen, dass du etwas nicht weißt, schäme dich lediglich dafür, dass du nichts lernst.« Natürlich muss man auch eine Chance haben, etwas zu lernen.

Meine Eltern gehören zu den Menschen, die aus sozialen und familiären Gründen keine besondere Schulbildung genießen konnten bzw. durften. Meine Mutter hat erst mit 50 Jahren in Deutschland lesen und schreiben gelernt. Mit 60 hat sie angefangen, den

Koran zu rezitieren. Ich glaube, dass meine Eltern, hätten sie die Chance dazu gehabt, gute Schüler gewesen wären. Und nicht nur meine Eltern. Ich bin immer wieder Menschen aus der ersten Einwanderergeneration begegnet, die unter anderen Bedingungen eine bessere Bildung hätten erwerben können.

Die meisten Menschen aus dieser Generation haben sich viele Gedanken zum Thema Bildung gemacht, mehr als sich der eine oder andere Urdeutsche vorstellen will. Und sie hegten tatsächlich den Wunsch, dass ihre Kinder, ganz unabhängig vom Geschlecht, die bestmögliche Bildung erlangen. Das Gleiche wünschen sie sich jetzt für ihre Enkelkinder. Die Menschen aus der zweiten Generation denken genauso. Denn ihnen ist bewusst, dass gerade Bildung die Voraussetzung für ein berufliches Weiterkommen schafft, und nicht nur dafür. Das klingt nach einem Widerspruch, hält man sich vor Augen, wie wenig Eltern der ersten Generation sich wirklich um die Schulangelegenheiten ihrer Kinder gekümmert haben und wie wenig sich Eltern der zweiten Generation aktiv um die Bildung ihrer Kinder bemühen. Es ist aber ein großer Irrtum zu glauben, dass diese Eltern sich nicht dafür interessieren und interessiert haben. Nein, die Menschen der ersten Generation wussten nur nicht, wie sie sich kümmern sollten. Sie selbst hatten nicht gelernt, wie man lernt. Wie sollten sie ihren Kindern dann beim Lernen zur Seite stehen? Sie dachten, die deutsche Schule würde sich schon darum kümmern. Zu den Kindern sagten sie allenfalls mal: »Geh und mach deine Hausaufgaben.« Damit waren die Kapazitäten vieler Eltern aber auch schon erschöpft.

So sehr und so viel ich von der türkischen Community kritisiert werde, die meisten Menschen, denen ich als Rechtsanwältin entweder im Rahmen meiner Arbeit oder privat begegnet bin, waren stolz, dass »eine von uns so einen tollen Beruf« erworben hat. Nicht selten habe ich von türkischen und kurdischen Eltern gehört: »Es wäre wunderbar, wenn unsere Tochter das auch schaffen würde, Anwältin oder Ärztin zu werden.« Als ich die Zulassung zurückgab, waren sehr viele erschüttert, nicht nur wegen der Ereignisse, die dem vorausgegangen waren, sondern weil ich damit etwas zurückgegeben, abgegeben habe, wofür sie selbst viel gegeben hätten.

Bei aller berechtigten Kritik an vielen türkischen und kurdischen Traditionen: Wenn es um die Bildung ihrer Töchter und Söhne geht, greift der überwiegende Teil der Eltern bildungsfördernde Anregungen dankbar auf, sofern die Umsetzung nicht größtenteils von ihrem eigenen Einsatz abhängt. Mit konkreten Angeboten und mit direkter Ansprache kann auch sehr traditionellen Eltern die Angst vor Germanisierung und sittlicher Verrohung ihrer Kinder genommen werden. Denn sie wissen: Bildung eröffnet, im eigentlichen wie im übertragenen Sinne, den Menschen die Welt.

Meine Eltern sagten sehr oft: »Wenn wir in der Türkei eine gute Schule besucht und einen Beruf erlernt hätten, wären wir niemals in die Fremde gezogen. Wir wären in unserer Heimat geblieben und hätten die Türkei in ihrer Entwicklung unterstützt, und wir hätten unsere Kinder und Enkelkinder nach unserer Rückkehr in die Türkei nicht in der Fremde, in Deutschland, zurücklassen müssen.« Ab den 60er Jahren sind vor allem bildungsferne Menschen und nur sehr wenige Akademiker aus der Türkei nach Deutschland zugewandert. Diese Tatsache übt meiner Ansicht nach immer noch einen riesengroßen Einfluss darauf aus, dass wir in der Integrationsfrage stets von Neuem an Grenzen stoßen. Die Mehrheit der Migrantinnen ist nach wie vor als bildungsfern zu bezeichnen. Es wurden keine Anstrengungen unternommen, um zu verhindern, dass das Bildungsdefizit der ersten Generation an die zweite Generation weitergegeben wurde.

Wir reden, hauptsächlich bei türkischen und kurdischen Deutschländern, über die Integration bzw. Integrationsfähigkeit von mehrheitlich bildungsfernen Menschen. Mir kommt es aber so vor, als ob die meisten urdeutschen Politiker so tun, als ob sie gebildete und aufgeschlossene Menschen vor sich hätten, denen man nur eine teure, in mehrere Sprachen übersetzte Hochglanzbroschüre in die Hand drücken muss, um ihnen zu vermitteln, wie sie ihre Kinder in der Schule unterstützen können. So funktioniert das nicht.

Die erste Generation der Einwanderer bestand mehrheitlich aus ehemaligen anatolischen Bauern, die in ihren Dörfern bestenfalls nur wenige Jahre die Grundschule besucht hatten. Manche waren schon innerhalb der Türkei mehrmals umgezogen, hauptsächlich in größere Städte, und hatten sich mit ihren wenigen Habseligkeiten an den Stadträndern in *gecekondus*, in über Nacht errichteten Häusern in den Armenvierteln, niedergelassen. Auch in der Heimat partizipierten sie kaum an Bildung und den Entwicklungen der Moderne. In Deutschland stießen sie auf noch größere Barrieren. Sprache, Kultur und Religion waren für sie so anders, dass sie sich der Ausgrenzung und Ausbeutung durch die Mehrheitsgesellschaft gar nicht bewusst wurden. Nur diejenigen, die genug Bildung im Gepäck mitgebracht hatten, nahmen am Leben in Deutschland aktiv teil. Die anderen arbeiteten und hofften auf ein besseres Leben in der Türkei, wenn sie nach einem Jahr mit viel Geld in der Tasche zurückkehren würden. Das war die Masse der Zugewanderten. Das waren unsere Eltern, die Eltern der zweiten Generation.

Wir konnten von ihnen nicht sehr viel an Bildung mitbekommen. Sie waren nicht unbedingt die größten Vorbilder in Sachen Kunst und Kultur. Ich will keineswegs abwerten, was unsere Eltern uns dennoch alles über das Leben und Menschsein beigebracht haben. Aber Bildung stellt in einer modernen zivilen Gesellschaft den Schlüssel zu Freiheit, Macht und Geld dar. Ich habe das früh erkennen müssen und habe mich somit sehr bewusst um meine Bildung gekümmert, um in dieser Gesellschaft die größtmögliche Freiheit und Teilhabe zu erlangen. Ich habe dieses Ziel für meine kleine Welt erreicht.

Den meisten Angehörigen meiner Generation hingegen blieb es leider versagt, am deutschen Bildungssystem zu partizipieren. Sie wurden weder durch ihre Familien noch durch die Schule adäquat unterstützt und gefördert. Das Bildungsniveau der meisten Deutschländer der zweiten Generation ist daher größtenteils miserabel. Und nur wenige von ihnen schafften und schaffen es ihrerseits, die eigenen Kinder, die dritte Generation, zu fördern. Auch das deutsche Schulsystem hat sich nicht angemessen um die dritte Generation gekümmert, genauso wenig, wie es sich um die vierte Generation bemüht, obwohl doch inzwischen die Probleme hinlänglich und in aller Dramatik bekannt sind.

Der deutsche Staat zeigt ebenso wie in Bezug auf sozial schwache urdeutsche Kinder einen Mangel an Interesse. Immer wiederkehrende Lippenbekenntnisse, man müsse sich mehr um die sozial Benachteiligten kümmern, und die ständige kostenintensive Erforschung des Ist-Zustands reichen nicht aus, um etwas zu verändern. Zu wenige Geldmittel fließen dorthin, wo sie am meisten gebraucht werden: in die Schulen und Kindergärten. Auch Modelle interkulturellen Lernens und muttersprachliche Angebote werden dort zu selten erprobt und umgesetzt. Und die Hauptschule, das Sammelbecken von chancenlosen, von der Gesellschaft schon im Vorhinein aufgegebenen Schülern, wird weder finanziell noch pädagogisch so gefördert, wie es sinnvoll wäre. Ist es die Angst vor den Kindern, die Angst vor dem Versagen? Resignation vor der immensen sozialen Problematik? Kein Geld, lautet meist die ganz profane Antwort.

Ist Deutschland, einst Land der Dichter und Denker, wirklich so arm, dass es eines seiner wichtigsten und schönsten Kulturgüter, nämlich Bildung, einfach aufgibt? Armes Deutschland! Das deutsche Schulsystem muss modernisiert werden, und Deutschland sollte sich sputen, um nicht ganz hinter den europäischen Nachbarländern zurückzubleiben. Das dreigliedrige Schulsystem in der Mittelstufe z. B. fällt im europäischen Vergleich durch. Auch das dürfte sich nun herumgesprochen haben.

Viel und beinahe hysterisch wird über das schlechte Abschneiden Deutschlands bei der Pisa-Studie debattiert. Ich wehre mich vehement dagegen, die Deutschländerkinder für dieses Ergebnis verantwortlich zu machen. Ja, es stimmt, sie sind nicht oft die Leistungsstärksten in der Schule, und sie haben vielleicht den deutschen Bildungsdurchschnitt nach unten gedrückt. Aber was ist der Grund dafür? Man muss sich doch nicht wundern, wenn diese Kinder einerseits von Bildung ausgeschlossen sind und andererseits dennoch in die Statistik eingehen.

Wenn Deutschländerkinder in der Schule so schlecht sind, dann liegt das nicht daran, dass sie dümmer wären als urdeutsche Kinder. Nein, sie sind schlechter, weil sie Opfer von struktureller Benachteiligung sind. Die meisten haben in Deutschland von Anbeginn an keine Chance bekommen, jemals eine vernünftige Bildung zu erlangen.

Genauso wie meine Eltern, wie unsere Eltern. Nur mit dem Unterschied, dass meine Eltern diese Chance nicht bekamen, weil sie in einem kleinen Dorf in Mittelanatolien lebten, in einer mittellosen, kinderreichen Familie. Deutschländerkinder leben mitten in Berlin, Hamburg, Köln oder in anderen großen oder kleinen Städten. Aber sie erleben ähnliche Strukturen wie in einem anatolischen Dorf, weil sie ihr Viertel meist nicht verlassen und einen stark reduzierten Bewegungsradius haben. Ihr Erfahrungshorizont ist fast so klein wie der meiner Eltern damals auf dem Dorf. Diese SchülerInnen erleben ihre deutsche Umwelt meist nur in der Schule, vermittelt durch das Lehrpersonal, oder in ihrem Kiez, in dem die Urdeutschen zur Minderheit gehören.

In einigen Hauptschulklassen Deutschlands, die zu 80 bis 100 Prozent aus Türkisch sprechenden und anderen nicht Deutsch sprechenden Kindern bestehen, wird das Ausmaß der Misere ganz besonders deutlich. Die Hauptschulen sind in einigen Bezirken Deutschlands zu regelrechten »Türkenschulen« geworden, und weder Schüler noch Lehrer geben sich der Illusion hin, dass hier noch irgendetwas Lebensrelevantes gelernt und gelehrt wird. Natürlich gibt es vereinzelt gute Beispiele, bei denen es nicht so schlimm ist. Ich spreche hier aber von der Mehrzahl. Schon bei der Einschulung, bei den Erstklässlern, ist im Grunde klar, dass die meisten Kinder mit so genanntem Migrationshintergrund keine Chance haben werden, Bildung zu genießen. Wie schön man es ausdrücken kann: »Bildung genießen«. Bildung ist ein Genuss, aber davon haben viele Deutschländer nicht den leisesten Hauch einer Ahnung.

Die Bildungsmisere am Beispiel Berlins

Kürzlich schrieb mir eine verzweifelte Lehrerin, die an einer Berliner Realschule unterrichtet, die inzwischen zu fast 100 Prozent von Schülern mit Migrationshintergrund, in der Mehrzahl Türken, besucht wird. Die Lehrerin beklagte sich über die Vergeblich- und Aussichtslosigkeit des Unterrichtens. Nach langen Jahren im Schuldienst stehe sie oft völlig hilflos vor der Klasse und wisse nicht, wie sie die Schüler zum Arbeiten motivieren und vom Sinn des Unterrichts überzeugen könne. Sie habe erkannt, und das ist für mich die zentrale Aussage ihrer E-Mail, dass sie sich als Lehrerin offensichtlich »im Wettbewerb« mit der türkischen Community befinde. Lehrer und Lehrerinnen an solchen Schulen haben keinerlei Chance, wenn sie die Strukturen in der Türken- und Kurdencommunity sowie den anderen Gemeinschaften nicht kennen. Sie wissen gar nicht, mit wem sie es zu tun haben, wenn sie z. B. vor türkischen und kurdischen Schülern stehen. Teilweise befinden sich schier unüberwindbare Mauern zwischen Lehrern und Schülern. Manchmal sind es auch nur Missverständnisse, die im Grunde mit relativ wenig Aufwand auszuräumen wären. Die Lehrerin aus Kreuzberg schrieb mir, dass sie mein Buch *Große Reise ins Feuer* gelesen und daraus einiges über das Leben in türkischen Familien erfahren habe, was ihr zu einem besseren Verständnis ihrer Schüler verhelfe. Es sei wünschenswert, dass Lehrern schon in der Ausbildung notwendiges Wissen über die kulturellen Prägungen und Voraussetzungen ihrer zukünftigen Schüler vermittelt werde.

Lehrer und Lehrerinnen sind von der Bildungspolitik völlig alleingelassen worden. Wie sollen sie die gesamte Problematik, die die multiethnische Mischung in ihren Klassen mit sich bringt, bewältigen? Wie können sie einen vernünftigen Unterricht anbieten, wenn sie ihre Schüler überhaupt nicht erreichen und diese den Lehrern als Vertreter des deutschen Staats nur Verachtung entgegenbringen?

Ich spreche nicht von den Lehrern, die in diesen Problembezirken arbeiten und eigentlich »ausländerfeindlich« eingestellt sind und somit auch große Probleme haben, »den Ausländern« etwas beizubringen. Die ihnen einreden, direkt oder indirekt: »Aus euch wird sowieso nichts.« Ich will an dieser Stelle eher den Blick auf die Lehrerschaft lenken, die guten Willens war und ist, die aus einem Gefühl der Berufung diesen Beruf gewählt hat, um Kindern etwas für das Leben beizubringen.

Es gibt SchulleiterInnen, die das Problem erkennen und trotz mangelnder Unterstützung und vielleicht sogar mit Gegenwind aus den Schulbehörden Konzepte erarbeiten und in ihren Schulen anwenden, die ausgesprochen erfolgreich sind. Solche SchulleiterInnen lassen ihr Lehrpersonal und die SchülerInnen nicht allein. Aber sie sind rar, diese LeiterInnen.

Die Verhältnisse in manchen Berliner Bezirken sind sicher besonders extrem, aber sie nehmen die Entwicklung in anderen bundesdeutschen Großstädten vorweg. Im Jahr 2005 lebten von den 15,3 Millionen Menschen mit Migrationshintergrund 14,7 Millionen – das sind 96 % – in den alten Bundesländern und in Berlin. Fast ein Drittel aller Kinder unter fünf Jahren in Deutschland hat einen Migrationshintergrund.[43] Die Ghettoisierung in manchen Berliner Stadtbezirken schreitet dramatisch voran. Schulen wie die der Kreuzberger Lehrerin, die von einer verschwindend geringen Anzahl urdeutscher Schüler besucht werden, sind keine Seltenheit.

Die katastrophalen Zustände an der Rütli-Schule in Berlin-Neukölln machten 2006 Schlagzeilen. Der Hilferuf des Kollegiums der Rütli-Schule war Auslöser für die längst überfällige Debatte um die Situation von Schülern und Lehrern in sozialen Brennpunkten.

Hilferuf des Rütli-Kollegiums

Die Lehrer der Rütli-Hauptschule im Berliner Problembezirk Neukölln haben in einem einstimmig beschlossenen Brief einen Hilferuf an die Schulaufsicht gerichtet.

Auszüge aus dem Schreiben vom 28. Februar 2006:

»… Der Gesamtanteil der Jugendlichen nicht deutscher Herkunft beträgt 83,2 %. …

In unserer Schule gibt es keine/n Mitarbeiter/in aus anderen Kulturkreisen. Wir müssen feststellen, dass die Stimmung in einigen Klassen zurzeit geprägt ist von Aggressivität, Respektlosigkeit und Ignoranz uns Erwachsenen gegenüber.

Notwendiges Unterrichtsmaterial wird nur von wenigen Schüler/innen mitgebracht. …

Werden Schüler/innen zur Rede gestellt, schützen sie sich gegenseitig. Täter können in den wenigsten Fällen ermittelt werden. …

In vielen Klassen ist das Verhalten im Unterricht geprägt durch totale Ablehnung des Unterrichtsstoffes und menschenverachtendes

Auftreten. Lehrkräfte werden gar nicht wahrgenommen, Gegenstände fliegen zielgerichtet gegen Lehrkräfte durch die Klassen, Anweisungen werden ignoriert. Einige Kollegen/innen gehen nur noch mit dem Handy in bestimmte Klassen, damit sie über Funk Hilfe holen können. ...

Wir sind ratlos. ...

Wenn wir uns die Entwicklung unserer Schule in den letzten Jahren ansehen, so müssen wir feststellen, dass die Hauptschule am Ende der Sackgasse angekommen ist und es keine Wendemöglichkeit mehr gibt. Welchen Sinn macht es, dass in einer Schule alle Schüler/innen gesammelt werden, die weder von den Eltern noch von der Wirtschaft Perspektiven aufgezeigt bekommen, um ihr Leben sinnvoll gestalten zu können? ...

Die Schüler/innen sind vor allem damit beschäftigt, sich das neueste Handy zu organisieren, ihr Outfit so zu gestalten, dass sie nicht verlacht werden, damit sie dazugehören. Schule ist für sie auch Schauplatz und Machtkampf um Anerkennung. Der Intensivtäter wird zum Vorbild. Es gibt für sie in der Schule keine positiven Vorbilder. Sie sind unter sich und lernen Jugendliche, die anders leben, gar nicht kennen. Hauptschule isoliert sie, sie fühlen sich ausgesondert und benehmen sich entsprechend. Deshalb kann jede Hilfe für unsere Schule nur bedeuten, die aktuelle Situation erträglicher zu machen. Perspektivisch muss die Hauptschule in dieser Zusammensetzung aufgelöst werden zu Gunsten einer neuen Schulform mit gänzlich neuer Zusammensetzung.«

Wochenlang wurde über diese Schule gesprochen. Viele Menschen, auch die Medien taten so, als ob die Rütli-Schule ein Sonderfall wäre. Doch wenn man genau hinschaut, gibt es sehr viele Schulen in ganz Deutschland, die ähnliche Probleme haben und ähnliche Strukturen beklagen. Die wenigsten Direktoren geben es zu, die wenigsten Lehrer und Lehrerinnen können sich eingestehen, dass sie versagt haben. Dabei ist es kein persönliches Versagen, sondern das Resultat einer falschen Bildungspolitik und struktureller Ignoranz für spezielle Anliegen besonderer Schulen. Schulen, die einen sehr hohen Anteil an Schülern und Schülerinnen so genannter nichtdeutscher Herkunft oder mit Migrationshintergrund haben – worunter nicht nur diejenigen fallen, die zugewandert sind und keine deutsche Staatsangehörigkeit besitzen, sondern auch jene, die hier geboren wurden und die deutsche Staatsangehörigkeit besitzen, aber deren Eltern und/oder Großeltern eine andere Muttersprache besitzen als die deutsche –, solche Schulen benötigen eine ganz andere Form, mit ganz anderen Lerninhalten und Strukturen. Zum Beispiel ist es irrsinnig, den Lehrplan in jedem Fach so fortzuführen, wie er vor 30 Jahren erstellt wurde, wenn inzwischen mehrheitlich Kinder im Klassenzimmer sitzen, die schon aus sprachlichen Gründen dem Unterricht nicht folgen können, die bestimmte Wörter nicht kennen und deren Inhalt daher niemals erfassen werden. Sprachprobleme sind sogar im Fach Mathematik inzwischen eine Hürde, die viele Kinder mit schwachen Deutschkenntnissen nicht nehmen können, weil es immer mehr Textaufgaben gibt. Wer zwei Seiten lesen muss, um zwei und zwei zusammenzurechnen, wird die einfachsten Aufgaben nicht lösen können.

An diesen Schulen müssten vermehrt Lehrer und Lehrerinnen, auch Schulleiter und -leiterinnen mit interkultureller Qualifikation eingestellt werden, und der Lehrplan müsste sich vor allem an den Fähigkeiten und Defiziten der Schülerschaft orientieren. Die urdeutschen Lehrer haben zu lange ihren urdeutschen Lehrplan »durchgezogen«, so wie sie es viele Jahre getan haben. Womit nicht unterschlagen werden soll, dass es natürlich auch früher schon hier und da engagierte Schulleitungen oder Lehrkräfte gab, die sich neben dem Standardprogramm für die besonderen Belange ihrer Schülerschaft interessierten.

Wenn kurzfristig nicht verhindert werden kann, dass ein hoher »Ausländeranteil« an einer Schule oder in einzelnen Klassen besteht, dann müssen die Klassen verkleinert werden und der Lehrplan muss der Realität der Schülerschaft angepasst werden. Bei Sprachproblemen bedeutet das zum Beispiel, zunächst das Schwergewicht auf den Spracherwerb zu setzen, und zwar in allen Fächern. Die Kinder müssen alle Begriffe kennenlernen, die zum Verständnis des Unterrichtsinhalts notwendig sind. Es kann doch nicht sein, dass ein Lehrer, eine Lehrerin vor einer Klasse, die ihr rein sprachlich nicht folgen kann, versucht, Inhalte zu vermitteln. Und es muss unbedingt pro Klasse mindestens ein(e) Sozialarbeiter(in) mit interkultureller Qualifikation einbezogen werden, um die notwendige Elternarbeit zu leisten.

Urdeutsche Familien ziehen in andere Gegenden, um ihren Kindern eine Schule mit hohem Ausländeranteil zu ersparen. Auch Deutschländer, die ihrem Nachwuchs Chancen auf Bildung und eine Zukunft in dieser Gesellschaft ermöglichen wollen, verlassen die Problembezirke. Sogar unser Regierender Bürgermeister, Klaus Wowereit, bekannte, dass er sein Kind nicht in Kreuzberg zur Schule schicken würde. Im *Tagesspiegel* vom 7. Dezember 2006 heißt es dazu:

> »*Berlins Regierender Bürgermeister hat durch eine Äußerung zur Qualität von Schulen in Kreuzberg einige Unruhe verursacht. Klaus Wowereit (SPD) sagte in der N24-TV-Sendung* Links-Rechts*, dass er seine Kinder nicht gern in dem Problemstadtteil zur Schule schicken würde. Auf die Frage danach antworte er ›Nein‹: ›Ich kann auch jeden verstehen, der sagt, dass er da seine Kinder nicht hinschickt.‹ Eltern versuchten ›selbstverständlich, für ihre Kinder das Beste zu haben‹, zitiert ihn die Nachrichtenagentur ddp.*«

Er sprach damit nur aus, was sehr viele Menschen denken und wiederum sehr viele Menschen tatsächlich tun. Darf ein Regierender Bürgermeister nicht mehr die Wahrheit sagen? Muss ein Politiker verlogen von Bereicherung und Chancen für urdeutsche SchülerInnen sprechen, wenn diese Kinder in der Realität zu Minderheiten geworden sind und in Schulen mit einem hohem Anteil an Deutschländerkindern diskriminiert und unterdrückt werden? Wir BerlinerInnen müssen ihm dankbar dafür sein, dass er in diesem Punkt klare Worte spricht. Nur so können Veränderungen angegangen werden. Wenn also die Mehrheit der Akademiker aus den »Problembezirken« wegzieht, um ihre Kinder nicht der Multikulti-Idee zu opfern, dann ist doch etwas faul im System.

Kreuzberg, Teile von Schöneberg und dem Wedding sind für urdeutsche StudentInnen ziemlich attraktive Bezirke. Es ist hip, einen Hauch von Orient und Okzident zu erleben, und das auch noch zu erschwinglichen Mietpreisen. Doch wenn sich Nachwuchs ankündigt, wird es ernst. Dann geht es um die Verantwortung für die Zukunft des eigenen Kindes. Ich kann alle Eltern verstehen, die unter den aktuellen Bedingungen sagen, sie könnten ihr Kind nicht in eine Schule mit hohem Deutschländeranteil schicken, und daher umziehen. Das ist ein nachvollziehbarer, zwangsläufiger Mechanismus, der wiederum zwangsläufig zu Parallelgesellschaften führt, aus denen sich der deutsche Staat in den letzten Jahren vollständig zurückgezogen hatte.

Die Zahlen sind seit Langem bekannt, die Zustände sind seit langem bekannt, dennoch weigert sich die Politik, adäquate Maßnahmen zu ergreifen. Es liegt auf der Hand, dass das, was für die Bevölkerungszusammensetzung in den einzelnen Stadtteilen gilt, auch für Schulen zutrifft: Es bedarf einer größeren sozialen und kulturellen Durchmischung. Klassen, die überwiegend oder sogar ausschließlich aus Deutschländern bestehen, kippen. Es ist kein vernünftiger Unterricht mehr möglich. Ich bin der Meinung, dass nötigenfalls Bussysteme eingerichtet werden müssen, um eine größere Durchmischung in den Schulen durchzusetzen. Das heißt, um in ganz Berlin eine tragbare Durchmischung der Klassen, von Urdeutschen und Deutschländern zu gewährleisten, sollten SchülerInnen gegebenenfalls mit dem Bus zur Schule gefahren werden. Und zwar nicht nur die Deutschländer, sondern auch die urdeutschen Kinder.

Es kann nicht sein, dass wir unter den gegebenen Umständen extrem bürokratisch an dem bisherigen System festhalten, dass jede Schule nur Schüler aus ihrem Einzugsgebiet aufnehmen kann. Die staatlichen Schulen müssen meiner Ansicht nach von Grund auf der Tatsache angepasst werden, dass eine stärkere Durchmischung der Schülerschaft notwendig ist, um Chancengleichheit bei Bildung zu gewährleisten. Ich bin mir sicher, dass Eltern von Deutschländerkindern, die mit Bussen in andere Bezirke gefahren werden würden, in absehbarer Zeit ihren Wohnort wechseln und so eine Gesamtdurchmischung der Stadt in Gang gesetzt würde. So würden sich auch die großen Ballungsgebiete mit ganz bestimmten Ethnien, die Parallelgesellschaften, langsam auflösen. Jedes türkische oder kurdische Elternpaar, das ich getroffen habe, das seine Kinder in Schulen geschickt hat, die nicht als »Ausländerschulen« galten, bestätigt, dass es für das Fortkommen des Kindes das Beste war, was sie tun konnten. Es sind also nicht nur die »bösen, rassistischen« Urdeutschen, sondern auch die DeutschländerInnen selbst, die eine Durchmischung begrüßen.

Eine solche dringend erforderliche schulpolitische Maßnahme würde zur Aufwertung der Problembezirke und Auflösung der Ghettos beitragen. Nur dort, wo sich die Menschen begegnen, können sie miteinander und voneinander lernen, sich über ihre Sprache, Kultur, Religion austauschen. Diese Begegnung sollte zwischen gleichberechtigten Partnern stattfinden. Wenn von 28 Schülern nur zwei keinen Migrationshintergrund haben, findet kein echter Austausch statt. Umgekehrt wird auch ein Deutschländer in einer Klasse mit überwiegend urdeutschen Schülern nicht wirklich integriert, wenn kein Interesse und keine Offenheit für seine Kultur bestehen. Der Austausch muss von den Lehrern aktiv gefördert werden. Das ideale Umfeld dafür ist meiner Ansicht nach gegeben, wenn der Anteil der nicht urdeutschen Schüler maximal 25 bis 30 Prozent beträgt, die wiederum nicht unbedingt aus einer Ethnie stammen sollten.

Natürlich muss eine Durchmischung realistisch und praktikabel sein. Es muss gewährleistet werden, dass Kinder in einem fremden Bezirk nicht zu Außenseitern werden. Die Problematik der Abgrenzung und Ablehnung von Kindern aus anderen Bezirken, mit anderer Hautfarbe und Muttersprache muss selbstverständlich an jeder Schule fortlaufend durch Gespräche und als Unterrichtsinhalt bearbeitet werden. SozialarbeiterInnen müssen eingesetzt werden, um eine Isolierung der »Buskinder« zu verhindern.

Es gibt einige Menschen, besonders linke oder liberale Akademiker, die der Ansicht sind, es sei für die Migrantenkinder oder Deutschländer eine Zumutung, durch die halbe Stadt gefahren zu werden. Meine Forderungen wurden als rassistisch angesehen, weil ich Kinder aufgrund ihres kulturellen Hintergrunds zwingen würde, in einen anderen Bezirk zur Schule zu gehen. Ich sage, es ist eher rassistisch, wenn wir das nicht tun, wenn wir den Kindern nicht die Möglichkeit bieten, an Bildung zu partizipieren. Natürlich kann ich versuchen, diese Möglichkeit in dem Bezirk zu schaffen, in dem die Kinder wohnen. Die Realität zeigt aber, dass es nicht funktioniert. Wie viele Akademiker fahren ihre Kinder täglich durch die halbe Stadt – zur Schule, zum Sport, zum Musikunterricht? Alles, damit die Kinder optimal gefördert werden. Wenn es diesen Kindern »zugemutet« werden kann, wieso soll es für die

Kinder von DeutschländerInnen eine Zumutung und Diskriminierung sein?

Ist es nicht eher eine Form von Apartheid, wenn Deutschländerkinder da belassen werden, wo sie sind? In einer Parallelgesellschaft und in den meisten Fällen ohne die geringste Aussicht, einen Weg hinaus zu finden? Natürlich sind urdeutsche Eltern nicht begeistert von der Idee, dass ihre Kinder aus den »guten« Bezirken in die »schlechten« Bezirke gefahren werden sollen. Wer als Vater oder Mutter ganz ehrlich mit sich ist, wird diese Ablehnung sehr gut verstehen. Zumal es theoretisch passieren könnte, dass Eltern, die extra aus den »schlechten« Bezirken weggezogen sind, plötzlich ihre Kinder per Bussystem dorthin zurückschicken müssten.

Diese Problematik muss ernsthaft berücksichtigt werden. Es darf natürlich nicht plötzlich zu einer Verkehrung der Umstände kommen. Das bedeutet, dass ein scharfer und sensibler Blick für den Einzelfall nötig ist und ein akribisches Gesamtsystem unter guter Zusammenarbeit der Bezirke geschaffen werden muss. Meinen KritikerInnen, die der Ansicht sind, dass es sich hier um unpraktikable illusorische Träumereien handele, sage ich, dass ich mich bei meinen Ideen von dem guten alten deutschen Spruch leiten lasse, der sich im Leben und der Geschichte der Urdeutschen ganz bestimmt sehr oft bewahrheitet hat: »Wo ein Wille ist, ist auch ein Weg.«

Eine Frage der Sprache

Wenn das Ziel von Schulpolitik sein soll, Chancengleichheit zu gewährleisten, wie stets behauptet wird, muss sich die Schulpolitik sehr viel aktiver in die Gestaltung der Bedingungen einmischen, unter denen Bildung stattfinden soll. Eine ganz zentrale Aufgabe ist die Förderung der Sprache – und zwar der deutschen wie auch der Herkunftssprache. Die meisten Deutschländerkinder sprechen ein eher schlechtes Deutsch.

Wer mehrere Sprachen spricht und in ihnen auch tatsächlich lebt, also eine echte Sprachkompetenz besitzt und nicht nur trocken von einer Sprache in die andere übersetzt, lebt in Vielfalt. Ich empfinde es persönlich als ein großes Glück, dass ich zu diesen Menschen gehöre, dass ich in Deutsch und in Türkisch spreche, denke, fühle und träume. Ich lebe in beiden Kulturen und bin in beiden Sprachen beheimatet. Meine Identität ist etwas Neues, verkörpert eine neue Kultur, die aus beiden Kulturen und Sprachen entstanden ist. Sie ist mir ganz persönlich, ganz eigen. Ein anderer Mensch, der ebenfalls in beiden Kulturen und beiden Sprachen aufgewachsen ist, wird auch seine ganz eigene Mischung aus beiden Kulturen und Sprachen haben. Diese Mischung, die man auch als Transkulturalität bezeichnen kann, ist meiner Ansicht nach der Schwerpunkt, auf den sich Bildung konzentrieren sollte. Weg vom »zweisprachigen Analphabetentum« der zweiten und dritten Generation, hin zum Reichtum mehrerer Kulturen und Sprachen, die aber wirklich beherrscht werden.

Ich übersetze nicht einfach Worte vom Deutschen ins Türkische, wie ich es mit Englisch zum Beispiel eher tue. Denn auf Englisch habe ich nie gelebt, geliebt, gestritten, geweint und mich wieder versöhnt. Ich habe das alles getan und ich tue das alles auf Türkisch und auf Deutsch. Und ich bin traurig darüber, dass ich das Gleiche nicht auch noch in vielen anderen Sprachen kann. Vor allem bin ich traurig darüber, dass ich kein Kurdisch spreche.

Am Beispiel meines Vaters habe ich erlebt, was es bedeutet, wenn ein Staat verbietet oder vernachlässigt, dass Menschen mit mehreren Sprachen und Kulturen verbunden sind. Mein Vater ist Kurde, meine Mutter Türkin. Doch mein Vater spricht kein Kurdisch. Er hat es nie gelernt, weil er in einer Zeit geboren wurde und aufgewachsen ist, in der es für Kurden in der Türkei noch schwieriger war als heute, ihre Sprache zu sprechen und ihre Kultur zu pflegen. Ich weiß also sehr gut, wohin es führen kann, wenn eine Gesellschaft Sprachen, Kulturen und Religionen unterdrückt.

Ich habe viele Male versucht, mit meinem Vater darüber zu sprechen, was es für ihn bedeutet, dass er kein Kurdisch spricht. Sein Vater und seine Mutter sprachen immerhin untereinander auch Kurdisch. Mein Vater will nicht darüber reden. Wenn mein Vater kurdische Musik hört, was er sich inzwischen hin und wieder erlaubt, wenn er sich nicht beobachtet fühlt und meine Mutter nicht gerade mal wieder stört, kann ich ihm seine Trauer ansehen. Es ist also eine Sache, viele andere Sprachen lernen zu wollen und traurig darüber zu sein, keine Gelegenheit dazu zu haben, und es ist eine andere Sache, wenn einem durch eine chauvinistische Minderheitenpolitik die Chance brutal verwehrt wurde, die Sprache der Vorfahren zu sprechen.

Mit dem Verlust der kurdischen Sprache hat unsere Familie einen Teil ihrer Kultur verloren. Ich beneide die Familien, in denen noch Kurdisch gesprochen wird. Wenn ich heute Kurdisch lernen würde, wäre es nicht mehr das, was ich von meinem Vater und unseren kurdischen Verwandten hätte lernen können. Es ist aber einer meiner Wünsche, die in diesem Leben noch offen sind. Mal sehen. Es gibt Verwandte von mir, die das nicht verstehen. Das sei doch so lange her. Meine Großeltern seien schließlich »eingetürkt« worden. Wir seien doch Türken.

Dieses Abgetrenntsein von der eigenen Herkunft wünsche ich mir für mein Kind in Deutschland definitiv nicht. Ich liebe die türkische Sprache und Kultur. Türkisch ist wortwörtlich meine Muttersprache. Aber ich trauere um die Sprache, die ich von meinem Vater hätte lernen können, wenn er sie von seinen Eltern gelernt hätte. Meine Tochter spricht auch Türkisch, weil ich all das, was ich im Türkischen denke, spüre, fühle, träume, auf Türkisch mit ihr teilen möchte. Mein Lieblingslied ist ein türkisches: »Uzun ince bir yoldayım« (Ich bin auf einem schmalen weiten Weg) von Aşık Veysel. Es wäre doch schlimm, wenn ich das nicht mit meiner Tochter teilen könnte.

Es ist mir noch sehr gut in Erinnerung, welche Probleme meine Eltern hatten, weil sie die deutsche Sprache nicht beherrschten. Kaum konnte ich Deutsch, musste ich für die gesamte Familie und auch in der Nachbarschaft übersetzen und dolmetschen. Ich habe als Kind viele Behörden und Ärzte kennengelernt, bevor ich überhaupt wusste, was diese Behörden für eine Funktion hatten. Die Erwachsenen waren abhängig von mir. Ich war verantwortlich für die richtige Sprachübermittlung.

Ich glaube, meine mangelnde Autoritätshörigkeit hat dort ihre Wurzeln. Der Respekt, den ich als Türkin vor älteren Menschen haben sollte, bröckelte, weil ich sah, wie wenig sie wussten und wie viel ich wusste, obwohl ich doch die Jüngere war. Ich konnte nicht akzeptieren, dass die Älteren mehr wissen sollten, denn sie sprachen kein Deutsch. Ich habe erlebt, wie schlecht sie behandelt wurden, weil sie kein Deutsch sprachen. Ich habe die Macht der Sprache und des Wissens in den Augen der Sachbearbeiter in den Behörden und vor allem bei der Ausländerpolizei gesehen. Meine Eltern hatten keine Spur von Selbstbewusstsein, wenn sie mit ihrem »Tarzan-Deutsch« versuchten, einem urdeutschen Beamten etwas zu erklären. Natürlich sind Behörden auch ein ganz besonderer Ort. Aber meine Eltern waren auf dem türkischen Konsulat viel selbstbewusster. Dort beherrschten sie die Sprache.

Die Erzählungen unserer Eltern, der Gastarbeiter-Generation, mögen sich lustig anhören, die Erzählungen, wie sie sich beim Einkaufen mit Händen und Füßen und irgendwelchen Geräuschen nach Lebensmitteln erkundigten und versuchten, sich verständlich zu machen. Wollte man Milch, machte man Melkbewegungen und muhte dabei, wollte man Eier, setzte man sich in die Hocke, zeigte auf sein Hinterteil und sagte »gak-gak-gak«, bei Petersilie und Spinat wurde es schon schwieriger. Der Görlitzer Bahnhof in Berlin-Kreuzberg hieß und heißt bei den Türken und Kurden »Gülüzarbahnhof« – Gülüzar ist ein türkischer weiblicher Vorname –, weil der richtige Name so schwer auszusprechen ist. Meine Eltern, Verwandten und unsere älteren Bekannten kennen Hunderte solcher Geschichten. Als Kinder haben wir uns köstlich darüber amüsiert. Aber heute bestätigen diese Geschichten mich nur in meiner Überzeugung, dass die Beherrschung der deutschen Sprache ein absolutes Muss ist. Schon als Kind habe ich zunächst über diese Erzählungen gelacht, im nächsten Moment aber auch Mitleid mit meinen Eltern gehabt. Denn im Grunde wurden sie doch für ihre Unwissenheit belächelt.

Ich wusste, nur wenn ich gut Deutsch sprechen und viel wissen würde, viel mehr als meine Eltern und Verwandten, würde ich in Deutschland besser behandelt werden als sie, würde ich ernst genommen und gehört werden. Ich wollte niemals so ein Bild abgeben wie sie: hilflos, abhängig, demütig. Es war die Beherrschung der deutschen Sprache, die mir den Zugang zu dieser Gesellschaft ermöglicht hat, sie war die Voraussetzung für meinen Bildungsweg von der Schule über die Universität bis zu meinem Beruf. Dadurch, dass ich fließend Deutsch sprach, hatte ich die gleichen Chancen wie die Urdeutschen.

Nun bedeutet das natürlich nicht, dass jedes Deutschländerkind, das fließend Deutsch spricht, auch Jura studieren muss oder kann. Es hat aber, und das ist das Entscheidende, durch die Sprachbeherrschung die Chance, die bestehenden Bildungsangebote zu nutzen. Ob es dann am Ende der Schullaufbahn eine Ausbildung macht, studiert oder Lebenskünstler wird, ist seine Sache. Aber die Sprache des Landes zu beherrschen ist die Bedingung der Möglichkeit, in diesem Land ein selbstbestimmtes Leben zu führen.

Eigentlich sollte es selbstverständlich sein, dass man die Sprache des Landes spricht, in dem man lebt. Jeder einigermaßen gebildete Tourist nimmt wenigstens ein kleines Wörterbuch mit, wenn er in ein Land reist, dessen Sprache er nicht beherrscht. Ich weiß, dass dieser Vergleich bezogen auf die Generation der Gastarbeiter hinkt. Unter anderem weil die Gastarbeiter seinerzeit nicht die Absicht hatten, den Rest ihres Lebens in Deutschland zu bleiben, war es für sie auch nicht so wichtig, die Sprache zu sprechen. Aber irgendwann haben sie ihren Lebensmittelpunkt schließlich doch nach Deutschland verlegt.

Für die erste Generation bestand zu diesem Zeitpunkt aber nicht mehr die Notwendigkeit, Deutsch zu lernen, weil sie in Bezirken wohnten, in denen Türkisch die dominierende Sprache war. Die nächsten Generationen haben ebenfalls nicht ganz selbstverständlich Deutsch gelernt. Es war kein besonders wichtiges Thema. Das Leben ging irgendwie auch ohne perfekte Deutschkenntnisse weiter. Relativ spät, ungefähr in den letzten zehn Jahren, fiel der Politik auf, dass in der dritten Generation Kinder eingeschult werden, die kein Wort Deutsch sprechen. Diese Tatsache führte aber nicht dazu, dass ganz selbstverständlich Deutschkenntnisse gefordert wurden.

Wir haben Jahrzehnte damit verbracht, die Multikulti-Träumer davon zu überzeugen, dass es nicht rassistisch ist, wenn von Zuwanderern verlangt wird, Deutsch zu lernen. Das war harte Arbeit. Aber wir haben längst noch nicht alle überzeugt. Integration sei nicht abhängig von der Sprachbeherrschung, sagen nach wie vor und allen Ernstes einige Menschen. Dazu muss man sich nur die Zeitungsmeldungen zum Thema Deutschpflicht an deutschen Schulen in Erinnerung rufen. Am 26. Januar 2006 hieß es bei *Spiegel online*:

> *Türkischer Bund Berlin-Brandenburg wandte sich gegen Sprachverbote:* ›*Uns geht es nicht um einzelne Schulen, sondern um die Botschaft, das Signal, das mit einer solchen Maßnahme verbunden ist*‹*, so Sprecherin Eren Ünsal. Ein Verbot bediene ungewollt* ›*bestimmte Ressentiments in der Mehrheitsbevölkerung*‹ *und trage sicher nicht zum friedlichen Zusammenleben unterschiedlicher Kulturen bei.*«

Und am 30. Januar 2006 schreibt die *tageszeitung*:

> *Scharfe Kritik an der Deutschpflicht üben vor allem türkische Verbände und Vereine. Um die pädagogische Seite geht es dabei nur am Rande. Eine* ›*negative Besetzung von Vielfalt*‹ *sieht Eren Ünsal, die TBB-Sprecherin, in der Schulregel.* ›*Nationalistisch*‹ *sei ein solches* ›*Sprachverbot*‹*, meint Kenan Kolat, Vorsitzender der Türkischen Gemeinde Deutschland (TGD). Den türkischen Migranten würde der Eindruck vermittelt, man akzeptiere ihre Kultur und Sprache nicht.*«

Natürlich gab es aus den Reihen der Deutschländer auch Zuspruch für die Deutschpflicht. So meinte z. B. Nadeem Elyas, der damalige Vorsitzende des Zentralrats der Muslime in Deutschland, in der *Frankfurter Allgemeinen Sonntagszeitung* vom 20. Januar 2006: »*Die deutsche Sprache muss im Mittelpunkt des muslimischen Lebens stehen.*«

Deutschpflicht an staatlichen deutschen Schulen, worunter zu verstehen ist, dass die Schüler und Schülerinnen in der Schule in der gesamten Unterrichtszeit, also auch in den Pausen, Deutsch sprechen, ist keine Zwangsgermanisierung, sondern ein Weg zu Chancengleichheit. An der Herbert-Hoover-Realschule im Berliner Stadtteil Wedding wird das praktiziert, zum Leidwesen einiger grüner PolitikerInnen und türkischer Verbände, die von Diskriminierung sprechen, aber zum Glück für die SchülerInnen, die positive Erfahrungen damit machen. Die Schülerschaft, die zu 90 Prozent aus SchülerInnen besteht, die keine deutschen Muttersprachler sind, sprach nach einem Jahr mit der Deutschpflicht an der Schule besser Deutsch. Die SchülerInnen dieser Schule sprechen zu Hause meistens Türkisch, Arabisch, Polnisch oder Serbisch und begrüßen die Regelung, die sie im Ergebnis freiwillig getroffen haben. Und natürlich sprechen die Kinder in der Schule trotzdem hin und wieder die Muttersprache, egal ob im Unterricht oder in den Pausen, ohne gleich Sanktionen fürchten zu müssen. Es ging ja auch niemals darum, die »eigene Sprache« zu verlernen. Aber aufgrund der Regelung, die Bestandteil der Hausordnung ist, achtet jede(r) SchülerIn darauf, überwiegend Deutsch zu sprechen.

Deutschland als Einwanderungsland

Bei der Debatte um die mangelnden Deutschkenntnisse der Deutschländer wird immer wieder auf die klassischen Einwanderungsländer USA, Kanada oder Australien verwiesen, die von den Einwanderern bereits bei der Einreise wenn nicht perfekte, so doch ausreichende Kenntnisse in der englischen Sprache verlangen. Im Unterschied zu Deutschland haben diese Länder also kein Problem damit, Sprachkenntnisse vor der Einwanderung vorauszusetzen. Hier könnte Deutschland etwas dazulernen. Allerdings erfasst diese Regelung nicht die immens große Zahl der illegalen Einwanderer und den Zuzug durch Familienzusammenführung (in der Regel durch Heirat), sodass auch hier zahllose Menschen ohne die geringsten Englischkenntnisse ins Land strömen und, einmal dort, vermutlich auch niemals welche erwerben werden.

Nicht nur aus diesem Grunde hat auch ein Land wie die USA große Probleme mit der Integration seiner Einwanderer. In einigen Städten der USA, wie New York, San Francisco, Chicago oder Los Angeles, gibt es ganze Viertel in der Größe von Kleinstädten, die aus Parallelgesellschaften bestehen. Einwandererfamilien leben dort seit vielen Generationen, ohne richtig Englisch gelernt zu haben. Das brauchen sie auch nicht, denn in dem Viertel leben vor allem Menschen, die aus dem gleichen Land kommen wie sie, und überall wird nur ihre Muttersprache gesprochen. Die Chinatowns, die es nicht nur in den USA, sondern weltweit gibt, sind wohl die bekanntesten Beispiele. In ihnen befinden sich nahezu ausschließlich chinesische Banken, Firmen, Geschäfte und Restaurants. Sie bilden beinah geschlossene und in weiten Bereichen von der Mehrheitsgesellschaft abgekoppelte chinesische Städte inmitten von amerikanischen.

Für die US-Amerikaner scheint dies kein Problem darzustellen. Vielfalt der Kulturen bedeutet dort auch, dass sich ethnisch sortierte Bezirke bilden können, Parallelgesellschaften. Das gehört zum Verständnis von der amerikanischen Freiheit. Parallelgesellschaften in den USA scheinen aber auch anders zu funktionieren als in Deutschland oder werden zumindest von der Politik nicht als so problematisch gewertet wie hier in Europa. Meines Erachtens spielt die Tatsache, dass die allermeisten Einwanderer die USA ganz schnell als ihre Heimat ansehen und sich als Amerikaner verstehen, dabei eine große Rolle. Sie leben in ihrer Parallelgesellschaft als US-Amerikaner. In Deutschland leben die Menschen in den Parallelgesellschaften weiter in ihrer »alten Heimat« und vor allem weiter als Türken, Kurden, Araber, Muslime etc.

In Deutschland wachsen Kinder in der Parallelgesellschaft in einer Umgebung auf, in der weder Deutsch noch die Herkunftssprache gut gesprochen werden. Ihnen fehlt also die Sprachkompetenz, um die Parallelgesellschaft irgendwann verlassen zu können, wenn sie es denn wollen. Die Mehrheit der Kinder aus den Parallelgesellschaften in den USA erwirbt zumindest die sprachliche Kompetenz recht schnell. Bilingualität ist in den USA weitaus verbreiteter als hier in Deutschland. Durch mangelnden Spracherwerb wird aber die Bildung von Parallelgesellschaften befördert. Integration wie Ausgrenzung hängen von der Sprachkompetenz ab. Der Chinese, der in Chinatown lebt, ist zwar meist ein stolzer Amerikaner, aber wenn er kein Englisch spricht, grenzt er sich aus der Mehrheitsgesellschaft auch aus. Nicht nur das, er selbst grenzt auch aus und verhindert eine Integration all derjenigen, die seine Sprache nicht beherrschen.

In New York gibt es chinesische Restaurants, in denen auch die Speisekarte nur auf Chinesisch vorliegt. Man kann nur auf Chinesisch bestellen oder indem man ganz mutig mit dem Finger auf irgendeine Speise zeigt und sich überraschen lässt, was gebracht wird. Ich fühle mich in solchen Restaurants, ehrlich gesagt, diskriminiert und ausgeschlossen. Das heißt allerdings nicht, dass ich dafür plädiere, die Muttersprachen der in einem Land lebenden Minderheiten zurückzudrängen. Ganz im Gegenteil. Natürlich sollen die Chinesen in Chinatown Chinesisch sprechen. Das ist ihre Muttersprache, ihre Kultur, Teil ihrer Identität. Aber ich halte es für unverzichtbar, dass sie auch Englisch beherrschen, die Landessprache.

Ich plädiere ganz entschieden für Mehrsprachigkeit. Wenn in einem Land wie den USA große Teile der Bevölkerung Chinesisch oder Spanisch sprechen, dann müssen diese Sprachen auch in den Schulen gelehrt werden. Und ich sehe auch kein Problem darin, dass mehrere Sprachen gleichzeitig zur Landessprache erklärt werden. Jedes Kind muss nur die Chance haben, die Sprachen zu lernen, die in einer Gesellschaft eine große Bedeutung haben. Ich finde, dass zum Beispiel in Frankreich neben Französisch auch Arabisch als Unterrichtsfach eingeführt werden sollte, in Deutschland Türkisch und Kurdisch. Kulturelle Vielfalt bedeutet auch sprachliche Vielfalt. Das muss sich in der Bildungspolitik niederschlagen. Ganz problematisch finde ich in diesem Zusammenhang, wenn in Deutschland immer mehr Werbeplakate nur in türkischer Sprache zu sehen sind. Ethnowerbung heißt das. Ich bin der Überzeugung, dass das kein richtiger Schritt zur Integration ist, sondern Segregation fördert, genauso wie das erste türkische Seniorenheim in Berlin. Ich wünschte mir interkulturell qualifiziertes Personal in urdeutschen Seniorenheimen und die Anpassung der Heime an die Multikulturalität der Gesellschaft, aber keine Segregation. Wir müssen das Bewusstsein für Mehrsprachigkeit auf der einen Seite und für eine gemeinsame Sprache auf der anderen Seite schärfen.

Eine polnische Mandantin von mir war mehrere Jahre mit einem deutschen Mann verheiratet, der ihr verboten hatte, mit den gemeinsamen Kindern Polnisch zu sprechen. Sie selbst sprach kein besonders gutes, aber ein ausreichendes Deutsch mit deutlichem Akzent. Die Kinder hatten erst spät zu sprechen begonnen – was sicher auch mit dem unsicheren Deutsch der Mutter zusammenhing –, und als ich sie im Zusammenhang mit dem Scheidungsfall kennen lernte, da beherrschten sie die deutsche Sprache zwar sicher, konnten aber kein Wort Polnisch. Es brach mir das Herz, mit anzuhören, wie sehr sich die Mutter bemühte, richtig Deutsch mit ihnen zu sprechen. Der Ehemann hat der Frau und den Kindern nicht nur eine Sprache und eine Kultur genommen, sondern auch die Mutter-Kind-Bindung gestört, die sich immer auch über die Sprache vermittelt. Ich sage das insbesondere als Mutter, die stets darauf bedacht war und ist, dass ihr Kind sowohl Deutsch als auch Türkisch spricht, meine und damit auch meiner Tochter Muttersprache und die Sprache des Landes, in dem wir leben. Ich bin mir sicher, dass auch jene so liebevolle Mutter irgendwann einen Weg finden wird, mit ihren Kindern Polnisch zu sprechen.

Dieser deutsche Ehemann hat seiner Frau die Herkunftssprache genommen und damit genau das getan, was viele Deutschländer vom deutschen Staat befürchten. Zahlreiche Eltern, sogar die der zweiten und dritten Generation, die in Deutschland geboren sind, ihre so genannte Herkunftssprache selbst nur schlecht sprechen und über ihre Kultur und Religion allenfalls rudimentäre Kenntnisse besitzen, unterstützen aus dieser Angst heraus nicht den Deutscherwerb ihrer Kinder. Auch von einigen konservativen türkischen und islamischen Verbänden sind, wenn es um die Frage der Sprachförderung geht, meist nur reflexartige Abwehrargumente gegen vermeintliche Assimilationsbestrebungen der deutschen Politik zu hören und in den Zeitungen zu lesen. Da sind sie sich mit den unverbesserlichen Multikulti-Fanatikern einig, denen Deutschkenntnisse zur Integration nicht notwendig erscheinen.

In einem Interview, das am 8. Februar 2006 auf *Spiegel online* zu lesen war, wurde ich daher richtig zitiert: »*Grüne und türkische Verbände, die die Deutschpflicht reflexartig verurteilten, bilden in Ateş' Augen ›eine böse, integrationsfeindliche und rassistische Allianz‹.*«

Ich stehe nach wie vor zu dieser Aussage. Denn der Kulturrelativismus, der dahintersteckt, ist meines Erachtens ein Kulturrassismus. Sowohl einige Grünenpolitiker als auch Vertreter türkischer Verbände sind sehr schnell mit dem Vorwurf, eine Maßnahme sei »rassistisch«. Dabei merken sie weder, wie inflationär sie diesen Begriff verwenden, noch setzen sie sich mit ihrem eigenen Rassismus auseinander.

Natürlich ist Sprachbeherrschung keine Garantie für eine gelungene Integration in diese Gesellschaft, doch sie ist, das ist ernsthaft nicht zu bestreiten, die Bedingung der Möglichkeit von Chancengleichheit und Gestaltungsspielraum: in der Schule, im Beruf und im sozialen Leben. Ohne die jeweilige Sprache zu beherrschen, kann keine tiefere Beziehung zu einer Gesellschaft und einer Kultur entstehen. Die Kenntnis der Sprache ist nötig, um sich mit einem Land identifizieren zu können, seine Wertvorstellungen zu verstehen und sich als verantwortlicher Einwohner zu fühlen. Als Heimat kann Deutschland nur empfunden werden, wenn man seine Sprache beherrscht.

Wie viele Deutschländer haben überhaupt die Spur einer Ahnung von der deutschen oder gar europäischen Politik, von dem, was in der Gesellschaft vor sich geht? Die meisten türkischen und kurdischen Familien schauen türkisches Fernsehen. Nicht nur weil sie besser Türkisch als Deutsch verstehen, sondern vor allem weil sie wissen wollen, was in der Heimat passiert. Und Deutschland ist nicht ihre Heimat. Deshalb wollen sie auch nicht wissen, was in Deutschland passiert. Es sei denn, es geht um Ausländerpolitik und -gesetze. Dann horchen alle auf, auch diejenigen, die bereits einen deutschen Pass besitzen. Selbst sie bleiben »Ausländer«.

Die Identifikation mit einem Land kann ohne Kenntnis der Sprache nicht gelingen. Daher bin ich unbedingt dafür, in unseren staatlichen Schulen eine Deutschpflicht einzuführen. Damit muss und darf keineswegs der Verlust der »Herkunftssprache« einhergehen. Ein demokratisches Land wie Deutschland, das sich auf dem besten Weg befindet, ein Einwanderungsland zu werden, muss auch die Verantwortung dafür übernehmen, dass eine Sprache, die von seiner Bevölkerung gesprochen wird, nicht untergeht. Es ist an der Zeit, den Sprachenreichtum, der in diesem Land vorhanden ist, als außerordentliche Ressource zu begreifen und dem in den Curricula der Schulen Rechnung zu tragen.[44]

Wir müssen die Politik darauf verpflichten, Bedingungen zu schaffen, die Deutschländern den gleichen Zugang zu Bildung bieten wie Urdeutschen. Den Kern bildet die Sprachförderung, die Vermittlung der deutschen Sprache. Dazu gehört meines Erachtens auch eine Kindergartenpflicht, vor allem für Deutschländerkinder ab drei Jahren, weil sie zu Hause nicht die Möglichkeit haben, Deutsch zu lernen. So kann verhindert werden, dass Kinder mit sechs Jahren bei der Einschulung kein Wort Deutsch sprechen.

Kindergarten und Schule sind Bildungsstätten, an denen nicht nur Wissen vermittelt wird, sondern die darüber hinaus auch und gerade soziale Kompetenz, Werte und Orientierung vermitteln. Sie sind Orte von zentraler Bedeutung für die Entwicklung von selbstständigen, verantwortungsvollen Individuen. Das gilt generell, aber für Deutschländerkinder sind Kindergarten und Schule oft die einzigen Orte, an denen Raum für die eigene Identitätsbildung ist, Orte, wo sie Individualität und Eigenverantwortung entdecken. Die Jungen, die zu Hause zu Paschas erzogen werden, können schon im Kindergarten damit konfrontiert werden, dass ihre Männlichkeit keinen Schaden erleidet, wenn sie beim Tischdecken und -abräumen mithelfen. Wo könnte man es leichter und konkreter vermitteln, dass Männer und Frauen gleichberechtigt sind, als im Kindergarten?

Bereits im Kindergarten und in der Grundschule muss es darum gehen, die interkulturelle Kompetenz der Kinder auszubilden und zu fördern. Das bedeutet auch, dass sowohl die Bildungspolitik als auch konkret die Lehrkräfte in den Bildungseinrichtungen das interkulturelle Potenzial erkennen und nutzen, das Deutschländerkinder von vornherein mitbringen. Unumgänglich ist es daher, dass jeder Kindergarten und jede Schule mit einem hohen Anteil an Deutschländerkindern über inter- bzw. transkulturell geschultes Lehrpersonal verfügt, das sich in den unterschiedlichen Kulturen auskennt. Was wir aber auf keinen Fall gebrauchen können, sind Erzieherinnen und Lehrerinnen mit Kopftuch.

Mehrsprachigkeit[45]

Deutsch erleben sehr viele Kinder aus Deutschländerfamilien als die Sprache ihrer Umgebung. Das heißt, sie begegnen der Sprache auf dem Spielplatz, beim Einkaufen, in den Medien, in der Schule etc., und in der Regel lernen und verwenden sie diese Sprache auch. Wie gut diese Kinder dann zwei oder mehrere Sprachen sprechen, ist zweifellos sehr unterschiedlich. Aber sie alle machen eine wichtige Erfahrung: die Erfahrung mehrsprachiger Kommunikation.

Das Angebot, Kindern Unterricht in ihrer jeweiligen Muttersprache anzubieten, hat auch zum Ziel, diese Mehrsprachigkeit zu fördern. So sollten auch Kinder am Unterricht teilnehmen können, die die jeweilige Sprache als zweite Sprache oder parallel zum Deutschen oder zu einer anderen Erstsprache erworben haben. Natürlich sollte insgesamt die gute Beherrschung des Deutschen Vorrang haben, gleichsam das Fundament darstellen.

Kinder im Kindergarten und im Vorschulalter gehen mit Zwei- oder Mehrsprachigkeit ausgesprochen mühelos um. Dass sie überfordert sein könnten, muss in der Regel nicht befürchtet werden. Meistens sind auch wichtige Bezugspersonen zwei- oder mehrsprachig, und die Kinder wissen, mit wem sie in welcher Sprache reden können. Verständigungsschwierigkeiten werden einfallsreich, oft mithilfe von Gestik und Mimik, überbrückt. Ich erlebe das mit meinen Nichten und Neffen und mit meiner Tochter täglich. Wenn ihnen ein Wort in der einen oder anderen Sprache fehlt, dann umschreiben sie es manchmal und finden dann das richtige Wort oder sie fragen mich danach. Man muss nur aufpassen, dass sie in diesem Moment die Sprachen nicht mischen. Das ist etwas, was wir bei vielen Deutschländerkindern beobachten. Da sie in mehreren Sprachen, meist sind es zwei, über keinen großen Wortschatz verfügen, mischen sie sie.

Viele Deutschländerkinder verfügen bei ihrer Einschulung über wenig oder keine Deutschkenntnisse, bringen aber Türkisch, Kurdisch, Arabisch etc. mit. Es ist wichtig, dies als Reichtum zu begreifen und darauf aufzubauen. Nicht nur haben diese Kinder besondere Sprachkenntnisse, sie sind aufgrund der Erfahrung mehrsprachlicher Kommunikation auch besonders bereit und befähigt, Sprachen zu lernen. Diese Sprachfähigkeit sollte unbedingt gefördert werden.

Sprachen werden besonders gut gelernt, wenn schon sehr früh damit begonnen wird, am besten mit schulischer Begleitung. Das beweist sich in der Praxis der mehrsprachigen Schulen immer wieder. Dass die Beherrschung von Sprachen und die Fähigkeit zum Sprachenlernen Kompetenzen sind, die einem sowohl private als auch berufliche Perspektiven eröffnen, ist mittlerweile allgemein bekannt. Deswegen ist überhaupt nicht einzusehen, dass Kinder, die ganz normale staatliche Schulen besuchen, davon ausgeschlossen sein sollten. Mehrsprachigkeit darf kein Privileg von Akademikerkindern sein.

Es ist mir ein großes Rätsel, warum wichtige Erkenntnisse der Sprachforschung und aus den Erfahrungen von Europa-Schulen, die das gerade Gesagte bestätigen, schulpolitisch einfach ignoriert werden. Geht es der großen Politik vielleicht doch nicht um eine echte Integration? Soll vielleicht doch keine Chancengleichheit hergestellt werden? Man könnte diesen Eindruck gewinnen, wenn man sich die Strukturen an den bundesdeutschen Schulen, vor allem den Hauptschulen anschaut. Ich halte es für sehr wichtig, endlich einen professionellen muttersprachlichen Unterricht einzuführen. Und zwar aufgrund der Schülerstrukturen in den jeweils benötigten Sprachen, wie z. B. Türkisch, Kurdisch, Arabisch, Russisch, Serbisch etc. In der öffentlichen Debatte um muttersprachlichen Unterricht wird meistens nur über Türkisch gesprochen. Damit werden andere Sprachen offen diskriminiert.

Bei der Einführung einer Förderung der Mehrsprachigkeit muss berücksichtigt werden, dass auch viele Eltern die Herkunftssprache eher schlecht sprechen und schreiben. Das heißt, die Kinder bekommen zu Hause nicht ausreichend Unterstützung in der Vielfältigkeit der jeweiligen Sprache. Das tägliche Training in der entsprechenden Sprache ist nicht immer gewährleistet. Der Wortschatz der Eltern ist oft eher gering. Die Stoffvermittlung und das Training der Sprache müssen deshalb schwerpunktmäßig in der Schule stattfinden, weil nicht davon ausgegangen werden kann, dass die Kinder zu Hause den Stoff vertiefen oder anwenden können.

Mädchen und Jungen gemeinsam

Obwohl muslimische Mädchen im Durchschnitt deutlich bessere Schulleistungen erbringen als Jungen, sind sie von Chancengleichheit in Sachen Bildung noch viel weiter entfernt als diese. Häufig werden sie von den Familien trotz ihrer guten Noten vorzeitig von der Schule genommen und verheiratet, und selbst wenn sie einen Schulabschluss machen dürfen, sind ihnen weitergehende Ausbildungen und Berufskarrieren nur selten vergönnt.

Auf die muslimischen Mädchen hat die Bildungspolitik meines Erachtens ein besonderes Augenmerk zu richten, für sie sind die Benachteiligungen besonders eklatant. Das zeigt sich nicht nur bei den vielen Unterrichtsbefreiungen, die leider statistisch nicht erfasst werden oder erfassbar sind und daher verharmlost werden, sondern grundsätzlich in der Frage der geschlechtsspezifischen Erziehung.

Eine Veränderung ist hier nur durch die Zusammenarbeit mit den Familien zu erreichen. Inzwischen dürfte sich sogar an der letzten Schule herumgesprochen haben, dass muslimische Eltern meist nicht von sich aus den Kontakt zu den Lehrern suchen. Vielfach sind sie aufgrund mangelnder Sprachkenntnisse und Bildung verunsichert und halten sich der Institution Schule möglichst fern. Daher ist aufsuchende Elternarbeit unumgänglich. Die Lehrer und Lehrerinnen müssen in die muslimischen Familien gehen und dort versuchen, Vertrauen aufzubauen. Meist sind die muslimischen Eltern dann sehr zugänglich und zur Kooperation bereit.

Das größte Problem, das besonders traditionelle und religiöse Eltern haben, ist, dass ihre Töchter in der Schule Kontakt zum anderen Geschlecht haben. Die Sorge, dass die Tochter in der Schule ihre Jungfräulichkeit verlieren könnte, spielt eine große Rolle bei der Entscheidung, ob die Tochter z. B. am Sportunterricht teilnehmen darf. Religiöse Begründungen werden oft vorgeschoben, um die Sorge um die Jungfräulichkeit nicht namentlich benennen zu müssen. Und auch wenn die Tochter ihre Jungfräulichkeit nicht verliert, so könnte sie doch einen Jungen kennenlernen und eine Liebesbeziehung anfangen. Der koedukative Unterricht ist den meisten strengreligiösen Muslimen daher nicht angenehm. Es wäre ganz in ihrem Sinne, wenn er wieder abgeschafft würde.

Dabei ist der koedukative Unterricht eine der größten Errungenschaften der Moderne. Wir dürfen nicht leichtfertig zulassen, dass dieser Fortschritt auf dem Weg zur Gleichberechtigung der Geschlechter untergraben wird, was, meine ich, durch die Befreiung muslimischer Mädchen vom Schwimm-, Sport-, und Sexualkundeunterricht geschieht. Es gibt seitens der Pädagogik gute Gründe, den koedukativen Unterricht in einigen Fächern aufzuheben. Das gilt vor allem für die Naturwissenschaften. Mädchen lernen unter Umständen besser, wenn sie nicht gemeinsam mit Jungen unterrichtet werden. Diese Erkenntnis führte in manchen Schulen zu der Entscheidung, für bestimmte Fächer getrennte Lerngruppen einzurichten. In den USA wurden sogar Frauenuniversitäten gegründet.

Wenn aber muslimische Eltern die Geschlechtertrennung in Schulen fordern und von islamischen Verbänden darin teilweise unterstützt werden, dann keineswegs mit dem pädagogischen Argument, ihre Töchter könnten in Abwesenheit von Jungen bessere Leistungen erbringen. Vielmehr wollen sie die religiös-moralisch begründete Geschlechtertrennung, die sie für die ganze Gesellschaft wünschen, natürlich auch in der Schule etablieren. Streng muslimischen Familien geht es um die vom Islam vorgeschriebene Sitte und Moral an der Schule. Wer die Aufhebung des gemischtgeschlechtlichen Unterrichts in ganz Deutschland fordert, sollte sich daher vor falschen Koalitionen hüten.

Es ist eine wichtige Aufgabe der Bildungsinstitutionen, für Lernbedingungen zu sorgen, die muslimischen Kindern die Normalität des zwischengeschlechtlichen Umgangs vermitteln. Dem müssen sich auch strenggläubige Muslime unterwerfen, wenn sie in Europa leben wollen.

Wir leben in Deutschland in einer multikulturellen Gesellschaft und befinden uns auf dem Weg zu einer transkulturellen Gesellschaft, in der die Kulturen nicht mehr für sich nebeneinander existieren, sondern sich wirklich mischen und dabei etwas Neues entstehen lassen. Und meiner Meinung nach ist das auch gut so. Vielfalt ist Reichtum. Auch Reichtum an Sprachen. Jedes Integrations- und Bildungskonzept muss dieser Tatsache Rechnung tragen. Das heißt für Deutschland unter anderem ganz konkret, dass Deutsche und Türken in der Schule Kenntnisse voneinander vermittelt bekommen müssen. Sie müssen lernen, dass die Aneignung von Wissen über »den anderen« oder »das andere« nicht bedeutet, dass sie ihre eigene Kultur, Religion, Identität verkaufen, entehren oder aufgeben müssen. Integration und interkulturelle Kompetenz sind nicht nur von einer Seite zu verlangen. Urdeutsche wie Deutschländer müssen lernen, mit dem jeweils anderen umzugehen. Man kann nicht mit jemandem friedlich und wohlwollend zusammenleben, wenn man ihn gar nicht kennt, sondern nur ein oberflächliches, von Gerüchten und Vorurteilen geprägtes Bild von ihm hat, das meist wenig mit der Realität zu tun hat.

Ich glaube nicht, dass wir die Schule mit überzogenen Ansprüchen beladen und die Lehrer überfordern, wenn wir Bedingungen verlangen, die das Klassenzimmer und den Pausenhof zum Nährboden von Transkulturalität machen. Es gibt keine anderen Orte als Kindergärten und Schulen, wo sich die Gesellschaft gezielt und verantwortungsbewusst in die Erziehung der Kinder einmischen kann und muss. Die Wiege von Fremdenfeindlichkeit und Rassismus ist meist die Familie. Hier werden Verhaltensweisen und Einstellungen vermittelt und geprägt. Die Schule hat gegenzusteuern, Korrekturen vorzunehmen und den Kindern Werte und Modelle für ein tolerantes, verantwortliches und am anderen interessiertes Leben zu vermitteln.

Ich meine, dass wir nicht drum herumkommen, das gesamte Schulsystem neu zu überdenken und den gesellschaftlichen Realitäten anzupassen. Wir benötigen ganz neue Schul- und Unterrichtskonzepte. Das bedeutet auch, Themen wie multiethnische Gesellschaft, Transkulturalität, Leitkultur, Patriotismus oder Nationalismus auf die Lehrpläne zu setzen. Das ist unumgänglich in einem Einwanderungsland, in einer multikulturellen Welt.

Leitkultur und
transkulturelle Gesellschaft

Meine besten Jahre habe ich mit Demonstrieren verbracht, gegen »den deutschen Staat« und »das imperialistische Amerika«, gegen ihre Politik, gegen das System. Ich habe gegen Atomkraftwerke demonstriert und für Frieden, gegen Ausländergesetze und für das Kommunale Wahlrecht, gegen Abschiebung und für Bleiberecht, habe für die Rechte der Frauen gekämpft und mich in der Hausbesetzerszene engagiert. »Ich gehöre also zu den Guten«, dachte ich naiv. Doch nein, offensichtlich lag ich falsch, denn einige von den so genannten »Guten« beschimpfen mich nun als Rassistin, ebenso wie einige Muslime, für die ich ein Nazi bin. Linke urdeutsche Männer schmähen mich im Internet als »Stammtischrassistin«, weil ich nicht bereit bin, jeden patriarchalischen Asylbewerber zu lieben, und mich dafür interessiere, wie er mit seiner Frau umgeht. Und was ist mit Menschen wie Heiner Geißler und Rita Süssmuth? In welche Schublade gehören die? Sind sie Einzelfälle, Alibi-Liberale, Wölfe im Schafspelz, Menschen, die aus Versehen in der falschen Partei gelandet sind? Sind das die guten Bösen?

Bei den Themen Integration, Deutschland als Einwanderungsland und Islam funktionieren die alten Zuordnungen von Links und Rechts nicht mehr. Ich sehe mich als linke Feministin plötzlich mit Konservativen verbündet, von denen ich mich mit meinen Positionen und meinem Anliegen verstanden und ernst genommen fühle. Während viele Linke ideologische Scheuklappen tragen und gar nicht wahrnehmen, welch fragwürdige Allianzen sie zuweilen eingehen.

2003 erlebte ich bei einer Veranstaltung der Grünen in Berlin, wie auf dem Podium zwei Männer von ihren das Kopftuch befürwortenden grünen Mitdiskutantinnen und von einigen Gästen, unter ihnen zahlreiche Kopftuch tragende Frauen, regelrecht niedergemacht wurden, weil sie das Kopftuch einer Lehrerin ablehnten. Da saßen sie, einsame Feministen zwischen aufgebrachten Patriarchinnen.

Im Vorfeld der Islamkonferenz gab es eine durch den Schriftsteller Feridun Zaimoglu entfachte Diskussion darüber, warum auf der Islamkonferenz keine Frauen mit Kopftuch anwesend seien. Er sagte am 24. April 2007 der *Islamischen Zeitung* gegenüber:

»Ich hatte gehofft, dass wenigstens zum zweiten Treffen eine junge, selbstbewusste, gläubige Muslimin eingeladen wird. Das ist nicht eingetreten, und es ist für mich eine selbstverständliche Sache, den Vorschlag zu machen, dass ich mich zurückziehe und meinen Stuhl für solch eine Frau räume. Ich klebe nicht auf meinem Stuhl, ich bin sehr gerne bereit, meinen Platz zu räumen, für eine Frau, deren Schamtuch schließlich Gegenstand der öffentlichen Debatten ist.«

Aiman Mayzek, ein Vertreter des Zentralrats der Muslime, sagte am 26. Juli 2007 gegenüber *Spiegel online*: *»Ich ziehe meinen Turban, wenn ich einen hätte, vor Zaimoglus Vorschlag.«*

Inmitten all dieser Irrungen und Wirrungen, neuen Strukturen und neuen Verbündeten versuchen wir nun über eine Leitkultur zu debattieren. Der Begriff »europäische Leitkultur« wurde von Bassam Tibi, einem deutschen Politologen und Islamforscher syrischer Abstammung, geprägt.[46] Tibi ist Mitbegründer der *Arabischen Organisation für Menschenrechte* und engagiert sich für einen Dialog zwischen Islam, Judentum und Christentum. Er ist einer der Vordenker des »Euro-Islam« und fordert in diesem Zusammenhang von in Europa lebenden Muslimen ein klares Bekenntnis zu Europa und eine deutliche Abgrenzung vom Terrorismus.

Für Bassam Tibi basiert die europäische Leitkultur auf westlichen Wertvorstellungen. Im Rahmen der Debatte über die Integration von Migranten in Deutschland regte Bassam Tibi an, eine solche Leitkultur für Deutschland zu entwickeln. Er sprach sich für Kulturpluralismus mit Wertekonsens, gegen wertebeliebigen Multikulturalismus und gegen Parallelgesellschaften aus.

Europa besitzt eine uralte Kultur, und zu dieser Kultur gesellen sich nun seit Jahrzehnten viele andere Kulturen hinzu. Wenn wir über eine europäische Leitkultur sprechen, dann sprechen wir über eine Kultur, die wir alle gemeinsam gestalten.

Der Begriff Leitkultur erzeugt bei vielen Menschen eine extreme, fast aggressive Abwehrhaltung, als sei er ein Angriff auf ihre politisch korrekten Überzeugungen von Liberalität und Toleranz. Ich kann mir diese Überreaktion teilweise erklären, wirklich verstehen kann ich sie nicht. Denn wenn wir über Leitkultur sprechen, sprechen wir über Werte, diskutieren wir über Werte. Es geht dabei um das Entdecken gemeinsamer, transkultureller Werte, um das Gegenteil einer intoleranten, antiliberalen, alles Fremde und andere ausgrenzenden Blut-und-Boden-Ideologie. Ich verbinde mit dem Begriff Leitkultur etwas, das im multikulturellen, transkulturellen Europa bereits existiert, das nicht statisch ist und nichts mit Nationalismus zu tun hat.

Eine europäische Leitkultur

Wir brauchen meines Erachtens im Rahmen der Integrationsdebatte eine verbindliche Einigung darüber, was wir unter einer europäischen Kultur verstehen, was für eine Kultur das ist, die alle Menschen in Europa verbindet. Nur so lässt sich ein friedliches Zusammenleben in Zukunft gewährleisten. Wir brauchen eine europäische Leitkultur, an der sich nach Europa zugewanderte, eingewanderte Menschen orientieren können und müssen. Es muss klar werden, worin sich die jeweiligen Herkunftskulturen und Religionen von der europäischen Kultur unterscheiden. Teilweise sind die Differenzen kleiner als das, was sie anrichten. Sie werden aufgeblasen, um sich unnötig und vor allem nationalistisch von »den anderen« abzugrenzen, Feindbilder zu schaffen. Wir benötigen daher eine europäische Wertedebatte, um deutlich zu machen, welche Kultur in Europa beheimatet ist, welche Traditionen gepflegt werden und schützenswert sind. Denn Werte und Traditionen schaffen Kultur.

Ich glaube, dass wir deshalb große Probleme in der Diskussion haben, weil Begriffe wie Kultur, Werte und Traditionen sehr mächtig, aber inhaltsleer klingen. Was ist Kultur und welche Werte sind gemeint? Natürlich müssen diese Begriffe geklärt werden. Denn sie werden ständig benutzt, lösen bei den einzelnen Menschen aber unterschiedliche Gedanken und Emotionen aus, weil jeder etwas anderes mit ihnen verbindet. Ich will nur eine mögliche Definition des Begriffs Kultur nennen, die mir sehr einleuchtet, weil sie die Rolle der Vernunft betont. Albert Schweitzer definiert Kultur so: »*Der Kampf ums Dasein ist ein doppelter. Der Mensch hat sich in der Natur und gegen die Natur und ebenso unter den Menschen und gegen die Menschen zu behaupten. Eine Herabsetzung des Kampfes ums Dasein wird dadurch erreicht, dass die Herrschaft der Vernunft über die Natur sowohl wie über die menschliche, stinkende Natur sich in größtmöglicher und zweckmäßigster Weise ausbreitet. Die Kultur ist ihrem Wesen nach also zweifach. Sie verwirklicht sich in der Herrschaft der Vernunft über die Naturkräfte und in der Herrschaft der Vernunft über die menschlichen Gesinnungen.*«[47]

Ich plädiere für einen Begriff der europäischen Leitkultur, der den Deutschländern eine Vorstellung von der Gesellschaft gibt, in die sie sich integrieren und deren Teil sie schon sind. Der Begriff europäische Leitkultur muss für Werte stehen, über die Einigkeit unter den Gesellschaftsmitgliedern herrscht, unter Ureinwohnern wie Zugewanderten. Dazu gehören die universellen Werte, die sich in den allgemeinen Menschenrechten niedergeschlagen haben, also Menschenwürde, Freiheit, Gleichheit, Solidarität, Toleranz, Achtung vor der Natur und eine gemeinsam getragene Verantwortung für die Gesellschaft. Die Gültigkeit dieser Werte ist nicht davon abhängig, ob sie überall auf der Welt eingehalten oder angewandt werden. Auch darüber muss Einigkeit bestehen. Schließlich ist die weltweite Durchsetzung der universellen Menschenrechte eines der wichtigsten politischen Ziele unserer Zeit. Auf nationaler Ebene bilden den Kern der Werte natürlich die politische Verfassung und die sozialen Rechte.

Sich an der Leitkultur zu orientieren, muss etwas darstellen, worauf die zu integrierenden Menschen stolz sein können. Sie müssen spüren, dass in einer gemeinsamen Leitkultur auch Platz für ihr Lebensgefühl ist. Vor allem bei Jugendlichen mit Migrationshintergrund sehe ich an dieser Stelle einen erhöhten Bedarf an Aufklärung. Sie kämpfen aggressiv und stolz für eine Herkunftskultur, die sie nicht im Detail definieren können, sie streiten für

Werte, die bei »den anderen« angeblich nicht existieren – so zum Beispiel der Familiensinn, der Respekt vor der Religion, der Respekt vor den Alten, die Liebe zu den Kindern, eheliche Treue. Meines Erachtens können diese Menschen genauso stolz auf die gemeinsame Leitkultur sein.

»Stolz« ist natürlich aufgrund der deutschen Geschichte für die Mehrheitsgesellschaft ein problematischer Begriff. Ich will deshalb auch nicht unbedingt an ihm festhalten, wohl aber an dem, wofür er steht: für Identifikation mit einer Kultur, für Selbstbewusstsein und für eine emotionale Bindung an eine Kultur und deren Werte. Vor allem impliziert er auch die Verteidigung der Werte, die sich in der betreffenden Kultur ausgebildet haben. Wesentlicher Inhalt der Leitkultur sind die oben genannten Grundwerte und Menschenrechte. Diese Kultur ist nicht zu trennen von Demokratie, Laizismus und Aufklärung, und sie muss von der Gesellschaft getragen werden.

Keineswegs darf Nationalismus eine Rolle spielen. Nationalismus bedeutet, dass man sein Land chauvinistisch über andere stellt und jede Kritik an diesem Land abweist. Er ist einer der größten Feinde einer zivilen, humanen Gesellschaft.

Der Leitkultur würde ich unbedingt eine Streitkultur zur Seite stellen, die ganz wesentlich auch Selbstkritik beinhalten muss, und zwar auch auf der Seite der Deutschländer. Denn Rassismus gibt es nicht nur in der urdeutschen Mehrheitsgesellschaft, sondern auch bei den Minderheiten. Antisemitismus existiert auch in den türkischen Gemeinden. Er wird jedoch verdrängt und oft verleugnet. Aus den Reihen der Deutschländer ist mehrheitlich Kritik an der fehlenden und falsch gelaufenen Integrationspolitik der letzten Jahrzehnte zu hören. Selten höre ich, was aufseiten der Deutschländer falsch gemacht wurde. Welchen Anteil hatten und haben die Deutschländer an der Entstehung von Parallelgesellschaften?

Ich meine, dass neben der ausgrenzenden und ignoranten »Ausländerpolitik« (so wurde die Integrationspolitik noch bis zur Verkündung des Zuwanderungsgesetzes am 5. August 2004 genannt) der Mehrheitsgesellschaft eine gewollte Abgrenzung und Abschottung der Deutschländer stattgefunden hat. Stets mit der Rechtfertigung und Begründung, die Deutschen wollten alle Türken assimilieren, uns unsere Kultur und Religion nehmen. Ist mit einer Leitkultur tatsächlich gemeint, dass alle Menschen einem urdeutschen Einheitsbrei unterworfen werden?

Die Aussagen von Friedrich Merz, damals Fraktionsvorsitzender der CDU im Bundestag, verschärften im Oktober 2000 die Diskussion um eine gemeinsame Leitkultur. Von ihm erschien am 25. Oktober 2000 ein längerer Beitrag in der *Welt*, und seine Position erscheint mir da gar nicht so unvernünftig und fremdenfeindlich:

»*... Einwanderung und Integration können auf Dauer nur Erfolg haben, wenn sie die breite Zustimmung der Bevölkerung finden. Dazu gehört, dass Integrationsfähigkeit auf beiden Seiten besteht: Das Aufnahmeland muss tolerant und offen sein, Zuwanderer, die auf Zeit oder auf Dauer bei uns leben wollen, müssen ihrerseits bereit sein, die Regeln des Zusammenlebens in Deutschland zu respektieren. ... Ich habe diese Regeln als die ›freiheitliche deutsche Leitkultur‹ bezeichnet. ... Zur Identität unserer Freiheitsordnung gehört die in Jahren und Jahrzehnten erkämpfte Stellung der Frau in unserer Gesellschaft. Sie muss auch von denen akzeptiert werden, die ganz überwiegend aus religiösen Gründen ein ganz anderes Verständnis mitbringen. ... Das kulturelle Miteinander und die gegenseitige Bereicherung durch kulturelle Erfahrungen aus anderen Ländern stößt an ihre Grenzen, wo der Minimalkonsens zur Freiheit, der Menschenwürde und der Gleichberechtigung nicht mehr eingehalten wird.*«

Mit seinem Beitrag goss er Öl in das Feuer der türkischen und kurdischen Traditionalisten und Nationalisten wie auch der urdeutschen Linken. Der Text war also nicht nur für urdeutsche Rechtsextremisten und konservative Urdeutsche eine Bestätigung ihrer Gesinnung. Friedrich Merz hatte das Unwort »deutsche« benutzt, und er spricht von den »Regeln des Zusammenlebens in Deutschland«. Damit machte er sich der rechten Gesinnung verdächtig.

Ich bin mit Friedrich Merz sicher nicht in allen Punkten einer Meinung, ich würde die Leitkultur, die ich anstrebe, auch nicht als »deutsche« Leitkultur bezeichnen und bin der Meinung, dass die Regeln des Zusammenlebens in Zukunft noch stärker gemeinsam gestaltet werden sollten. Aber »Deutschland den Deutschen« hat Friedrich Merz nicht gesagt. Seine Erklärungen und Erläuterungen, die sich von linken Positionen teilweise gar nicht unterscheiden, wurden nicht gehört, weil mehr über Begriffe als über Inhalte diskutiert wurde.

Europäische Leitkultur bedeutet für mich nicht, dass keinerlei kulturelle Eigenheiten der einzelnen Ethnien übrig bleiben. Meines Erachtens müssen wir neben der Grundlage, die wir durch die Verständigung auf eine europäische Leitkultur schaffen können, traditionelle, kulturelle und religiöse Eigenheiten jeder Kultur akzeptieren, sofern sie mit unserer Verfassung im Einklang stehen. Nur so ist eine Integration der Einwanderer und Zuwanderer in Deutschland möglich. Alles andere schafft verhärtete Fronten.

Mein Hauptanliegen beim Thema Integration ist die Situation der Frauen. Eine Integration insbesondere der muslimischen Zuwanderer wird nur gelingen, wenn die Situation der muslimischen Mädchen und Frauen so lange thematisiert und angegangen wird, bis Gleichberechtigung für Deutschländerinnen in dem gleichen Maße selbstverständlich ist wie für Ureuropäerinnen. Zu einer vollständigen Integration gehört, dass muslimische Schülerinnen weder vom Sexualkundeunterricht ausgeschlossen noch Zwangsehen und Gewalt als kulturelle Eigenheiten hingenommen werden.

Auf dem Weg in die transkulturelle Gesellschaft

»Integration ist eine transkulturelle Identität, wenn sie gut verlaufen ist«, sagte mir die Psychologin Dr. Ernestine Wohlfahrt in einem Gespräch. Ich sehe die Zukunft Europas in einer transkulturellen Gesellschaft. Sie wird sich genauso wie die multikulturelle Gesellschaft von allein ausbilden, auch wenn politische Kräfte versuchen, dagegenzuwirken. Denn sie bildet sich im Individuum aus. Die Frage ist nur, ob und wie wir diese Entwicklung politisch steuern wollen. Ich habe bereits an anderer Stelle gesagt, dass in Deutschland versäumt wurde, die multikulturelle Gesellschaft als politisches Konzept zu verstehen und umzusetzen. Ich bin mir nicht mehr sicher, ob ich das ernsthaft bedauern soll. Denn wo wären wir angelangt, wenn wir das getan hätten? In den USA wurde das Konzept multikulturelle Gesellschaft umgesetzt. Was dabei herausgekommen ist, scheint mir nicht erstrebenswert.

Das Ergebnis ist nämlich, dass in nahezu allen Großstädten der USA nach Rassen klassifizierte Bezirke entstanden sind, die fast geschlossene Gesellschaften darstellen. Wie z. B. »Chinatown«, »Little Italy«, »Little Tokyo« usw. Kaum eine Ethnie, die nicht ein eigenes Viertel hätte, es sei denn, sie ist zahlenmäßig noch nicht in der Lage dazu. Ethnien wie die Türken z. B. haben es noch nicht geschafft, in New York oder Los Angeles ganze Bezirke zu bevölkern. In Deutschland hingegen schon. Dafür wiederum gibt es in Deutschland noch keine fast hermetisch abgeschlossene »Chinatown«.

Der Versuch, in den USA eine multikulturelle Gesellschaft zu schaffen und den Weg dorthin durch erzieherische Maßnahmen und Integrationskonzepte zu unterstützen, hat eher zu einem Zustand geführt, in dem innerhalb eines Ganzen stets der kleineren Einheit der Vorzug gegeben wird. Die Minderheiten erfuhren permanente Förderung, aber der vielbeschworene »melting pot«, ist ein Traum geblieben. Wirklich verschmolzen sind die Kulturen in den USA nicht. Das Ziel einer gesteuerten Integration wurde ganz offensichtlich verfehlt. Gelungen ist es lediglich, die Emanzipation und kulturelle Identität von Einzelkulturen zu stärken. Immerhin fühlen alle sich als Amerikaner. Ihnen allen ist der »American dream« gemeinsam. Das ist aber nicht der Traum eines gemeinsamen, sondern eines individuellen Erfolgs, oder allenfalls eines Erfolgs der eigenen kulturellen Gruppe (etwa der Afroamerikaner oder Hispanics). Ein klares Stammesdenken also. Das Gleiche beobachte ich bei Türken und Kurden. Wenn z. B. ein Kurde oder Türke es geschafft hat, in Deutschland materiellen Wohlstand zu erlangen, gilt sein Türkisch- oder Kurdischsein immer besonders viel, mehr als die individuelle Identität.

Das Konzept einer transkulturellen Gesellschaft geht in gewisser Hinsicht weiter als das der Multikulturalität: Die Begegnung, der Austausch zwischen zwei unterschiedlichen oder gar gegensätzlichen Kulturen führt zu einer Verwischung der Grenzen, möglicherweise sogar zu einer Aufhebung dieser Grenzen. Eine wichtige Grundlage für die transkulturelle Identität ist das Erkennen der »eigenen« und »fremden« kulturellen Einflüsse. Wer mit oder zwischen verschiedenen Kulturen lebt, kann »fremde« Elemente in sich entdecken. Wenn das »Fremde« aber als neue und vor allem bereichernde Komponente der eigenen Identität begriffen wird, gelingt eine transkulturelle Identität. Das Leben mit verschiedenen Kulturen birgt somit Eigenes, Fremdes und Neues.[48]

In dieser Kombination können Parallelwelten nicht entstehen. Der grundlegende Ansatz für eine solche Kultur ist der Austausch von unterschiedlichen Lebensformen, Werten und Weltanschauungen. Deshalb muss für jeden die Möglichkeit geschaffen werden, alle in einer Gesellschaft vorherrschenden Lebensformen, Werte und Weltanschauungen kennenzulernen. Die Einigkeit darüber, dass eine gemeinsame europäische Leitkultur existiert, würde meines Erachtens diesen Prozess beschleunigen.

Damit spreche ich mich gegen alle bisher diskutierten Integrationskonzepte aus. Sie klingen nur auf den ersten Blick vielversprechend. Sie suggerieren eine multikulturelle Welt, in der Kulturen friedlich nebeneinander und manchmal miteinander leben. Kulturen sollen sich respektieren und einander austauschen. Tatsächlich sehen wir jedoch, dass jede Kultur bemüht ist, ihre Grenzen abzustecken. In keinem Land hat das Konzept der multikulturellen Gesellschaft in der Form funktioniert, dass Kulturen tatsächlich in größter Hochachtung zueinander stehen und miteinander leben. Parallelgesellschaften sind das größte Problem multikultureller Gesellschaften.

Die Besonderheit des transkulturellen Konzeptes liegt darin, dass es kulturelle Identität nicht aus einer, sondern aus mehreren Perspektiven betrachtet. Diese Identität ist nicht auf eine Einzelkultur beschränkt, sondern ist eine kulturübergreifende Identität.[49]

Das Fremde ist nicht mehr so fremd, wenn man in ihm das Eigene erkennen kann. Wichtig ist also, vom Kulturchauvinismus Abstand zu nehmen. Um einer Entwicklung, wie sie in den USA und anderen Ländern zu beklagen ist, zu begegnen, müssen interkulturelle und noch mehr transkulturelle Kompetenzen gefördert und die Werte der rechtsstaatlichen Demokratie als Grundlage des Zusammenlebens betont und durchgesetzt werden.

Der anatolische Bauer, der als Gastarbeiter nach Deutschland gekommen ist, hat längst viel von »der deutschen Kultur« angenommen. Er isst vielleicht immer noch kein Vollkornbrot, aber wenn er in der Türkei in einer Bank ist, besteht er zum Beispiel darauf, dass die Leute sich »wie in Deutschland« anständig in einer Reihe anstellen. Im Gegensatz zu vielen Urdeutschen schätzt und praktiziert er einiges, was er in Deutschland von »den Deutschen« gelernt hat. Wenn junge Deutschländer gemeinsam ausgehen und die Rechnung verlangen, fällt vorher häufig die Frage: »Wollen wir nach deutscher oder türkischer Art zahlen?«, das heißt, getrennt oder gemeinsam. Bei der Fußballweltmeisterschaft haben viele Deutschländer für die deutsche Mannschaft gefiebert. An ihren Autos hatten sie die deutsche Fahne angebracht. Und die türkische dazu. Das ist doch ein Zeichen von gelebter Transkulturalität. Bildet sich da nicht eine gemeinsame Leitkultur?

Leitkultur, wie ich sie verstehe, bezeichnet eben kein Über-und Unterordnungsverhältnis. Es sollte uns allen doch nur um ein und dasselbe gehen: um den Bestand der Demokratie, Gleichberechtigung der Geschlechter, Meinungsfreiheit, Freiheits- und Selbstbestimmungsrechte für alle Mitglieder dieser Gesellschaft, Chancengleichheit.

Diese Worte klingen so mächtig, so groß. Deshalb müssen wir unbedingt hin und wieder die Diskussion herunterbrechen auf den Alltag der Menschen und ihnen erklären, was genau mit Meinungsfreiheit und Gleichberechtigung der Geschlechter gemeint ist. Wir benötigen in der gesamten Gesellschaft, sowohl in Deutschland als auch in ganz Europa, eine Einsicht und Einigkeit darüber, dass wir in einer von demokratischen Grundpfeilern getragenen Gesellschaft leben.

Voraussetzung für solch ein Bewusstsein ist meines Erachtens die Beherrschung der Landessprache. Eine gemeinsame Sprache ist notwendig, um sich kennenzulernen. Und für eine transkulturelle Identität ist die Beherrschung der Sprache unerlässlich. Ich glaube nicht daran, dass man eine Kultur wirklich kennenlernen kann, wenn man die Sprache nicht gut beherrscht.

»*Bir dil bir insan*« – »Eine Sprache, ein Mensch.« Diesem Motto folgend, war ich stets bestrebt, meinen Fähigkeiten entsprechend

Sprachen zu lernen. Leider bin ich über Deutsch und Türkisch und mein ausreichendes Englisch nicht hinausgekommen. Damit führe ich aber bereits zweieinhalb Leben. Ich empfinde Interkulturalität, Transkulturalität als Reichtum, Reichtum an Leben. Sie bedeutet keine Zerrissenheit zwischen Sprachen und Kulturen, sondern ein großes Privileg gegenüber Menschen, die sich mit einer Sprache und einer Kultur begnügen müssen. Die Borniertheit, mit der manche Leute ihre eigene Sprache und Kultur als das einzig Wahre und Gute darstellen, führt zu solch schrecklichen Taten wie dem Mord an Theo van Gogh.

Ich habe oft darüber nachgedacht, ob ich es weiterhin wagen sollte, öffentlich Kritik an Fundamentalisten, Extremisten und dem Patriarchat zu üben. Nicht nur, dass ich als Nestbeschmutzerin und Rassistin beschimpft werde. Es droht mehr. Es droht mir und meinen Mitstreitern, dass uns das Recht auf Leben genommen wird. Und das ist ein Ergebnis von religiösem Fanatismus und Nationalismus. Dabei geht es uns lediglich darum, auf dieser Welt, die keine Kultur für sich gepachtet hat, in einer zivilen Demokratie gemeinsam zu leben. Man muss aber auch gemeinsam leben wollen, das ist die Grundvoraussetzung für die Lösung aller interkulturellen Probleme.

Wenn ich sage, ich empfinde die deutsche und die türkische Seite in mir als Bereicherung, dann meine ich damit, dass ich mich in beiden Kulturen und Sprachen zu Hause fühle. Das ist deshalb der Fall, weil mir wesentliche Dimensionen beider Kulturen bekannt sind und von mir gelebt werden. Ich denke, streite, fühle und träume in beiden Sprachen, ich empfinde mich als Teil der türkischen und der deutschen Geschichte, ich kenne und teile die Mentalitäten und Gefühlswelten beider Kulturen, ich höre türkische und deutsche Musik. Transkulturell heißt, dass tatsächlich ein Gleichgewicht der Kulturen vorhanden ist, dass aus den verschiedenen Kulturen eine neue, eigene Kultur und kulturelle Identität heranwächst, entstehen kann.

Die Entwicklung einer transkulturellen Identität steht unserer Gesellschaft aber in weiten Teilen noch bevor. Bei sehr vielen Deutschländern gibt es noch keinerlei Bewusstsein dafür. Häufig überidentifizieren sie sich entweder mit der Herkunfts- oder mit der deutschen Kultur und lehnen die jeweils andere ab. Ich habe lange Zeit meine türkische Seite vernachlässigt, verdrängt, zeitweise sogar gehasst. Dies führte zu großer Unzufriedenheit und innerer Leere. Erst seit ich beide Seiten ins Gleichgewicht gebracht habe, fühle ich mich vollständig und mit mir versöhnt. Transkulturalität bietet eine gewaltige Chance für den Dialog zwischen den Kulturen, man muss sie nur nutzen. Menschen, die sich in verschiedenen Kulturen zu Hause fühlen, können Brücken schlagen und den Austausch fördern.

Um einen Kampf der Kulturen abzuwenden, müssen wir sie miteinander ins Gespräch bringen und dazu gezielt Interkulturalität und Transkulturalität einsetzen. Es gibt inzwischen Integrationslotsen oder Projekte, die sich Tandem-Coaching nennen. Integrationslotsen sind Sprach- und Kulturvermittler, die zudem in Gesprächsführung und Konfliktvermittlung geschult sind. Sie kennen sich aus in Behördenstrukturen, Aufenthaltsfragen und rechtlichen Grundlagen und erklären sie ihren Klienten. Integrationslotsen informieren Migrantenfamilien über die verschiedenen Möglichkeiten der Integrationsförderung und bringen ihnen Sprache und Kultur näher. Sie werden mittlerweile bundesweit eingesetzt.

Tandem-Coaching bedeutet, dass jeweils eine urdeutsche Familie oder Person mit einer Deutschländerfamilie oder Person als Integrationsteam zusammengebracht wird. Die Familien oder Personen sollten ungefähr den gleichen Sozial- und Bildungsstatus haben. Beide Seiten können von diesem Projekt profitieren. Sie werden von außen zwar betreut, bringen aber durch ihre Lebensweise, ihre Kultur und Sprache der anderen Seite auch sehr viel allein bei. Auf diese Weise kann auf der untersten Stufe, wo das Leben tatsächlich stattfindet und Integrationsarbeit ansetzen muss, ein echter Dialog der Kulturen entstehen. Solch ein Projekt kenne ich aus Österreich. Ob in Deutschland ähnliche Projekte existieren, ist mir nicht bekannt.

Dialog der Kulturen bedeutet, dass Menschen miteinander reden, und nicht etwa Parteien oder Vereine. Voraussetzung dafür sind Offenheit und Ehrlichkeit. Und daran mangelt es meiner Ansicht nach noch auf beiden Seiten. Jede Seite sollte sich tatsächlich einmal aufrichtig fragen: »Was will ich vom anderen? Was soll er mir geben? Was bin ich bereit zu geben?«

Die Gefahr des Nationalismus

Neben der starken Identifikation mit der Religion ist es vor allem ein ausgeprägter Nationalismus, der eine Vielzahl von Deutschländern auszeichnet – eine Orientierung, die in der deutschen Mehrheitsgesellschaft in Misskredit geraten ist. Die meisten Türken sind stolz auf ihre Geschichte, in ihrer Wahrnehmung gibt es nichts, wofür sie sich schämen, entschuldigen oder rechtfertigen müssten. Diese nationale Identität spielt auch für die türkischen Deutschländer eine große Rolle. Warum sollten sie, die sich eines so positiven Nationalgefühls erfreuen, sich mit der problematischen deutschen Nationalität identifizieren?

Jeder Vorwurf an einen stolzen Türken, sich nicht ausreichend und selbstkritisch genug auch mit der dunklen Seite der nationalen Geschichte auseinanderzusetzen, endet damit, dass derjenige, der ihn zu äußern gewagt hat, als Rassist und Nestbeschmutzer beschimpft wird. Auch ich liebe die Türkei, aber gerade deshalb wünsche ich mir, dass sie ihre historische Verantwortung für den Völkermord an den Armeniern anerkennt und sich aktiver als bisher der Aufarbeitung dieses Kapitels ihrer Geschichte widmet. Der türkische Staat aber weigert sich und stellt den Vorwurf des Völkermords als »Beleidigung des Türkentums« unter Strafe. Die gleiche Abwehrhaltung beobachte ich auch bei der Mehrzahl der türkischen Deutschländer. Das geht so weit, dass aufgeklärte Türken und Kurden, die auf die Schuld ihres Landes gegenüber dem armenischen Volk hinweisen, mit dem Tod bedroht werden.

Meine Mutter erzählte mir, dass früher in ihrem Heimatdorf sehr viele Armenier gelebt hätten, mehr Armenier sogar als Türken. Meine Urgroßmutter hatte noch friedlich mit ihnen zusammengelebt. Bis eines Tages alle Armenier getötet wurden. Meine Urgroßmutter hatte das mit eigenen Augen mit angesehen, sie war also eine Zeitzeugin des Völkermords. In sämtlichen Straßen des Dorfes sei Blut geflossen. Es hätten regelrechte Massaker stattgefunden. Wenn meine Mutter davon berichtet, schließt sie, ohne Luft zu holen und um einem Urteil meinerseits zuvorzukommen, sofort die Erklärung an, die Türken hätten die Armenier töten müssen, weil sonst die Armenier die Türken getötet hätten. Die Armenier hätten nämlich einen Völkermord an den Türken geplant.

Meine Mutter verteidigt die Türken, die damals einen Massenmord begangen haben, obwohl sie als gläubige Muslimin gegen Gewalt ist. Sie nimmt ihre Nation, ihre Heimat gegen mein politisches Denken, meine kritische Haltung in Schutz.

Genauso, wie viele Urdeutsche nach der Nazivergangenheit ihrer Familie geforscht haben, forschen und fragen aufgeklärte Türken und Kurden in ihren Familien und bei anderen Gelegenheiten, was damals passiert ist und warum. Mein kurdischer Großvater ist Jahre später in das Dorf gezogen, in dem die Türken die Armenier abgeschlachtet hatten. Er bekam von der türkischen Regierung Land, Land, das früher in Privatbesitz gewesen sein muss, bevor die Armenier ermordet und vertrieben wurden. Auf wessen Land hat sich mein Großvater mit seinen Ehefrauen und Kindern niedergelassen?

Warum ist es ein Verbrechen, wird es als Beleidigung der Türkei angesehen, wenn man als aufgeklärter, kritischer, politischer Mensch solche Fragen stellt? Warum muss man um sein Leben fürchten? Wir haben die Pflicht, jeden Armenier, jede Armenierin darin zu unterstützen, dass die Geschichte ihrer Vorfahren erzählt und aufgearbeitet wird. Und wir Türken und Kurden haben die Pflicht, unsere Verantwortung anzuerkennen.

Wie wichtig diese Aufarbeitung ist, zeigt der Mord an dem armenischen Journalisten Hrant Dink am 19. Januar 2007 sowie die Morddrohungen gegen den türkischen Schriftsteller und Nobelpreisträger Orhan Pamuk. Das sind Beispiele für das hässliche Gesicht der Türkei, das zu sehen mir sehr wehtut. Denn auch ich besitze einen gewissen Patriotismus, eine gewisse Vaterlandsliebe. Im Türkischen heißt es übrigens *anavatan*, »Mutterland«; das trifft es besser. Ich halte die Türkei nicht für besser oder schlechter als andere Staaten. Aber ich fühle mich der Nation Türkei emotional verbunden. Das ist auf keinen Fall mit Nationalismus zu verwechseln.

Ich habe ein ähnliches Gefühl für Deutschland. Mit dem Unterschied, dass Deutschland einfach nicht mein »Mutterland« ist. Mit Deutschland bin ich auf eine andere Art verbunden. Es ist meine

Heimat, hier bin ich zu Hause. Und meiner Heimat Deutschland gegenüber empfinde ich einen Verfassungspatriotismus, das heißt, ich bekenne mich zu den politisch-moralischen Werten des deutschen Staates. Als Deutschländerin, die die Situation der muslimischen Frauen jeden Tag vor Augen hat, ist für mich die Gleichberechtigung der Geschlechter von großer Bedeutung. Ich schätze die deutsche Streitkultur sehr, und ich identifiziere mich mit der politischen Kultur des demokratischen Rechtsstaates Deutschland. Im Gegensatz zu vielen Deutschländern, die sich in einem blinden Nationalismus der Türkei verbunden und verpflichtet fühlen. Ich wünschte, ich könnte für die Türkei einen ebensolchen Verfassungspatriotismus empfinden.

Bei vielen jungen, besonders männlichen Deutschländern beobachte ich eine extreme Verachtung anderer Nationalitäten und Religionen, vor allem von Deutschen, Christen und Juden. Er ist gefährlich, dieser Nationalismus unter jungen Deutschländern, der sich aus starken Nichtzugehörigkeits- und Minderwertigkeitsgefühlen speist, genauso gefährlich wie der Rechtsextremismus unter jungen Urdeutschen, mit dem er übrigens vieles gemeinsam hat. Nicht von ungefähr ist *Mein Kampf* in der Türkei ein Bestseller.

Es heißt immer wieder, Nationalismus und Rechtsextremismus entstünden aus Unkenntnis. Warum werden dann gerade Deutschländer in der Schule nicht auch mit der dunklen Seite der türkischen Geschichte konfrontiert? Und mit dem Phänomen des türkischen Rechtsextremismus? Nein, stattdessen kommt es sogar vor, dass aus deutschen Lehrplänen kritische Hinweise auf den türkischen Nationalismus sowie den Völkermord an den Armeniern entfernt werden sollen. So geschehen im Bundesland Brandenburg, das im Jahr 2002 zum ersten Mal in Deutschland den Völkermord an den Armeniern in den Geschichtslehrplan aufnahm. Anfang 2005 wurde geplant, das Thema wieder aus den Lehrplänen zu streichen – ein Zugeständnis an den EU-Beitrittskandidaten Türkei, der den Genozid leugnet? Von dieser Streichung nahm man dann doch Abstand.

Ist es sinnvoll, urdeutsche Kinder mit der Verantwortung für ihre deutsche Geschichte zu konfrontieren und so zu tun, als gäbe es gerade für die Türken eine solche Verantwortung nicht? Das ist nicht meine Vorstellung von einer transkulturellen Gesellschaft, so kann das Zusammenleben vieler Kulturen nicht funktionieren. Es darf in Schulen keine unterschiedliche Politisierung von Kindern geben. Genauso, wie es keine unterschiedlichen Rechtssysteme in einer Gesellschaft geben darf. In einer demokratischen Rechtsordnung können nicht verschiedene Rechtssysteme je nach Bedarf zugelassen werden. Es ist richtig und notwendig, Gesetze zu haben, die den Prozess der Einwanderung und Einbürgerung regeln. Es ist aber nicht richtig, vorhandene Gesetze, die Allgemeingültigkeit besitzen, nach ethnischen Kriterien unterschiedlich anzuwenden bzw. den Spielraum für die rechtlich vorgesehene Berücksichtigung des kulturellen Hintergrunds zu überspannen. Chancengleichheit und Gleichbehandlung vor dem Gesetz bedeuten, dass es aufgrund kultureller Eigenheiten weder zu einer Privilegierung noch zu einer Benachteiligung kommen darf. Werden diese Prinzipien aufgeweicht, sehe ich große Gefahr für die in Europa entwickelten allgemeinen Menschenrechte, auch in den europäischen Ländern selbst.

Schließlich sind es nicht nur die Eliten und Funktionsträger in den Staaten, aus denen regelmäßig Menschen wegen Verletzung ihrer Grundrechte fliehen, die die Universalität der Menschenrechte bestreiten und sie für ihre Kultur und ihr Land für unangemessen und ungültig erklären. Es gibt inzwischen auch Europäer, die die Bedeutung der Menschenrechte relativieren.

Islamische Fundamentalisten behaupten, es könne in muslimischen Ländern keine Demokratie nach westlichem Muster geben. Mit der Demokratie verbinden Islamisten berechtigterweise die Gleichberechtigung der Geschlechter. Etwas, was für einen fundamentalistischen Muslim undenkbar ist.

Der Exislamist Ed Husain hat im Mai 2007 ein Buch über das Phänomen Islamismus und seine Erfahrungen veröffentlicht: *The Islamist: Why I Joined Radical Islam in Britain, What I Saw Inside and Why I Left* (Harmondsworth, Großbritannien). Seinen Erfahrungen zufolge sind die islamistischen Endziele die Abschaffung der Demokratie und der Menschenrechte sowie ein weltweites Kalifat mit Scharia-Gesetzgebung.

Ist es dann abwegig, als politischer Mensch daran zu glauben, dass islamische Fundamentalisten auch in Deutschland und Europa in ihrer Parallelgesellschaft eine demokratiefreie Zone schaffen wollen? Wir müssen uns doch fragen, wie unsere Gesellschaft in Zukunft aussehen soll. Demokratie für die an westlichen Werten und den universellen Menschenrechten orientierten Weltbürger auf der einen Seite und der Gottesstaat für die muslimischen Fundamentalisten auf der anderen? Ich bin mir nicht sicher, ob dem Multikulti-Fanatiker, der versteht und toleriert, dass der islamische Fundamentalist die universellen Menschenrechte nicht akzeptieren will, bewusst ist, dass dieser als Erstes die multikulturelle Gesellschaft abschaffen würde, wenn er an der Macht wäre.

Toleranz ist nicht nur eine Tugend, sondern zugleich eine politische Haltung, auf die keine moderne Gesellschaft verzichten kann. Die übergroße Mehrheit der eingewanderten Muslime scheint zwar tolerant zu sein. Jedenfalls lebt sie gesetzestreu und ist in ihrem Lebensstil nicht unbedingt auffällig. Doch ist es wirklich Toleranz, die viele Muslime gegenüber Urdeutschen üben? Sie kennen die Urdeutschen ja gar nicht wirklich, und wer die anderen nicht kennt, kann sie auch nicht tolerieren. Beide Seiten, Muslime wie Urdeutsche, merken gar nicht, dass sie nicht tolerant sind, sondern ignorant. Im schlimmsten Fall sogar arrogant.

Vom Zuwanderungsland zum Einwanderungsland

Integrations- und Einwanderungspolitik ist meiner Ansicht nach eine der größten Herausforderungen unserer Zeit. Denn sie wird über das weltweite friedliche Zusammenleben von Kulturen, Religionen und Ethnien bestimmen. Es ist daher längst überfällig, die Integrationspolitik aus ihrem Schattendasein herauszuholen und sie zu den tragenden politischen Pfeilern eines jeden Landes auf dieser Welt zu erklären. Sie ist mindestens so wichtig wie Wirtschaftspolitik und wird langfristig über den Erfolg oder Misserfolg eines Landes entscheiden.

Ich bin der Ansicht, dass wir in Deutschland ein eigenes Ministerium für Einwanderungs- und Einbürgerungsangelegenheiten benötigen, um eine national einheitliche Integrationspolitik zu gewährleisten. Momentan existieren in den 16 Bundesländern 16 verschiedene Institutionen, die mit Integration beauftragt sind und unterschiedliche Funktionen und Zuständigkeiten besitzen. Es kann nicht sein, dass wir in punkto Integration einen Flickenteppich produzieren. Das Zusammenleben von Urdeutschen und Deutschländern und all den Menschen anderer Ethnien, die in Deutschland leben oder in Zukunft noch nach Deutschland kommen werden, darf nicht davon abhängig sein, in welchem Bundesland diese Menschen sich befinden und wie Integration dort gestaltet wird. Immerhin gibt es – seit Angela Merkel Bundeskanzlerin ist – mit Maria Böhmer eine Staatsministerin für Migration. Aber das reicht noch nicht.

Deutschland sei, so die Bekundungen vieler Politiker, bereits ein Einwanderungsland. Ich sehe das nicht so. Ein Einwanderungsland hat ein Einwanderungsgesetz und versucht unter Berücksichtigung regionaler Besonderheiten weitestgehend einheitliche Integrationsarbeit zu betreiben. In Deutschland wurde der geistige und gesetzliche Paradigmenwechsel vom Zuwanderungsland zum Einwanderungsland noch nicht vollzogen. Ein Einwanderungsland hat das Ziel, die zugezogenen Menschen einzubürgern und mit vollen Rechten und Pflichten als Staatsbürger auszustatten. Damit zeigt das Aufnahmeland, dass der Eingewanderte sich mit der Kultur, den Sitten und Gebräuchen des Landes auskennen und sie anerkennen muss. Und es wird gleichzeitig signalisiert, dass andere Kulturen durchaus einen festen Platz in der Aufnahmegesellschaft haben.

Einwanderung bedeutet nicht, dass an der Grenze die eigene Kultur und Sprache abgegeben werden. So können zum Beispiel Einwanderer in den USA sagen: »I am Korean American, I am Italian American, I am Chinese American, I am Afro American.« Warum können die meisten Zugewanderten in Deutschland nicht sagen: »Ich bin türkisch-deutsch, kurdisch-deutsch, arabisch-deutsch«?

Ich denke, sie verbinden mit dem Deutschsein den Verlust der eigenen Kultur, einen Verrat an der eigenen Kultur.

Es bedarf also in den Köpfen beider Seiten eines Bewusstseinswandels. Das Konzept Zuwanderung, und damit auch das deutsche Zuwanderungsgesetz, zielt anders als das der Einwanderung lediglich auf Steuerung ab. Selbstverständlich kann und sollte Zuwanderung auch in Deutschland, auch nach dem Zuwanderungsgesetz, in die Einbürgerung münden. Das ist aber nicht das erklärte Hauptziel. Ich meine, dass wir auch per Gesetz ein Einwanderungsland werden müssen, damit wir, wie in klassischen Einwanderungsländern üblich, klare Vorgaben für die Einwanderung machen können, die sich an der Werteordnung der Aufnahmegesellschaft orientieren. Dazu gehört auch, dass Zuwanderung nicht mehr als Problem betrachtet wird, sondern als gewollte Chance für die Zukunft Deutschlands.

Ich kann verstehen, dass es Stimmen gibt, die sagen: »Menschen, die nach Deutschland kommen und Sozialleistungen in Anspruch nehmen, sich dem kulturellen Wertesystem kritisch bis ablehnend gegenüber verhalten und dieses offen oder unterschwellig demonstrieren, schwächen unsere Gesellschaft. Diesen Menschen, egal woher sie kommen, ist die Zuwanderung zu verwehren.«[50] Wenn das ein Deutscher äußert, ist es rassistisch. Er kann es nicht aus Liebe zu seinem Land oder der Gesellschaft, in der er lebt, sagen. Es ist ihm nicht erlaubt. Wenn aber ein Türke das sagt, ist er ein Patriot.

Eine besonders schwierige Frage ist, von wem die Zuwanderungsdebatte geprägt werden darf oder sollte. Es heißt hin und wieder in Interviews oder Talkshows, diese Diskussion sollte nicht vorrangig Minderheiten und Migranten überlassen werden. Kann es aber eine Lösung sein, sie nur der urdeutschen Seite zu überlassen? Ganz sicher nicht. Die im Jahre 2006 in Berlin eingeführte Integrationskonferenz verfolgt den richtigen Ansatz. Politik und VertreterInnen aus der so genannten MigrantInnen-Community müssen gemeinsam an einem Strang ziehen, um zu einem friedlichen Miteinander zu finden. Doch genauso wenig, wie nur Urdeutsche Integrationspolitik bestimmen dürfen, dürfen es sich MigrantInnenverbände herausnehmen, die Integrationspolitik zu dominieren. Und schon gar nicht dürfen wir zulassen, dass aus den Herkunftsländern bestimmt wird, wie wir in Deutschland unser

Zusammenleben gestalten. Es geht doch nicht um Kräftemessen oder Macht, sondern um Menschen, deren Leben und deren Kinder von einer vernünftigen Integrationspolitik abhängig sind.

Vor dem zweiten Treffen der Integrationskonferenz am 12. Juli 2007 riefen vier türkische Verbände zum Boykott auf, weil sie bestimmte Regelungen des neuen Zuwanderungsgesetzes als Diskriminierung von Türken erachteten. Türkische Verbände, wie etwa die Türkisch-Islamische Union der Anstalt für Religion (DITIB), die der deutsche Ableger des türkischen Religionsamtes ist, und die Türkische Gemeinde in Deutschland, sind der Konferenz dann auch ferngeblieben.

Das Nachzugsalter für EhegattInnen wird gemäß dem neuen Zuwanderungsgesetz auf 18 Jahre erhöht, es werden minimale Deutschkenntnisse (200 bis 300 Wörter) bei der Einreise gefordert und Sanktionen bestimmt, wenn die Teilnahme an Integrationskursen verweigert wird. Diese Regelungen sind unter anderem als Signal und Maßnahme der Regierung gegen Zwangsheirat eingeführt worden. Um zu verhindern, dass sich insbesondere Frauen in Parallelgesellschaften abschotten, sind Sanktionen vorgesehen, falls die Betroffenen nicht an den Integrationskursen teilnehmen. Tatsächlich lassen es viele Männer nicht zu, dass ihre Frauen an diesen Kursen teilnehmen. Die häufig gehörte Begründung hierfür ist, dass die Frauen dort gemeinsam mit fremden Männern unterrichtet würden bzw. mit fremden Männern in Kontakt kommen könnten.

Wollten die türkischen Verbände mit ihrem Boykott tatsächlich ein Gesetz verhindern, das bereits vom Bundestag beschlossen war und dem der Bundesrat zugestimmt hat? Sie können nicht ernsthaft geglaubt haben, dass Frau Merkel das Gesetz zu diesem Zeitpunkt noch hätte verhindern können oder wollen. Um das Zuwanderungsgesetz zu ändern, benötigt man politische Mehrheiten in der demokratisch gewählten Regierung.

Die Kritik der Verbände am Zuwanderungsgesetz mag durchaus berechtigt sein. Es ist auch richtig, dass sie ihre Kritik öffentlich äußern. Es ist in meinen Augen aber kindisch und verantwortungslos, nicht zur Integrationskonferenz zu erscheinen. Die Konferenz ist ja gerade der Ort, an dem sie Kritik äußern können und sollen.

Wünsche und Forderungen haben alle TeilnehmerInnen der Konferenz. Dazu haben wir uns ja zusammengetan, um über unsere Anliegen und Ideen zu sprechen. Wenn ein Verband seine Interessen durchsetzen will, muss er sich um eine demokratische Mehrheit bemühen. Diese erreiche ich nicht mit Drohungen und Ultimaten, sondern mit Gesprächen und überzeugenden Argumenten.

Die Verbände wurden beim Gesetzgebungsverfahren zum Zuwanderungsgesetz angehört. Sie waren offensichtlich nicht überzeugend. Deshalb nun beleidigte Leberwurst zu spielen zeugt meines Erachtens von einer Missachtung der parlamentarischen Demokratie, die wir in Deutschland haben. Die kritisierten Regelungen machen das Zuwanderungsgesetz nicht zu einem Anti-Türken-Gesetz, sondern stärken die Rechte der Frauen.

Viel schlimmer als das Fernbleiben der Verbände finde ich allerdings die Wirkung dieser Entscheidung. Die türkische Zeitung *Hürriyet* titelte am 12. Juli 2007 in riesigen Lettern: »*Purer Rassismus*«. Mit ihrem Verhalten gießen die Verbände Öl in das Feuer aller Kulturchauvinisten, die in der türkischen Kultur und Sprache ihre einzige Heimat sehen. Sie glauben, einen weiteren Beleg dafür zu bekommen, dass Deutschland sie nicht will, dass Deutschland rassistisch ist.

Statt solch eine Stimmung zu verbreiten, sollten die Verbände mehr Aufklärungsarbeit betreiben, vor allem bei den Deutschländern, die erklären, dass die Türkei ihre eigentliche Heimat sei, und bei den Jugendlichen, die Deutschland immer nur als rassistisch wahrnehmen. Ich wünschte mir, dass tatsächlich alle Menschen, die der Ansicht sind, dass sie lieber in einem anderen Land leben wollen, Deutschland verlassen würden. Ich weiß, das klingt wie die alte Forderung aus dem Kalten Krieg: »Geh doch nach drüben!« Aber es trifft den Punkt. Ich denke nämlich, dass diese Menschen stark zum Entstehen und zum Erhalt von Parallelgesellschaften beitragen, weil sie sich in keiner Weise in die Gesellschaft in Deutschland integrieren wollen. Und sie machen in der Parallelgesellschaft Stimmung gegen jegliche Integrationsbemühungen, indem sie alles, was von urdeutscher Seite kommt, reflexartig als Assimilationsabsicht diffamieren. Auch ich bin nicht völlig begeistert von dem aktuellen Zuwanderungsgesetz. Aber Regelungen, die der Stärkung von Frauen dienen, begrüße ich. Wir benötigen noch mehr Regelungen in diese Richtung.

Es gibt mittlerweile eine stark türkisch-nationalistische Bewegung in Deutschland, vor allem unter Jugendlichen. Auch die Zahl der Jugendlichen, die sich, auf der Suche nach Heimat, fragwürdigen islamischen Gruppierungen zuwenden, steigt. Sowohl die Regierung als auch die türkischen Verbände, die es mit der Integration ernst meinen, müssen sich dieser Menschen annehmen. Wir dürfen die fundamentalistischen Kräfte nicht unterschätzen, die in Deutschland entstehen und auch hier genährt werden.

Bei verschiedenen Veranstaltungen habe ich in den letzten Wochen immer wieder gehört, dass wir dem Vorschlag zustimmen sollten, nach Geschlechtern getrennte Integrationskurse anzubieten. Die muslimischen Männer würden ihre Frauen sonst nicht hinschicken. In dieser Toleranz liegt Verachtung, denn sie unterstellt, dass einige Gemeinschaften unfähig seien zur Moderne, unfähig zu begreifen, dass Männer und Frauen gleichberechtigt sind. Es widerstrebt mir außerordentlich, mich dem Diktat orthodoxer Menschen zu beugen und damit dem Grundrecht der Frauen auf Gleichberechtigung zuwiderzuhandeln. Unseren Gesetzen gegenüber wird Intoleranz gezeigt, und wir sollen das hinnehmen, um eventuell irgendwann und irgendwie zu erreichen, dass die konservativen Muslime unsere Werte akzeptieren. Das kann und wird nicht funktionieren. Ich verlange, dass die Freiheit und Gleichberechtigung der Geschlechter direkt und offen durchgesetzt wird.

Viele Menschen aus der Deutschländer-Community erleben die Urdeutschen bei der Wertedebatte als rückgratlos, und mir geht es oft auch so. Was viele Urdeutsche als Toleranz bezeichnen, wird von den Deutschländern vielfach als Schwäche wahrgenommen – auch von den konservativen und den fundamentalistischen Muslimen, die diese Haltung der Urdeutschen für ihre Interessen ausnutzen.

Wir werden in Deutschland besser zusammenleben können, wenn wir uns über die universellen Menschenrechte einig sind. Und wir sollten mehr Energie darin investieren, uns selbst mit den Augen der anderen zu sehen. Weltoffene Menschen machen das mit Freude. Sie schauen sich Sitten und Gebräuche anderer Kulturen an, um sie dann mit den eigenen Traditionen und Werten zu vergleichen und sich die Frage zu stellen, warum sie selbst etwas so und die anderen es anders machen. Dazu gehört natürlich die Fähigkeit zur Selbstkritik. Lernen wir voneinander. Wir können nicht darauf warten, dass die große Politik all unsere Probleme löst. Integration, das Zusammenleben der Kulturen findet im Wohnzimmer, auf der Straße, auf dem Spielplatz, im Kaufhaus, im Schwimmbad, beim Arztbesuch, eben im Alltag statt. Nicht auf dem Papier. Wir Erwachsenen müssen den Kindern das friedliche Zusammenleben der Kulturen und Religionen vorleben.

Anhang

Muslimische Verbände in ausgewählten europäischen Ländern

Frankreich

Im Jahre 2002 hat der französische Innenminister den »Französischen Rat für islamische Religionsangelegenheiten«*(CFCM)* ins Leben gerufen. Ziel sollte sein, eine einheitliche Interessensvertretung der etwa fünf Millionen Muslime zu schaffen. Beteiligt sind ausschließlich islamische Organisationen, die zuvor ein Bekenntnis zum Laizitätsgrundsatz der Französischen Republik unterzeichnet haben. Zu den Aufgaben des Rats gehören primär konkrete Fragen der Religionsausübung, also eine Art Gutachter- oder Fatwa-Kollektiv. Dem Rat gehören insgesamt 43 Personen an, die von insgesamt nur 5200 Wahlberechtigten aus den 1300 organisierten muslimischen Gemeinden gewählt wurden. Nicht nur die geringe Zahl der Wahlberechtigten im Verhältnis zu den fünf Millionen Muslimen ist problematisch an dieser Interessensvertretung, auch finden in dem Rat die nicht praktizierenden, aber dennoch gläubigen sowie die nicht organisierten Muslime keine Berücksichtigung.

Spanien

Im Jahre 1992 unterzeichneten der spanische Staat und die *Comisión Islámica* einen Kooperationsvertrag. Die *Comisión Islámica* ist ein formeller Zusammenschluss zweier Verbände, die von marokkanischen und syrischen Muslimen dominiert werden. 1992 stellten diese Gruppierungen die Mehrzahl der Muslime dar. Für eine Mitwirkung in der *Comisión* ist die Mitgliedschaft in einem der beiden Verbände eine unabdingbare Voraussetzung. Spanien hat sich in den letzten ca. zehn Jahren von einem Auswanderungs- zu einem Einwanderungsland entwickelt. Die Zahl der Muslime hat sich entsprechend erhöht, mittlerweile sind es ungefähr eine Million. Ihre

Zusammensetzung ist sehr heterogen und entspricht immer mehr der weltweiten Vielfalt der Muslime. Die *Comisión* spiegelt diese Vielfalt nicht wider. Daher fühlen sich nach neusten Untersuchungen aus dem Jahre 2006 über 50 Prozent der spanischen Muslime nicht mehr von ihr vertreten. Um neuen Gruppierungen Zugang zur *Comisión* zu verschaffen, was unbedingt notwendig wäre, müsste der Kooperationsvertrag von 1992 geändert werden. Eine ernsthafte Debatte darüber wird jedoch zurzeit noch nicht geführt. Noch herrschen in Spanien eine vergleichsweise große Toleranz, Akzeptanz und Offenheit dem Islam gegenüber. Das könnte sich in den nächsten Jahren jedoch ändern, wenn die *Comisión* nicht mehr die Heterogenität der spanischen Muslime berücksichtigt.

Belgien

In Belgien vertritt der »Exekutivrat der Muslime in Belgien« *(EMB)* die Interessen der Muslime. Seit 1998 ist er der offizielle Ansprechpartner der Regierung für alle Fragen im Zusammenhang mit dem Islam. Mitglied ist jede Person einzig und allein durch ihre muslimische Religionszugehörigkeit. Der Rat besteht aus insgesamt 68 Personen und wird in regelmäßigen Abständen von allen in Belgien lebenden Muslimen gewählt, im Moment sind es etwa 400 000. Bei den letzten Wahlen im Jahre 2005 lag die Wahlbeteiligung bei ca. zehn Prozent. Aus dem Rat wird ein 17-köpfiges Direktorium bestimmt, das mit der Regierung verhandelt. Zurzeit sind im Rat 40 türkischstämmige Muslime (davon 5 Frauen), 20 marokkanischstämmige und acht Muslime aus anderen Ländern vertreten. Der *EMB* ist an der Lehrplangestaltung für den schulischen Religionsunterricht, an der Begutachtung und Schulung von Religionslehrern sowie an der Finanzierung religiöser Stätten beteiligt. Ihm stehen staatliche Haushaltsmittel von sechs Millionen Euro (2005) zur Verfügung.

Großbritannien

Der *Muslim Council of Britain* (*MCB* – Muslimischer Rat Großbritanniens) ist eine im Jahre 1997 gegründete nationale Dachorganisation, die etwa 25 Prozent der ca. zwei Millionen britischen Muslime vertritt. Mit seinen über 300 Mitgliedsorganisationen ist der

MCB die größte und vermutlich prominenteste muslimische Interessensvertretung Großbritanniens und noch dazu wahrscheinlich eine der wenigen, die sich weitestgehend demokratisch konstituieren. Die führenden Vertreter und die Exekutive des *MCB* werden gewählt, arbeiten nach festen Regeln und sind den Mitgliedern gegenüber voll rechenschaftspflichtig. Neben dem *MCB* und anderen weniger prominenten Organisationen fungieren ausschließlich die jeweiligen Moscheen als Interessensvertretungen für Muslime. Die britische Regierung ist sehr daran interessiert, einen offiziellen Ansprechpartner in Fragen des Islam zu haben, und unterstützt daher laufende Bemühungen der Muslime, einen *Mosques and Imams National Advisory Board* zu gründen. Bisher beschränkt sich der Dialog zwischen Staat und Muslimen in Großbritannien überwiegend auf die kommunale Ebene, wo konkrete Fragen der Glaubensausübung geregelt werden und über finanzielle Mittel zur Projektförderung muslimischer Antragsteller entschieden wird.

Italien

Der italienische Innenminister hat 2005 einen Rat für den Islam *(Consulta Islamica)* eingesetzt und 16 Persönlichkeiten als Mitglieder ernannt. Darunter befindet sich auch ein Vertreter des einflussreichen Dachverbands der Moscheegemeinden Italiens. Die Einberufung und Leitung des Rats obliegt dem Innenminister. Auf der letzten Sitzung im Oktober 2006 haben sich auf Initiative des italienischen Innenministers alle Mitglieder auf die Ausarbeitung einer »Charta von Prinzipien und Werten« durch eine Kommission von Wissenschaftlern geeinigt, welche Anfang 2007 vorliegen und unterzeichnet werden soll. Die Charta soll einen Beitrag zur besseren Integration von etwa einer Million Muslimen in die italienische Gesellschaft leisten.

Quelle:
Antwort der Bundesregierung auf die Große Anfrage der Abgeordneten Josef Philip Winkler u. a. und der Fraktion BÜNDNIS90/Die Grünen – BT-Drucksache Nr. 16/2085 vom 29. Juni 2006; »Stand der rechtlichen Gleichstellung des Islam in Deutschland«

Dank

Dieses Buch ist unter den widrigsten Umständen entstanden. Daher möchte ich aus tiefstem Herzen allen Menschen danken, die mir mit sehr viel Zeit, Geduld und vor allem fachlicher und moralischer Unterstützung dabei geholfen haben. Mein besonderer Dank gilt meinem Agenten Ulrich Pöppl, der sich für die Verwirklichung des Projekts stark gemacht hat, und meiner Lektorin Uta Rüenauver, die eine Meisterin ihres Faches ist. Und wenn Julika Jänicke, meine Betreuerin vom Verlag, nicht gewesen wäre, hätte ich dieses Buchprojekt wahrscheinlich auf viele Jahre hinausgeschoben. Ihrer fachlichen und menschlichen Kompetenz habe ich es zu verdanken, dass das Buch seinen letzten Schliff bekommen hat. Ganz besonders danken möchte ich auch Dr. Siv Bublitz, die ein zweites Mal an mich geglaubt und ein Buch mit mir gemacht hat.

Schließlich ist da noch meine Familie. Ich bin meinen Verwandten unendlich dankbar dafür, dass sie meine Tochter so gut betreut haben, damit ich Zeit zum Schreiben hatte. Meiner Cousine und Schwägerin Mariye und meinem Bruder Kemal kann ich gar nicht genug danken. Sie haben ihr ganzes Leben meinem Rhythmus angepasst. Mariye und meine Schwester Serpil waren und sind Co-Mamas, wie ich sie nur jedem Kind dieser Erde wünschen kann. Meine Nichten, Seyran, Ayla, Asya und Ela und mein Neffe Tugay waren stets zur Stelle, wenn sie gebraucht wurden, und haben mit Zoe gespielt, damit ich schreiben konnte. Ich danke euch!

Anmerkungen

1 Am Ende des Buches habe ich die Bücher aufgelistet, auf die ich mich häufig beziehe.

2 Mit »Urdeutschen« meine ich die Deutschen, die vor der Gastarbeiteranwerbung in den 60er Jahren bereits seit mehreren Generationen in Deutschland lebten.

3 Siehe auch Wolfgang Welsch: »Transkulturalität«, in: Institut für Auslandsbeziehungen (Hg.): *Migration und Kultureller Wandel*, Schwerpunktthema der Zeitschrift für Kulturaustausch, 45. Jg. 1995/1. Vj., Stuttgart 1995

4 www.al-islaam.de/pdf/heirat_gezwungene.pdf

5 Ich empfehle unbedingt die Lektüre des Buches *Die verkauften Bräute. Türkische Frauen zwischen Kreuzberg und Anatolien* von Andrea Baumgartner-Karabak und Gisela Landesberger, mit einem Vorwort von Susanne von Paczensky, Reinbek 1978.

6 Klaus Steuerwald: *Türkisch-Deutsches Wörterbuch*, Istanbul 1988

7 Die Analyse ist auf der Homepage des BKA unter www.bka.de zu finden.

8 Name von der Autorin geändert.

9 Name von der Autorin geändert.

10 Alle Namen im Zusammenhang mit diesen beiden Fällen von der Autorin geändert.

11 Lesenswert ist auch die EU-Studie »Ehrenmord«, die auf der Homepage von *Terre des femmes* zu finden ist, in der ich meine Position in weiten Teilen bestätigt gefunden habe.

12 So gaben 40 Prozent der von Gewalt betroffenen türkischen Migrantinnen an, heftig geohrfeigt (im Vergleich zu ca. 30 Prozent der urdeutschen und der osteuropäischen Frauen), und 31 Prozent (im Vergleich zu 16 bzw. 17 Prozent), verprügelt

worden zu sein. 20 Prozent der von Gewalt betroffenen türkischen Frauen gaben an, gewürgt worden zu sein, doppelt so viele wie in den beiden anderen befragten Gruppen. 18 Prozent wurden mit einer Waffe bedroht (im Vergleich zu 9 bzw. 11 Prozent bei den urdeutschen und den osteuropäischen Frauen), und 27 Prozent (im Vergleich zu 14 Prozent in beiden anderen Gruppen) wurde eine Ermordung angedroht.

13 Text aus Celaleddin Rumi Mevlana: *Bir Mutasavvif Bir Ahu Hümanist* (Hg. von Radi Fis), Vön; Übersetzung Seyran Ateş

14 »*Den gesellschaftlichen Auswirkungen der Glaubenshaltung kommt für die Frage ihrer Schutzfähigkeit keine Bedeutung zu (BVerfG. aa.) Insoweit ist z. B. für den Grundrechtsschutz unerheblich, dass heranwachsende moslemische Frauen durch die Forderungen ihres Glaubens behindert werden, in der westlichen Gesellschaft eine gleichberechtigte Stellung als Frau zu erlangen, etwa weil sie der islamischen Kleiderordnung entsprechend den ›Hedschab‹, ein Kopf, Haare und Schulter bedeckendes Tuch, tragen.*«

15 Erst seit einigen Jahren wird die Scharia nicht mehr nur unter Fachleuten und so genannten Kennern der Szene diskutiert. Und das nicht zuletzt, weil ihre politische Bedeutung erkannt wurde. Unter der vielen Literatur, die es dazu gibt, kann ich ganz besonders das Buch von Christine Schirrmacher und Ursula Spuler-Stegemann *Frauen und die Scharia – Menschenrechte im Islam* (München 2004) empfehlen. Es gibt gut lesbar auch für NichtjuristInnen einen Gesamtüberblick über die Scharia, unter Hervorhebung der Rolle der Frau.

16 *Islam-Lexikon*, Khoury/Hagemann/Heine: Stichwort Gesetz, Freiburg im Breisgau 2006, S. 230

17 http://www.goruma.de/religionen/islam.html

18 Adel Theodor Khoury: *Der Koran* (Düsseldorf 2005), S. 49

19 bpb Bank 397: *Menschenrechte, Dokumente und Dokumentationen*, 4. Auflage 2004

20 Martina Sabra: *Frauenrechte. Ein mutiger Schritt des marokkanischen Königs*, auf qantara.de am 29. Januar 2004

21 Christina Schott: *Frauenrechte in Indonesien, Königinnen des Islam*, auf qantara.de am 30. Juni 2005

22 Nahed Selim: *Nehmt den Männern den Koran* (München 2007)

23 Näheres dazu bei Christine Schirrmacher und Ursula Spuler-Stegemann: *Frauen und die Scharia* (München 2004)

24 Deutschsprachiger Muslimkreis Karlsruhe (Hg.), Karlsruhe 1997

25 Nasrin Karimi und Philippe Koch: *Die deutsche Rechtsordnung im rechtskulturellen Spannungsfeld*, auf novo-magazin.de, Mai/Juni 2007

26 Natürlich stellt sich die Frage, wie es dann sein kann, dass es so viele verschiedene Versionen des islamischen Rechts gibt. Besitzen gewisse Autoritäten doch die Befugnis, sich als Gesetzgeber zu gerieren und die Scharia gemäß ihrer Rechtsschule und den politischen Verhältnissen im Land auszulegen?

27 Nasr Hamid Abu Zaid: *Ein Leben mit dem Islam.* Aus dem Arabischen von Cherifa Magdi. Erzählt von Navid Kermani, Freiburg im Breisgau 1999, S. 49 f.

28 Abu Hamid Muhammed Al-Gazali: *Das Buch der Ehe*, übersetzt und erläutert von Hans Bauer, Kandern im Schwarzwald 2005, S. 88 f.

29 Die Originalübersetzung »*An-Nawawi: Vierzig Hadite*« wurde veröffentlicht von: International Islamic Federation of Student Organizations, Salimiah – Kuwait.

30 Auf *stern.de* wurde am 25. Januar 2006 darüber berichtet.

31 Adel Theodor Khoury: *Der Koran* (Düsseldorf 2005), S. 283

32 Betsy Udink: *Allah & Eva* (München 2007), S. 68

33 Adel Theodor Khoury: *Der Koran,* S. 291

34 Mehr zur Zeitehe in Christine Schirrmacher: *Kleines Lexikon zur islamischen Familie*, Hg. vom Institut der Lausanner Bewegung für Islamfragen Wetzlar e. V. (Hänssler-Verlag 2002)

35 So das Kirchenamt der EKD, Referat Statistik, und die Deutsche Bischofskonferenz, Referat Statistik.

36 Johannes Kandel: *Was ist Islam? Islam und Islamische Organisationen in Deutschland*, vom 22. Dezember 2004 auf bpb.de

37 *Spiegel online* berichtete am 13. Januar 2007 über diese Studie.

38 Gemäß dem Integrationsbeauftragten von Berlin.

39 Die Umfrage wurde im Auftrag der *Frankfurter Allgemeinen Zeitung* durchgeführt und am 17. Mai 2006 veröffentlicht.

40 Am 16. November 2004 im *Kulturzeit*-Gespräch auf 3sat.

41 *Neue Juristische Wochenschrift* 2003, 1754.

42 Eine kleine Übersicht über die muslimischen Verbände in einzelnen europäischen Ländern befindet sich im Anhang.

43 Statistisches Bundesamt Deutschland (4. Mai 2007)

44 Als vertiefende Literatur möchte ich folgende an der Freien Universität Berlin erstellte Magisterarbeit empfehlen: *Zum Zusammenhang von Deutschkenntnissen und Kontaktbeziehungen zu Deutschen am Beispiel der Türken zweiter Generation in Berlin;* vorgelegt von Tiner Özçelik am 12. Dezember 2005.

45 Ich stütze mich hier unter anderem auf eine Darstellung der Augustinus-Schule Menden (http://www.augustinus-schule-menden.de/o_prog/mutspra.html).

46 2000 schrieb Bassam Tibi in seinem Buch *Europa ohne Identität?* über eine »europäische Leitkultur« (S. 154).

47 Albert Schweitzer: *Kultur und Ethik*, München 1996, S. 35

48 Wolfgang Welsch: »Transkulturalität«, in: Migration und Kultureller Wandel, Schwerpunktthema der *Zeitschrift für KulturAustausch*, hg. v. Institut für Auslandsbeziehungen, 1/1995

49 vgl. Wolfgang Welsch: »Netzdesign der Kulturen«, *Zeitschrift für KulturAustausch* 1/2002

50 So ein Arbeitspapier aus dem Frühjahr 2007 der Pankower Abgeordneten Torsten Hilse und Ralf Hillenberg, die dem SPD-Kreis »Berliner Mitte« angehören.

Literatur

Asma Barlas: *Believing Women in Islam,* Dallas 2002

Andrea Baumgartner-Karabak und Gisela Landesberger: *Die verkauften Bräute,* Reinbek 1978

Bundesministerium des Inneren: *Islamismus,* Berlin 2006

Bundeszentrale für politische Bildung: *Menschenrechte,* Bonn 2004

Werner Ende und Udo Steinbach: *Der Islam in der Gegenwart,* München 2005

Ayaan Hirsi Ali: *Mein Leben, meine Freiheit,* München 2006

Adel Theodor Khoury: *Der Koran,* Düsseldorf 2005

Khoury/Hagemann/Heine: *Islam-Lexikon,* Freiburg im Breisgau 2006

Der Koran, der heilige Qur-An, Arabisch und Deutsch, hg. von Hazrat Mirza Tahir Ahmad, Rabwah, Pakistan 1998

Der Koran, Aus dem Arabischen von Max Henning, Stuttgart 2006

Dalai Lama: *Mitgefühl und Weisheit,* Zürich 2006

Irshad Manji: *Der Aufbruch,* München 2005

Tiner Özçelik: *Zum Zusammenhang von Deutschkenntnissen und Kontaktbeziehungen zu Deutschen am Beispiel der Türken zweiter Generation in Berlin,* Magisterarbeit an der Freien Universität Berlin, vorgelegt am 12. Dezember 2005

Christine Schirrmacher und Ursula Spuler-Stegemann: *Frauen und die Scharia,* München 2004

Nahed Selim: *Nehmt den Männern den Koran,* München 2007

Bassam Tibi: *Europa ohne Identität?,* München 2000

Betsy Udink: *Allah & Eva,* München 2007

Wolfgang Welsch: »Transkulturalität«, in: Institut für Auslandsbeziehungen (Hg.): *Migration und Kultureller Wandel,* Schwerpunktthema der Zeitschrift für Kulturaustausch, 45. Jg. 1995/1. Vj., Stuttgart 1995

Ernestine Wohlfahrt und Manfred Zaumseil: *Transkulturelle Psychiatrie – Interkulturelle Psychotherapie. Interdisziplinäre Theorie und Praxis,* Heidelberg 2006

Arnulf Zitelmann: *Die Weltreligionen*, Bonn 2002

Richard Dawkins
Der Gotteswahn

ISBN 978-3-548-37232-7
www.ullstein-buchverlage.de

»Religion ist irrational, fortschrittsfeindlich und zerstörerisch.« Richard Dawkins, einer der einflussreichsten Intellektuellen der Gegenwart, zeigt, warum der Glaube an Gott einer vernünftigen Betrachtung nicht standhalten kann. Ein wichtiges Buch, das zu einem brennend aktuellen Thema eindeutig und überzeugend Position bezieht – brillant und bei aller Schärfe humorvoll.

US317

Dr. jur. Ralf Höcker

Das dritte Lexikon der Rechtsirrtümer

Die Angst vorm Blaulicht und andere juristische Fehleinschätzungen
Originalausgabe

ISBN 978-3-548-36992-1
www.ullstein-buchverlage.de

Die juristische Aufklärung der Deutschen wird fortgesetzt. So sorgt der Hinweis »Das Durchblättern der Zeitschrift verpflichtet zum Kauf« für grundlose Einschüchterung. Und wer sich bei der Beschädigung der geliehenen Digitalkamera auf die Haftpflichtversicherung verlässt, erlebt eine kostspielige Überraschung. In bewährter Manier widerlegt Ralf Höcker diese und andere juristische Fehlannahmen.

»Wenn sich einer mit Rechtsirrtümern auskennt, dann Ralf Höcker.« *Süddeutsche Zeitung*

US275

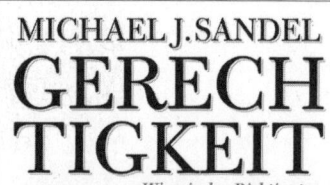
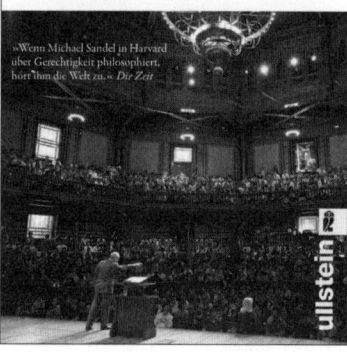

Cid Jonas Gutenrath
110
Ein Bulle hört zu – Aus der Notrufzentrale der Polizei

ISBN 978-3-548-37437-6

Ein Freigänger erschlägt seine Frau mit einer Axt, eine verzweifelte Mutter sucht Rat in Erziehungsfragen, ein Yacht-Besitzer empört sich, weil er auf dem Landwehrkanal »geblitzt« wurde: Wenn Cid Jonas Gutenrath Notrufe entgegennimmt, kommt er den Menschen sehr nahe. Ob er eine Frau zum Weiterleben überredet oder einen kleinen Jungen tröstet – Gutenrath begegnet ihnen allen auf seine ganz persönliche, faszinierende Art.

Auch als ebook erhältlich
ê-book

»Geschichten, so komisch, so berührend, so knallhart und brutal wie das Leben.« *Stern*

ullstein

www.ullstein-buchverlage.de